connexion
SCIENCE TECH

Mario Banville

Sylvie Bilodeau

Carole Schepper

Éditions Grand Duc ▪ HRW
Groupe Éducalivres inc.
955, rue Bergar, Laval (Québec) H7L 4Z6
Téléphone : (514) 334-8466 ▪ Télécopie : (514) 334-8387
InfoService : 1 800 567-3671

Depuis le 1er avril 2004, les Éditions HRW affichent
une nouvelle raison sociale, soit Éditions Grand Duc ▪ HRW

REMERCIEMENTS

Pour leur travail de vérification scientifique,
l'Éditeur souligne la collaboration de

MM. Robert Ménard et Matthieu Devito,
  professeur de biologie, Collège Ahuntsic, Montréal.

Pour leur travail de validation pédagogique,
l'Éditeur tient à remercier les personnes suivantes :

Mme Sara Abdelgawad, enseignante, École secondaire
  Curé-Antoine-Labelle, C. s. de Laval ;
Mme Pauline Berwald, technicienne en travaux pratiques,
  Académie Sainte-Agathe, C. s. Sir-Wilfrid-Laurier ;
M. Yann Brahic, enseignant, Académie Sainte-Thérèse ;
Mme Murielle Choinière, enseignante,
  Collège du Sacré-Cœur, Sherbrooke ;
M. Michel Dumont, enseignant, École Cardinal-Roy,
  C. s. de la Capitale ;
Mme Marielle Fugère-Godin, enseignante retraitée ;
Mme Josée Goulet, enseignante, Séminaire de Sherbrooke ;
M. Mathieu Houle, enseignant, École secondaire
  de la Magdeleine, C. s. des Grandes-Seigneuries ;
Mme Mireille Jean, enseignante, C. s. des Navigateurs ;
Mme Louise Letendre, enseignante, Séminaire de Sherbrooke ;
M. Damien Madgin, enseignant, École secondaire
  de la Magdeleine, C. s. des Grandes-Seigneuries ;
M. Steven Monzerol, enseignant, Séminaire de Sherbrooke ;
M. Daniel Potvin, technicien en travaux pratiques,
  École secondaire La Camaradière, C. s. de la Capitale ;
M. Sébastien Simard, enseignant,
  École Les Compagnons-de-Cartier, C. s. des Découvreurs.

Pour leur travail d'expérimentation avec des élèves, l'Éditeur
tient à remercier les enseignants et enseignantes suivants :

Mme Danielle Legault, enseignante, École Fadette,
  C. s. de Saint-Hyacinthe ;
Mme Suzanne Legault, enseignante,
  Collège Regina Assumpta, Montréal ;
Mme Annie Lessard, enseignante, École secondaire
  La Camaradière, C. s. de la Capitale ;
Mme Julie Rompré, enseignante, École secondaire
  l'Assomption, C. s. du Chemin-du-Roy ;
Mme Louise Tremblay, enseignante, École secondaire
  l'Assomption, C. s. du Chemin-du-Roy.

Pour leur collaboration à l'une ou l'autre des étapes du projet,
l'Éditeur tient à remercier les personnes suivantes :

M. Yannick Bergeron, enseignant,
  Collège Saint-Jean-Vianney, Montréal ;
M. André Blondin, chargé de cours, Université de Montréal ;
Mme Katy Crépeau, Musée de la nature et des sciences,
  Sherbrooke ;
M. André Dumas, enseignant retraité ;
M. Jean-François Dupré, Centre de médecine préventive
  et d'activité physique de l'Institut de cardiologie
  de Montréal (ÉPIC) ;
M. Serge Gaudard, M.A., Musée minéralogique
  et minier de Thetford Mines ;
M. Christian Haerinck, technicien en travaux pratiques,
  École secondaire La Camaradière, C. s. de la Capitale ;
Mme Suzie Hamel, enseignante, École L'Eau Vive, Québec ;
Mme Maria Kontogonis, PROCREA Cliniques ;
Mme Marie Sylvie Legault, rédactrice ;
M. Gilbert Prichonnet, professeur de géologie, UQAM ;
M. Gaston St-Jacques, technicien en travaux pratiques,
  Polyvalente de Black Lake, C. s. des Appalaches ;
M. Jean-Michel Villanove, géologue,
  Centre d'éducation à l'environnement du Mont-Royal.

© 2006, Éditions Grand Duc ■ HRW, une division du Groupe Éducalivres inc.
Tous droits réservés

Nous reconnaissons l'aide financière du gouvernement du Canada par l'entremise du Programme d'aide
au développement de l'industrie de l'édition (PADIÉ) pour nos activités d'édition.

L'approbation de cet ouvrage par le ministère de l'Éducation, du Loisir et du Sport n'implique aucune
reconnaissance quant à la délimitation des frontières du Québec.

CODE PRODUIT 3501
ISBN 2-7655-0021-5

Dépôt légal
Bibliothèque et Archives nationales du Québec, 2006
Bibliothèque nationale du Canada, 2006

Imprimé au Canada

1 2 3 4 5 6 7 8 9 0 II 5 4 3 2 1 0 9 8 7 6

TABLE DES MATIÈRES

Concepts abordés

atome, 13, **diffusion**, 28, 29, 291, **intrants et extrants**, 18, 19, **mécanismes de transformation du mouvement**, 20, 21, **molécule**, 13, 22 à 25, 284, 285, **nutriments**, 8, 27, 280, 281, 287 à 290, **métabolisme**, 16, 17, **osmose**, 31, 292, **types de mouvements**, 283.

THÉMATIQUE 8 - Un monde grandeur nature !

Concepts abordés

THÉMATIQUE 9 - Au-delà des apparences

Concepts abordés

THÉMATIQUE 10 - Scènes de vie

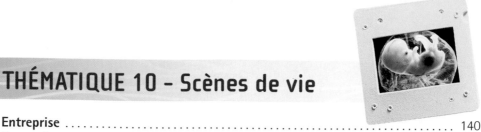

Concepts abordés

THÉMATIQUE 11 - Une Terre en mouvement

Concepts abordés

cellule de convection, 197, 207, échelle de Beaufort, 198, 335, échelle de Mercalli, 217, 338, échelle de Richter, 217, 339, échelle de Saffir-Simpson, 198, 334, effets d'une force, 210, 211, érosion, 192, 330, magnitude, 194, 339, mangrove, 202, orogenèse, 209, 220, Pangée, 204, plaques tectoniques, 206 à 208, 336, ressorts, 211, stabilité et solidité d'une structure, 200, 201, structure interne de la Terre, 205, tremblement de terre, 216, 217, 221, 337 à 339, types de forces, 210, types de sols, 194, 195, 331, vents, 196 à 198, 332 à 335, volcans, 213, 215.

THÉMATIQUE 12 – Il fallait y penser !

Concepts abordés

appareil photographique, 255 à 257, **composantes d'un système**, 254, **conception technologique**, 241, **investigation scientifique**, 241, 348 à 350, **œil humain**, 253, 254, **système**, 250 à 256.

LA STRUCTURE DE TON MANUEL

Le manuel est divisé en cinq sections:

Les thématiques	Le manuel comprend six thématiques regroupant chacune deux thèmes. Les thématiques constituent la section la plus importante du manuel. C'est dans cette section que tu trouveras les tâches, les activités et les savoirs visant à favoriser le développement de tes compétences.
Info-science	Cette section regroupe des textes, des tableaux, des cartes, etc., qui te seront utiles pour réaliser les tâches et enrichir tes connaissances.
La boîte à outils	Dans cette section, tu trouveras des outils (démarches et techniques) liés à la science et la technologie.
Le glossaire	Cette section contient la définition des mots surlignés en jaune dans le manuel.
L'index	Cette section présente des mots classés dans l'ordre alphabétique pour t'aider à repérer rapidement un concept élaboré dans les thématiques.

→ La structure d'une thématique

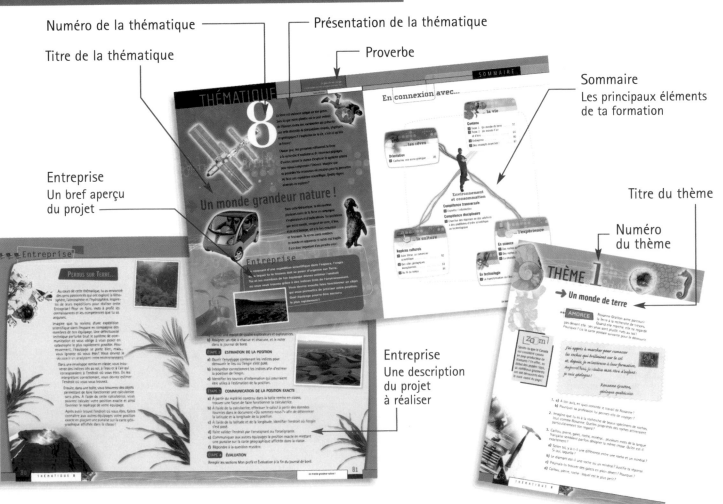

Numéro de la thématique

Titre de la thématique

Présentation de la thématique

Proverbe

Sommaire
Les principaux éléments de ta formation

Entreprise
Un bref aperçu du projet

Titre du thème

Numéro du thème

Entreprise
Une description du projet à réaliser

Les temps de l'apprentissage

 AMORCE

1er temps de la démarche :
réactiver et vérifier tes connaissances

APPRENTISSAGE

2e temps de la démarche :
développer tes compétences

INTÉGRATION

3e temps de la démarche :
réfléchir sur tes façons d'apprendre

RÉINVESTISSEMENT

4e temps de la démarche :
réinvestir tes connaissances
et tes compétences

Les capsules

Des capsules d'information
complémentaire

Entreprise

Des capsules pour te rappeler
le projet à réaliser

Les rubriques

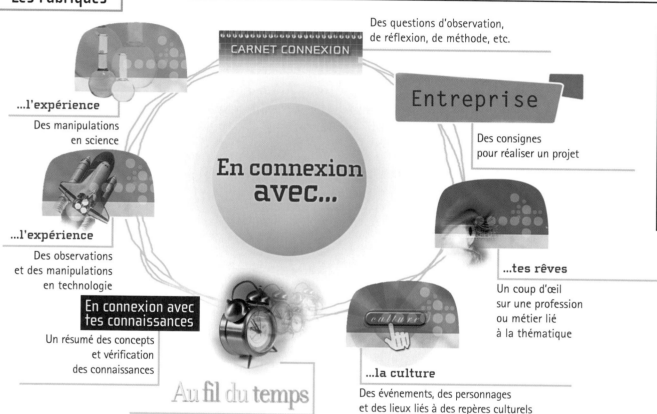

CARNET CONNEXION

Des questions d'observation,
de réflexion, de méthode, etc.

...l'expérience

Des manipulations
en science

Entreprise

Des consignes
pour réaliser un projet

En connexion avec...

...l'expérience

Des observations
et des manipulations
en technologie

En connexion avec tes connaissances

Un résumé des concepts
et vérification
des connaissances

...tes rêves

Un coup d'œil
sur une profession
ou métier lié
à la thématique

...la culture

Des événements, des personnages
et des lieux liés à des repères culturels

Au fil du temps

Des événements historiques
marquants liés à la thématique

Les pictogrammes

Fiche
reproductible

Contenu lié
à la thématique

Les symboles de sécurité

Attention :

 risque de coupure

 risque d'irritation

risque d'incendie

 risque de brûlure

 port de vêtements
de sécurité

 port de lunettes
de sécurité

chimie

physique

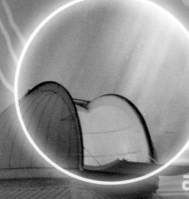

biologie

Science et
technologie

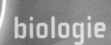

géologie

astronomie

THÉMATIQUE

La vie nous a été donnée en capital ; tous les plaisirs que nous en retirerons seront nos intérêts.

Van Minh

Lorsque tu penses à ton alimentation, tes habitudes de vie ou tes choix en matière de santé, as-tu l'impression que ce sont des sources de plaisir dans ta vie ? As-tu toute l'information nécessaire pour faire des choix éclairés sur le plan de la nutrition et de la santé en général ? Tes choix sont-ils sous le signe de l'équilibre... ou du déséquilibre ?

Afin de comprendre les mécanismes du corps humain et de te permettre de choisir un mode de vie sain et équilibré, tu découvriras le fonctionnement des cellules, des molécules et des atomes.

Plaisir, santé et molécule

Tu recueilleras de l'information sur les phénomènes fascinants qui se déroulent dans ton corps en ce moment même. Grâce à cette thématique, tu verras que la santé, c'est une question de plaisir et d'équilibre entre l'activité physique et l'alimentation !

Entreprise

Faisant partie d'une équipe de chroniqueurs et chroniqueuses de la santé, tu auras à répondre à l'une des questions soumises par les auditeurs et auditrices de la station radiophonique CHON 96,3. Pour répondre à cette question, vous devrez mettre à profit vos connaissances sur le sujet et préparer une capsule santé de trois minutes, qui soit à la fois instructive, amusante et créative. Par la suite, vous présenterez cette capsule santé aux auditeurs et auditrices de la station radiophonique dans le cadre de l'émission *Plaisir moléculaire*.

En connexion avec...

... la vie

Contenu

... tes rêves

Orientation

Santé et bien-être

Compétence transversale

>> Mettre en œuvre sa pensée créatrice

Compétence disciplinaire

>> Communiquer à l'aide des langages
   utilisés en science et technologie

... la culture

Repères culturels

... l'expérience

En science

En technologie

→ Contact!

1. Dresse ton autoportrait alimentaire.

   a) Nomme les cinq aliments que tu aimes le plus.

   b) Nomme les cinq aliments que tu apprécies le moins.

   c) En quoi consiste ta collation idéale ?

2. Pour souligner le mois de la santé, l'Association des professionnelles et professionnels de la santé est à la recherche d'un ou d'une porte-parole crédible pour sa campagne publicitaire télévisée. La personne recherchée doit être une figure publique, avoir entre 13 et 25 ans, prêter une attention particulière à son alimentation et mener une vie saine et active.

   a) En équipe, choisissez une personne connue qui pourrait devenir ce ou cette porte-parole.

   b) Expliquez en quoi elle répond aux critères énumérés en donnant des exemples.

   c) À votre avis, est-il important que le ou la porte-parole mette en pratique les valeurs véhiculées dans des campagnes publicitaires de ce genre ? Expliquez pourquoi.

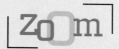

3. La cantine scolaire organise un concours intitulé *Le plaisir dans mon assiette*. Pour participer, tu dois proposer un menu qui plaira au plus grand nombre d'élèves. Le repas suggéré doit être à la fois agréable à manger et nutritif ! Toute ta classe décide de participer à ce concours.

   a) En équipe, composez un menu pour le dîner à la fois agréable et nutritif, comprenant une entrée, un plat principal, un dessert et une boisson.

   b) Utilisez le *Guide alimentaire canadien* afin d'évaluer la composition de votre menu (types d'aliments et quantités).

   c) Faites les modifications nécessaires.

   d) Présentez votre menu aux autres équipes de façon originale et créative.

   e) En groupe classe, votez pour choisir le repas le plus agréable et nutritif.

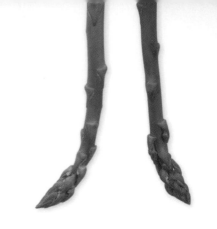

4. Pour t'amuser, tu décides d'organiser avec les membres de ton équipe un concours intitulé *Pas de déprime dans mon assiette.* Pour participer, une équipe doit proposer un menu peu attrayant tout en étant nutritif. Une autre équipe devra ensuite modifier le menu afin de le rendre appétissant.

a) Composez un menu peu attrayant mais nutritif pour le repas du midi, comprenant une entrée, un plat principal, un dessert et une boisson.

b) Utilisez le *Guide alimentaire canadien* pour évaluer la qualité de votre menu.

c) Faites les modifications nécessaires.

d) Présentez votre menu à une autre équipe.

e) L'autre équipe doit proposer une façon d'améliorer votre menu. Attention ! il ne s'agit pas de changer complètement le menu, mais plutôt de trouver des façons de l'améliorer et de rendre le repas plus agréable à manger en ajoutant ou en remplaçant des aliments. Ayez de l'audace : proposez des saveurs nouvelles ou une solution originale !

5. Sans la circulation de certaines molécules dans ton corps, tu ne pourrais pas être en santé. Tu sais qu'on utilise des formules chimiques pour parler du dioxyde de carbone (CO_2), de l'eau (H_2O) ou de l'oxygène (O_2). Vérifie tes connaissances sur le sujet en faisant l'activité suivante.

a) Observe ci-dessous comment on peut représenter visuellement la molécule de CO_2.

b) Selon toi, que représentent les boules rouges ci-dessus ? Que représente la boule grise ?

c) Selon toi, que représente le chiffre 2 dans la formule CO_2 ?

d) Selon toi, que signifient les lettres C et O dans la formule CO_2 ?

e) En t'inspirant de ce que tu viens de faire avec la molécule de CO_2, propose une représentation visuelle d'une molécule de O_2.

f) Fais de même avec la molécule de H_2O.

THÈME 1

Le plaisir est dans l'assiette

AMORCE Tiens-tu toujours compte du plaisir que tu éprouves à manger et de l'aspect nutritif lorsque tu fais des choix en matière d'alimentation ? T'alimentes-tu correctement, y compris au déjeuner ? Fais les activités suivantes afin de réfléchir sur tes habitudes alimentaires.

> La gastronomie est l'art d'utiliser la nourriture pour créer le bonheur.
>
> THÉODORE ZELDIN

Un bon départ

a) Dresse la liste de toutes les boissons et de tous les aliments que tu as consommés au déjeuner aujourd'hui.

b) En te basant sur tes connaissances, associe ces aliments à une valeur nutritive.

Exemple : Le pain est une source de fibres alimentaires.

c) À ton avis, ce premier repas de la journée était-il convenable ? Explique pourquoi.

Pour ou contre ?

Poursuis ta réflexion sur l'alimentation en participant à un débat en classe. La classe sera divisée en deux groupes : un groupe en accord avec la question à débattre et un groupe en désaccord.

a) En groupe classe, choisissez l'une des questions suivantes :

1) Croyez-vous que le fait de supprimer les frites et les boissons gazeuses dans les cantines scolaires peut favoriser une saine alimentation chez les élèves ?

2) Croyez-vous que la nourriture d'aujourd'hui est plus nocive que celle d'autrefois ?

3) On dit que le sucre et le gras sont la cause de nombreux problèmes de santé tels que l'obésité et le diabète. Croyez-vous qu'il faudrait obliger les industries alimentaires à diminuer la quantité de gras et de sucre dans la plupart des aliments ?

b) Selon le groupe dont vous faites partie, trouvez au moins un argument pour alimenter le débat.

c) À la fin du débat, déterminez quels sont les arguments les plus solides.

Curieuses étiquettes !

Suppose qu'une personne ait découpé et placé pêle-mêle les étiquettes nutritionnelles des aliments qui composent un déjeuner. Saurais-tu reconnaître ces aliments ?

a) Lis les étiquettes ci-dessous.

b) À ton avis, quels aliments peuvent être associés à ces étiquettes ?

c) As-tu utilisé des indices pour t'aider à identifier ces aliments ? Si oui, lesquels ?

Information nutritionnelle Par portion de 113 g		
Nutriments	**Teneur**	**Valeur quotidienne (en %)**
Énergie	418 kJ	
Protéines	4 g	
Lipides	1,6 g	2 %
Saturés	1 g	5 %
+Trans	0,1 g	
Glucides	18 g	6 %
Fibres	0 g	
Sucres	16 g	
Cholestérol	10 mg	3 %
Sodium	50 mg	2 %
Vitamine A		2 %
Vitamine B_2		10 %
Vitamine B_{12}		14 %
Vitamine C		0 %
Calcium		12 %
Fer		2 %
Magnésium		5 %
Phosphore		8 %
Allégation nutritionnelle[1]	Sans agent de conservation	

Ingrédients :
Lait écrémé, sucre, crème, framboise ou bleuet, amidon de maïs modifié, concentré protéique de lactosérum, cultures bactériennes actives, jus de citron concentré, gélatine, pectine, arôme artificiel, colorant.

Information nutritionnelle Par portion de 33 g		
Nutriments	**Teneur**	**Valeur quotidienne (en %)**
Énergie	380 kJ	
Protéines	4 g	
Lipides	2 g	3 %
Saturés	0,3 g	2 %
+Trans	0 g	
Polyinsaturés	1 g	
Glucides	18 g	6 %
Fibres	4 g	
Sucres	2 g	
Cholestérol	0 mg	0 %
Sodium	360 mg	2 %
Vitamine B_1		10 %
Vitamine E		6 %
Niacine		20 %
Calcium		4 %
Fer		20 %
Magnésium		5 %
Phosphore		6 %
Zinc		10 %
Allégation nutritionnelle	• Source élevée de fibres alimentaires • Sans sucre ajouté	

Ingrédients :
Farine de blé intégral biologique, farine tamisée biologique, eau, levain, gluten, sel de mer, vinaigre de cidre de pomme biologique.

---

1. allégation nutritionnelle : mention ou expression qui décrit, directement ou indirectement, la teneur en un ou plusieurs éléments nutritifs d'un aliment ou d'une catégorie d'aliments.

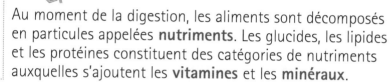
LES NUTRIMENTS

Dis-moi ce que tu manges et je te dirai qui tu es !

Sur les étiquettes de la page 7, tu peux lire les mots *glucides*, *lipides* et *protéines*. Sais-tu ce qu'ils signifient ?

a) Donne un synonyme ou un exemple pour chacun d'eux.

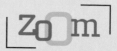
Au moment de la digestion, les aliments sont décomposés en particules appelées **nutriments**. Les glucides, les lipides et les protéines constituent des catégories de nutriments auxquelles s'ajoutent les **vitamines** et les **minéraux**.

Les **glucides** sont de grands fournisseurs d'énergie. Sans leur présence dans ton organisme, tu ne pourrais pas lire ces lignes, car tes muscles et ton cerveau n'auraient pas l'énergie nécessaire à leur fonctionnement ! Les glucides sont principalement d'origine végétale. L'**amidon**[1], les sucres et les fibres alimentaires font partie de la grande famille des glucides.

b) Quel est le nom de la maladie associée à une trop grande quantité de sucre dans l'organisme ?

c) Selon toi, quels aliments contiennent une grande quantité de glucides ?

Les **lipides** sont des graisses essentielles à ta santé. Ces graisses constituent ta réserve d'énergie et sont utilisées lorsque les glucides sont épuisés. Toutefois, il y a de bons et de mauvais lipides (gras). Les lipides peuvent être d'origine végétale (avocats, noix, huiles végétales) ou animale (produits laitiers, viandes).

d) Nomme un problème de santé associé à une surconsommation de lipides.

Les **protéines** sont nécessaires à ta santé, car elles aident à la fabrication et la réparation de toutes les cellules de ton corps : celles de tes muscles, de tes cheveux, de tes ongles et de ta peau. Les protéines peuvent être d'origine végétale (noix, soya, tofu, haricots) ou animale (viandes, poissons).

e) À ton avis, un même aliment peut-il être une source de lipides et de protéines ? Explique ta réponse.

---

1. amidon : substance emmagasinée dans les végétaux comme le blé, le riz et le maïs.

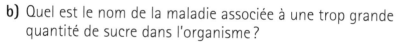

La petite folie de Sophie !

Les aliments, que tu les aimes ou non, contiennent tous une certaine quantité de nutriments. Sophie, elle, craque pour le chocolat. Elle en raffole ! Cependant, plusieurs membres de sa famille sont devenus diabétiques en vieillissant et Sophie sait que le diabète chez les jeunes de moins de 20 ans est en nette progression. Elle a donc décidé de faire très attention à son alimentation. Parfois, elle s'inquiète pour sa santé et se demande si elle ne devrait pas renoncer à sa passion pour le chocolat.

a) Lis le tableau ci-dessous, qui présente la valeur nutritive de différentes sortes de chocolat.

CONTENU NUTRITIONNEL DE TABLETTES DE CHOCOLAT DE 100 g

Variétés de chocolat	Protéines (en g)	Glucides (en g)	Lipides (en g)
Au lait	7,5	56,5	32
Blanc	8,1	58,3	30,9
Noir à 70 % de cacao	6,7	33	40

b) Quelle sorte de chocolat Sophie devrait-elle éviter ? Explique pourquoi.

c) Quelle sorte pourrait-elle choisir ? Explique pourquoi.

d) Quels autres conseils pourrais-tu donner à Sophie ?

e) Selon toi, la consommation de chocolat est-elle recommandée aux personnes diabétiques ? Justifie ta réponse.

f) À ton avis, quelles sont les causes de l'augmentation des cas de diabète chez les jeunes ?

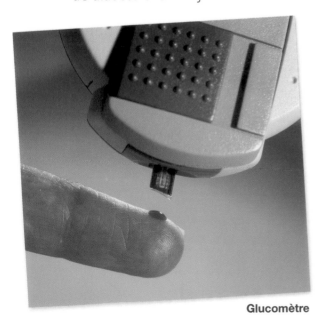

Glucomètre

g) À ton avis, le chocolat est-il une bonne source de protéines ? de glucides ? de lipides ? Pourquoi ?

Les sucres font partie de la famille des glucides et sont généralement appréciés à cause de leur goût agréable. C'est pourquoi Sophie ne peut pas se passer de chocolat ! Consulte la section Info-science pour en apprendre plus sur les propriétés du chocolat et sur son processus de fabrication.

ZOOM

En 2005, 194 millions de personnes dans le monde étaient diabétiques, soit six fois plus qu'en 1990. Consulte la section Info-science pour en connaître davantage sur cette maladie.

Entreprise

Tu auras à réfléchir à la valeur nutritive de certains aliments.

L'IDENTIFICATION DU GLUCOSE

Un test simple permettant de déterminer la présence de **glucose** dans les aliments pourrait aider Sophie à faire attention à sa consommation de sucre. Comment savoir si un aliment contient du glucose ?

Problème à résoudre

Comment peux-tu déterminer la présence de glucose dans la composition d'un aliment ?

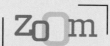

On peut reconnaître la présence de certains sucres sur une étiquette nutritionnelle par les mots qui se terminent en *-ose* tels que glucose, fructose, lactose, galactose. Les sucres sont aussi appelés hydrates de carbone. Qu'en est-il de l'aspartame ? Est-ce du sucre à ton avis ?

Matériel

- » quatre éprouvettes
- » un support à éprouvettes
- » boisson gazeuse
- » boisson gazeuse, version diète
- » jus de pomme
- » eau du robinet
- » quatre bâtonnets indicateurs de glucose
- » un crayon gras

Déroulement

1. Remplir d'un liquide différent chacune des éprouvettes à 2 cm du bord.
2. Utiliser le crayon gras pour identifier les éprouvettes contenant les quatre liquides.
3. Tremper un bâtonnet indicateur de glucose différent dans chacune des éprouvettes.
4. Observer la réaction dans chacune des éprouvettes.
5. Dresser un tableau des résultats dans lequel les observations seront notées.

Analyse

a) Compare tes résultats avec ceux de ton voisin ou ta voisine.

b) Parmi les quatre liquides analysés, lequel contient le moins de glucose ? Justifie ta réponse à l'aide des résultats obtenus.

c) Les liquides contenant peu ou pas de glucose sont-ils nécessairement des choix santé ? Explique.

L'EAU ET LES SUCRES

L'eau est essentielle au bon fonctionnement
de ton organisme. Comment l'eau affecte-t-elle
le sucre dont ton corps a besoin ?

Problème à résoudre

Qu'advient-il des cristaux de sucre lorsqu'ils sont
en contact avec l'eau ?

Matériel

» un becher de 100 ml
» de l'eau (50 ml)

» une cuillère en plastique
» du sucre brun

Déroulement

1. Verser une cuillerée de sucre dans un becher
   contenant 50 ml d'eau.

2. En brassant, noter tout changement d'apparence
   des cristaux de sucre.

3. Émettre une hypothèse pour expliquer le comportement
   observé au point **2.**

4. Déposer une pincée de sucre sur le bout de la langue
   en évitant de l'humecter avec la salive et noter le goût.

5. Déposer une autre pincée de sucre sur la langue, cette fois
   en la mettant en contact avec la salive, et noter le goût.

6. Émettre une hypothèse pour expliquer les goûts perçus
   aux points **4** et **5.**

7. Dresser un tableau des résultats contenant les observations
   et les hypothèses.

**ZONE DE SAVEUR
DE LA LANGUE**

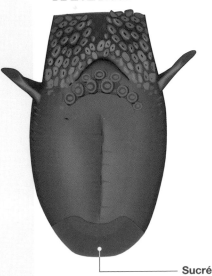

Sucré

Analyse

a) Quel pouvoir l'eau a-t-elle sur les sucres absorbés
   par l'organisme ? Pour t'aider à trouver la réponse,
   consulte le document remis en classe.

b) Quel nom générique donne-t-on à toute substance qui,
   comme l'eau, produit les effets observés sur le sucre ?

c) Quel nom générique donne-t-on à toute substance
   qui a un comportement semblable à celui du sucre
   au contact de l'eau ?

d) En groupe classe, comparez les hypothèses émises
   pour chacune des situations observées.

L'ATOME ET LA MOLÉCULE

Les glucides en observation

Dans les pages précédentes, tu as appris plusieurs choses au sujet des glucides. À ton avis, les glucides sont-ils tous identiques ? Réponds aux questions suivantes pour le savoir.

1. Présente les termes suivants sous la forme d'un schéma pour établir des liens entre les concepts.

   » Sucres   » Glucides   » Fructose   » Glucose
   » Galactose   » Nutriments   » Hydrates de carbone   » Amidon

2. Compare le goût d'un morceau de pomme de terre crue avec celui d'une cuillerée de miel. Quelle différence remarques-tu entre le goût de ces deux aliments ?

Le miel, aliment riche en glucides, est agréable au goût. En fait, les peuples s'en délectent depuis des millénaires et il fait partie des traditions depuis longtemps ! Pour approfondir tes connaissances à ce sujet, consulte la section Info-science.

3. La pomme de terre et le miel contiennent des glucides. Toutefois, les glucides ne sont pas tous identiques.

   a) Lis l'information ci-dessous.

Glucides	
Les glucides regroupent les sucres simples tel le glucose, qui a un goût sucré.	Les glucides regroupent aussi les sucres complexes tel l'amidon, mais qui n'a pas un goût sucré. On qualifie l'amidon de sucre complexe à cause de la grosseur de la molécule et de la complexité de sa structure.

FIG. 1

Le miel est un aliment qui peut contenir 80 % de glucides.

   b) Nomme un type de glucides qui entre dans la composition du miel et un type de glucides qui entre dans la composition de la pomme de terre.

ZOOM

Ton corps ne peut pas produire le glucose dont il a besoin. Cependant, les plantes peuvent en produire. En effet, les plantes vertes sont de véritables usines de production de glucose. Comment s'appelle ce processus de transformation chez les plantes ?

Observe la figure 1, qui représente du glucose. Cet ensemble est constitué de billes rouges, de billes blanches et de billes grises reliées par des bâtonnets représentant les liens chimiques qui unissent les particules.

4. Le glucose est représenté par la formule chimique $C_6H_{12}O_6$.

   a) Sachant que les billes grises représentent le carbone (C), identifie la couleur des billes qui représentent l'oxygène (O).

   b) Identifie la couleur des billes qui représentent l'hydrogène (H).

5. Les mots **atome** et **molécule** sont étroitement associés à la figure 1. Pour t'aider à comprendre ce qu'ils signifient, voici un indice : une molécule est faite d'atomes.

   a) À ton avis, par quoi les atomes sont-ils représentés sur cette illustration ?

   b) Sur la fiche remise en classe, encercle en bleu ce que tu penses être un atome.

   c) Sur la même fiche, encercle en rouge ce que tu penses être une molécule.

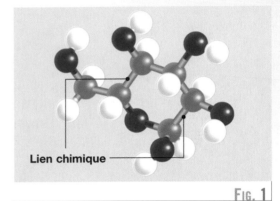

Lien chimique

Fig. 1

Le glucose est un sucre simple.

On représente la molécule de glucose par trois atomes unis par des liens chimiques. Ces trois atomes sont le carbone, l'hydrogène et l'oxygène. Il faut une combinaison d'atomes pour former une molécule. L'amidon (figure 2) est un glucide complexe représenté par une longue chaîne de molécules de glucose attachées les unes aux autres.

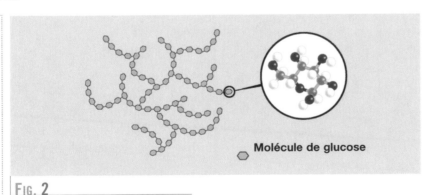

Molécule de glucose

Fig. 2

L'amidon est un sucre complexe.

CHON 96,3... la radio organique !

Tout comme les choses qui t'entourent, les aliments que tu consommes sont constitués d'atomes. Qu'en est-il de ton propre corps ? Syntonise le poste CHON 96,3 afin de le découvrir !

Bonjour, jeunes auditeurs et auditrices du poste de radio CHON 96,3 ! Nous savons que vous êtes des personnes extrêmement curieuses et que vous désirez tout connaître et comprendre au sujet de l'alimentation et de la santé. Pour répondre à vos questions, nos experts et expertes ont préparé des capsules santé.

Entreprise

Tu devras formuler la question d'un auditeur ou une auditrice de CHON 96,3 afin de préparer une capsule santé.

Au cours du montage de l'émission, le technicien a effacé par mégarde les réponses aux questions des auditeurs et auditrices. Pris de panique, il a essayé de reconstituer les réponses lui-même grâce aux notes laissées par les experts et expertes à la page 15. Son manque de concentration s'explique peut-être par le fait qu'il n'avait pas déjeuné ce matin-là...

a) En équipe, lisez les questions des auditeurs et auditrices de la station CHON 96,3.

Question A

J'aime beaucoup votre émission. J'aimerais savoir ce que signifient les lettres et les chiffres dans CHON 96,3.

Question B

Mon ami affirme que les nutriments sont composés d'atomes, mais je prétends qu'ils sont composés de molécules. Qui a raison : lui ou moi ?

Question C

J'ai besoin d'aide pour un travail en science. Je sais que les nutriments doivent être acheminés aux cellules pour les nourrir. Comment s'appelle la molécule qui permet le transport de certains nutriments ?

Question D

Ma mère m'oblige à manger beaucoup de fruits pour me donner de l'énergie et améliorer ma concentration. Je préférerais manger de la crème glacée, mais j'hésite, car je crois que ma mère a raison. Qu'en pensez-vous et que me conseillez-vous ?

b) Formulez des réponses aux questions des auditeurs et auditrices à l'aide des notes ci-dessous. Faites preuve de créativité dans vos réponses !

c) Indiquez le numéro de la ou des notes utilisées pour chacune des réponses.

1. molécule hydrosoluble : molécule pouvant être dissoute dans l'eau.
2. oligoélément : élément chimique présent en très faible quantité dans les organismes vivants, et essentiel à leur fonctionnement.

1. L'eau est un excellent solvant. Cette molécule permet la **dissolution** et le transport de plusieurs molécules hydrosolubles[1] (telles que les glucides, les protéines et les minéraux). Toutefois, certains nutriments, comme les lipides, ne peuvent être ni dissous ni transportés par l'eau.

2. Un aliment qui procure du plaisir ! La crème glacée peut être consommée avec modération !

3.
» Les glucides sont les producteurs d'énergie de l'organisme. Ils donnent de l'énergie de façon immédiate.

» Une quantité insuffisante de glucides peut entraîner de la fatigue.

» Un surplus de glucides dans l'organisme peut être transformé en lipides et emmagasiné dans les cellules graisseuses.

4. Notre corps contient des oligoéléments[2] comme le cuivre (Cu), le chrome (Cr), le fer (Fe), le sélénium (Se), le manganèse (Mn) et le zinc (Zn).

5. Les protéines fournissent au corps humain l'azote dont il a besoin.

8. Le corps humain est composé d'eau à 55 %.

6. La masse totale du corps humain comprend 18,5 % de carbone, 9,5 % d'hydrogène, 65 % d'oxygène et 3,3 % d'azote.

7. Des nutriments qui se ressemblent.

Eau : molécule composée des atomes H, O.

Glucide : molécule composée des atomes C, H, O.

Protéine : molécule composée des atomes C, H, O, N.

Lipide : molécule composée des atomes C, H, O.

9. Dans le corps humain, on trouve des minéraux comme le calcium (Ca), le magnésium (Mg), le sodium (Na), le potassium (K) et le phosphore (P).

LE MÉTABOLISME

À chacun son rythme !

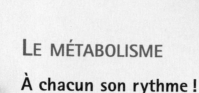

Dans tes cellules, les nutriments participent à une variété de réactions chimiques permettant le maintien de la vie. L'ensemble de ces réactions se nomme **métabolisme**. Fais les activités suivantes pour comprendre le métabolisme du vivant.

1. Il existe un lien étroit entre le métabolisme d'un être humain et sa température corporelle.

   a) Selon toi, quelle est la température normale du corps humain ?

   b) Cette température est-elle supérieure ou inférieure à la température ambiante ? Explique ta réponse.

   c) À ton avis, d'où vient l'énergie nécessaire pour maintenir la température corporelle constante ?

Comme une fournaise, ton corps brûle les nutriments qui contiennent l'énergie nécessaire au fonctionnement de ton organisme. Certaines personnes ont besoin de beaucoup d'énergie pour que leur corps fonctionne. On dit alors que leur métabolisme est rapide. À l'inverse, les personnes qui ont besoin de moins d'énergie pour fonctionner ont un métabolisme lent. L'organisme de ces personnes emmagasine alors les nutriments en surplus au lieu de les brûler.

2. Réfléchis au fonctionnement du métabolisme en faisant l'activité suivante.

   a) Imagine et décris une situation présentant une personne dont le métabolisme est rapide et une personne dont le métabolisme est lent. Explique tes choix.

   b) À ton avis, que se passe-t-il dans un organisme qui emmagasine les nutriments au lieu de les brûler ?

   c) Connais-tu un moyen pour augmenter la vitesse du métabolisme d'un organisme ? Si oui, nomme-le.

   d) Les régimes amaigrissants suivis à répétition ont tendance à accroître la masse corporelle des personnes. À ton avis, les régimes ralentissent-ils ou accélèrent-ils le métabolisme ? Explique pourquoi.

   e) À ton avis, ton propre métabolisme est-il lent ou rapide ? Justifie ta réponse.

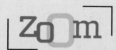

La vitesse du métabolisme dépend de plusieurs facteurs :

» la surface corporelle ;

» l'âge ;

» le sexe ;

» le stress ;

» les hormones.

je veut les guimauves

3. Réfléchis aux facteurs qui influent sur le métabolisme en faisant l'activité suivante.

a) Observe l'illustration.

b) Au cours des derniers mois, Sophie et Ariane ont consommé la même quantité de nourriture et ont pratiqué les mêmes activités physiques. À ton avis, quelle est la personne dont le métabolisme est rapide et celle dont le métabolisme est lent?

c) Justifie ta réponse en précisant les facteurs qui créent cette différence.

À l'adolescence, les besoins énergétiques quotidiens sont en moyenne de 12 800 kJ dont 7040 kJ sont utilisés pour le métabolisme basal.

Sophie
14 ans
55 kg

Ariane
14 ans
55 kg

Le **métabolisme basal** (métabolisme de base) d'une personne correspond à l'énergie dépensée par le corps pour assurer seulement les fonctions essentielles telles que le maintien de la température corporelle et le bon fonctionnement des organes vitaux.

Le **métabolisme total** correspond à l'énergie dépensée pour assurer l'ensemble des activités volontaires (telles que le sport, l'étude, etc.) et des activités involontaires (métabolisme basal).

4. Compare deux personnes de même taille, de même sexe, du même âge et de masse corporelle identique.

a) À ton avis, ces personnes ont-elles nécessairement le même métabolisme? Justifie ta réponse.

b) Ces personnes peuvent-elles avoir des habitudes de vie différentes? Justifie ta réponse.

À chacun son métabolisme! À l'adolescence, le métabolisme est plus rapide qu'à l'âge adulte, car une partie de l'énergie sert à la croissance. À l'âge adulte, le métabolisme basal des hommes est plus rapide que celui des femmes, car la masse musculaire (qui entraîne une dépense d'énergie) est plus grande chez les hommes. Les femmes ont plus de tissus adipeux (réserves d'énergie sous forme de graisses).

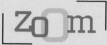

Les intrants et les extrants de matière s'expriment en grammes (g) ou en kilogrammes (kg). Les intrants et les extrants d'énergie s'expriment en joules (J) ou en kilojoules (kJ).

LES INTRANTS ET LES EXTRANTS

Un défi sur mesure

Afin de préparer un exposé oral captivant qu'ils présenteront dans un cours sur la nutrition, Chang et André, deux adolescents de 14 ans, décident de relever un défi : ils mangeront exactement la même chose (eau et nourriture) durant une semaine. Comme ils ont la même masse corporelle, ils espèrent en apprendre davantage sur les mécanismes qui la contrôlent.

a) En équipe, observez les mesures suivantes recueillies par les deux adolescents.

Nom	Taille (en cm)	Masse corporelle au début de la semaine (en kg)	Masse totale de la nourriture absorbée (en kg)	Masse corporelle à la fin de la semaine (en kg)
Chang	162	60	10	60
André	162	60	10	61

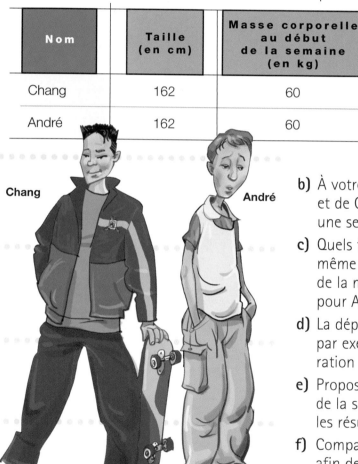

Chang

André

b) À votre avis, pourquoi la masse corporelle d'André et de Chang n'a-t-elle pas augmenté de 10 kg après une semaine ?

c) Quels facteurs pourraient expliquer pourquoi une même quantité de nourriture produit un maintien de la masse corporelle pour Chang et un gain pour André ?

d) La dépense d'énergie, sous forme d'activité physique, par exemple, est-elle un facteur à prendre en considération pour expliquer la masse corporelle finale ?

e) Proposez un scénario racontant le déroulement de la semaine, qui permettrait d'interpréter les résultats obtenus par Chang et André.

f) Comparez votre scénario avec celui d'une autre équipe afin de confronter vos points de vue.

Bien sûr, les 10 kg d'aliments que les garçons ont consommés ne se sont pas retrouvés intacts dans leur organisme ! En fait, il y a eu des transformations et des échanges entre l'intérieur et l'extérieur de leur corps. Qu'en serait-il si deux filles avaient participé à l'expérience ?

L'heure du bilan

Les aliments et l'oxygène qui pénètrent à l'intérieur du corps humain s'appellent des **intrants**. Les aliments ingérés sont nécessaires à la production et l'entretien de tes cellules. Ils sont assimilés sous forme de matière et d'énergie. Une fois dans l'organisme, les aliments produisent à la fois des déchets (matière) et de l'énergie. C'est ce que l'on appelle les **extrants**. Tout organisme vivant est un système que l'on dit ouvert, car les organes, les cellules et les molécules qui le composent fonctionnent comme un tout afin de maintenir l'organisme en équilibre avec son environnement. Ton corps est une formidable machine, qui ne pourrait pas fonctionner sans un apport quotidien d'intrants et une libération d'extrants.

LES INTRANTS ET LES EXTRANTS DU CORPS HUMAIN

INTRANTS

Énergie : chimique
(molécules, nutriments)

Matière : eau, nutriments, O_2

EXTRANTS

- mécanique (nécessaire aux activités musculaires quotidiennes)
- thermique (maintien de la température corporelle à un degré constant)
- chimique (fonctionnement de l'organisme)

- déchets
(excréments, urine, sueur, CO_2)

Sur la fiche remise en classe, consulte un tableau qui propose un bilan hebdomadaire global des intrants et des extrants de Chang et d'André. À noter que certaines valeurs sont manquantes.

a) Inscris en rouge les valeurs des intrants (matière et énergie) et des extrants (matière) que tu connais et qui correspondent à la masse corporelle de Chang et d'André après une semaine.

b) Inscris en bleu les valeurs des extrants (énergie) que tu suggères afin d'obtenir un bilan qui explique la masse corporelle de Chang et d'André après une semaine.

c) Réponds à toutes les autres questions.

Entreprise

En préparant ta capsule santé, tu devras peut-être distinguer les intrants d'avec les extrants.

LES MÉCANISMES DE TRANSFORMATION DU MOUVEMENT

Dans le domaine de l'alimentation, comme dans celui de la santé, il est indispensable d'utiliser des instruments de mesure. Ces instruments fonctionnent à partir de **mécanismes de transformation du mouvement**. Les deux activités suivantes te permettront de découvrir ce concept technologique et de l'approfondir.

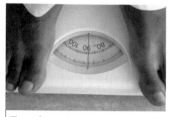

FIG. 1

1. a) Observe les instruments de mesure (figures 1 et 2).

    b) Réponds aux questions du Carnet Connexion.

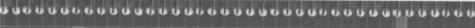

CARNET CONNEXION

QUESTIONS D'OBSERVATION

1) Quelle mesure enregistre-t-on avec chacun des instruments?

2) Quelle est l'unité de mesure utilisée pour chacun des instruments?

3) Trouve au moins une différence et une ressemblance entre ces instruments.

QUESTIONS DE RÉFLEXION

4) Quel type de mouvement (translation, rotation, autre) faut-il appliquer pour faire fonctionner le mécanisme de mesure du pèse-personne (voir la figure 1)? de la balance (voir la figure 2)?

5) Quel type de mouvement permet d'indiquer le chiffre enregistré pour chacun des instruments?

QUESTION DE MÉTHODE

6) Comment expliquerais-tu à un coéquipier ou une coéquipière le mouvement d'une pièce par rapport à une autre dans un instrument? Utiliserais-tu un objet? des mots? un dessin? Précise.

FIG. 2

ZOOM

Pour te rappeler les types de mouvements, consulte la section Info-science.

2. Les deux instruments de mesure (figures 1 et 2) servent à mesurer la force nécessaire pour soulever un corps, par exemple un sac de pommes de terre ou un melon d'eau. On les appelle dynamomètres.

a) En manipulant ces deux modèles de dynamomètres, observe les mouvements et les forces appliquées sur les parties mobiles.

b) Quelle différence notes-tu quant au mouvement produit par les mécanismes de mesure de ces deux instruments?

c) À ton avis, de quoi est constitué le mécanisme de mesure de chacun de ces instruments? Pour chacun d'eux, illustre ton hypothèse à l'aide d'un **schéma de principe**[1] sur lequel figurent les pièces, leurs mouvements et les forces appliquées. Utilise les symboles appropriés. Consulte La boîte à outils au besoin.

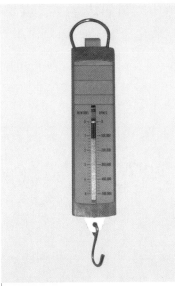
Fig. 1

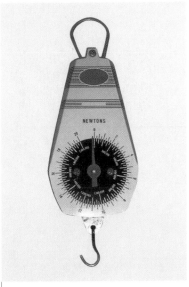
Fig. 2

d) Si possible, à l'aide d'un tournevis, ouvre les deux instruments afin de vérifier la validité de tes hypothèses.

e) Fais des commentaires à l'aide des questions suivantes.

1) As-tu noté des différences entre le schéma de principe des deux instruments? Explique.

2) Lequel des deux instruments possède le mécanisme de mesure le plus simple? Justifie ta réponse.

3) Dans quel instrument observes-tu une transformation du mouvement? Explique.

4) Modifie ton schéma de principe, s'il y a lieu.

f) En te basant sur tes observations et tes manipulations, propose une définition de l'expression *mécanisme de transformation du mouvement*.

g) Si possible, remonte délicatement les deux instruments.

1. schéma de principe : dessin simplifié qui représente la fonction d'un objet technique et ses principes de fonctionnement.

THÈME 2

→ **La santé est dans l'équilibre**

AMORCE Tout le long de cette thématique, tu peux constater combien ton organisme est fascinant à explorer. Tu as appris qu'il est composé à 96,3 % de carbone, d'hydrogène, d'oxygène et d'azote. Qu'en est-il de certaines molécules importantes dans ton corps ?

CHON 96,3... à la découverte de tes molécules !

Bonjour, chers auditeurs et chères auditrices de la station CHON 96,3. Notre taux d'adrénaline grimpe à l'idée de vous présenter notre émission de ce matin, qui porte sur les molécules santé. Nous espérons que votre dopamine s'activera rien qu'à nous écouter et que votre niveau de sérotonine sera en hausse !

Dopamine, adrénaline, sérotonine... Quels noms étranges ! Ces molécules ont toutes un impact sur le fonctionnement du corps humain. Amuse-toi à percer le secret de ces molécules en faisant l'activité suivante.

a) Observe les formules chimiques suivantes utilisées par les scientifiques pour représenter les molécules.

1) $C_8H_{11}NO_2$
2) $C_{10}H_{12}N_2O$
3) $C_9H_{13}NO_3$

b) Que remarques-tu à propos des éléments qui composent ces trois molécules ?

1) Quelle est la ressemblance entre ces molécules ?
2) Quelle est la différence entre ces molécules ?

> ## Zoom
>
> Ton organisme contient plusieurs molécules différentes, qui forment les cellules, les vitamines, le sang et la sueur que ton corps produit.

Un repas équilibré, du point
de vue d'un petit garçon,
c'est une part de gâteau
dans chaque main.

Anonyme

c) Associe chacune des formules chimiques présentées en **a)**
à l'une des molécules illustrées ci-dessous.

d) Arrives-tu à interpréter facilement des illustrations comme celles-ci ?
Si oui, quel truc utilises-tu pour décoder et interpréter ces illustrations ?
Si tu n'y arrives pas, pense à une stratégie que tu pourrais utiliser.

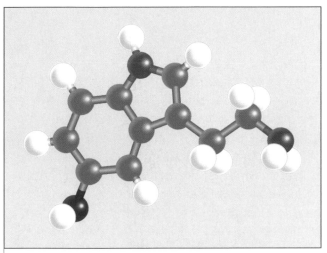

Fig. 1

Sérotonine

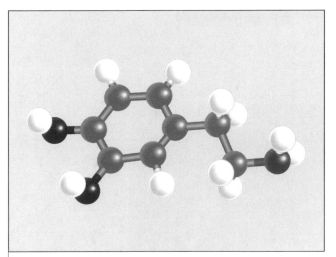

Fig. 2

Dopamine

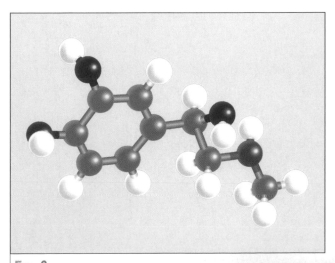

Fig. 3

Adrénaline

LES MOLÉCULES

Les molécules santé

Certaines molécules jouent un rôle précis dans ton organisme, par exemple :

» la molécule du stress ;
» la molécule du plaisir ;
» la molécule de l'humeur.

a) À ton avis, quelle molécule (dopamine, adrénaline ou sérotonine) pourrait être qualifiée de molécule du stress ? du plaisir ? de l'humeur ?

b) Lis l'information suivante relative à la fonction biologique de chacune de ces molécules.

L'adrénaline (dont le synonyme est épinéphrine) est administrée par injection dans les cas d'allergie et d'asthme sévères. Consulte la section Info-science pour en apprendre plus à ce sujet.

L'adrénaline

Chaque fois que tu pratiques un sport ou que tu assistes à une compétition sportive, tu provoques une poussée d'**adrénaline** dans ton organisme. La même chose se produit lorsque tu regardes un film particulièrement intense ou terrifiant. En fait, cette molécule peut te permettre d'accomplir des exploits, de persévérer malgré la douleur ou la fatigue, de stimuler des peurs ou des sensations intenses, etc. L'adrénaline, produite par une **glande** située au-dessus de tes reins, est libérée dans ton organisme en réponse à un stress. Elle entraîne une augmentation de la circulation sanguine vers les muscles et le cerveau, accélère la respiration et le rythme cardiaque, et libère dans le sang des réserves énergétiques. En cas de blessure, elle favorise la cicatrisation. L'adrénaline est parfois appelée la molécule du stress.

La dopamine

Lorsque que tu fais une activité physique ou encore lorsque tu as du plaisir et que tu ris, ton cerveau produit une substance nommée **dopamine**. Cette molécule crée un sentiment de bien-être dans tout ton corps. La dopamine sert à assurer la transmission des messages du cerveau à ton corps. La dopamine est produite dans le cerveau à partir des aliments riches en protéines : le pain, les œufs, le fromage, la viande, le poisson, les fruits de mer, les huîtres, le lait et le riz complet. La dopamine est parfois appelée la molécule du plaisir.

c) Consulte la section Info-science pour en savoir davantage sur la dopamine et d'autres molécules santé.

La sérotonine

Si tu traverses une période de déprime, si tu manques d'appétit ou que la qualité de ton sommeil laisse à désirer, tu ressens peut-être les effets d'une légère baisse de **sérotonine**. Il arrive parfois que le taux de sérotonine d'une personne soit si bas que son humeur soit changeante. Ces sautes d'humeur sont souvent observées pendant l'adolescence, à cause des **hormones** liées à la croissance. La sérotonine est fabriquée par certaines cellules de ton estomac. Elle est présente dans ton système nerveux et on la trouve dans la plupart des tissus de ton organisme. Pour former la sérotonine, ton organisme a besoin de protéines animales (viandes, produits laitiers, etc.) et surtout de glucides. La sérotonine est parfois appelée la molécule de l'humeur.

d) Joins-toi à deux camarades de classe pour répondre aux questions du Carnet Connexion.

CARNET CONNEXION

QUESTION D'OBSERVATION

1) Ensemble, discutez d'une situation personnelle au cours de laquelle vous avez expérimenté l'effet de l'adrénaline dans votre organisme.

QUESTIONS DE RÉFLEXION

2) À votre avis, y a-t-il un lien entre votre alimentation et la production de certaines molécules dans votre organisme ? Expliquez.

3) Dans la section Info-science, vous avez vu qu'il est possible d'accroître artificiellement la production de dopamine à l'aide de substances telles que la nicotine. Quel lien faites-vous entre la recherche d'un sentiment de bien-être immédiat mais artificiel et la santé à long terme ?

QUESTION DE MÉTHODE

4) Arrivez-vous facilement à exprimer votre avis à l'aide des mots appropriés ou avez-vous plutôt l'impression de manquer de vocabulaire et de chercher vos mots ? Discutez de cette question en équipe.

Zoom

Si ton humeur est parfois changeante et que cela t'inquiète, tu peux consulter un professionnel ou une professionnelle de la santé !

Entreprise

En préparant ta capsule santé, tu auras à identifier une molécule en particulier et son rôle sur la santé.

LES INTRANTS ET LES EXTRANTS

Des casseroles et des chiffres !

Tout le long de cette thématique, tu as eu l'occasion de mettre ta créativité à profit de diverses façons. La station radiophonique CHON 96,3 sollicite de nouveau tes idées !

Bonjour, chers auditeurs et chères auditrices de la station CHON 96,3 !

Dans le cadre de notre émission Des casseroles et des chiffres, *nous vous invitons à participer à notre concours gastronomique. Nous vous invitons à nous faire parvenir par écrit un menu original (présentant les aliments et leur valeur nutritive). Vous devez également décrire les activités physiques (type et durée de l'activité) qui seraient nécessaires pour dépenser l'énergie fournie par les nutriments de ce repas.*

a) Avant de te lancer dans la composition de ton menu comprenant une entrée (à base de fruits et de légumes), un plat principal, une boisson et un dessert, lis l'information contenue dans la page 27.

b) Joins-toi à un ou une camarade de classe afin de composer un menu original et équilibré pour le dîner d'une personne. Attention ! pour participer au concours de l'émission *Des casseroles et des chiffres,* le total énergétique des intrants doit être égal à celui des extrants.

c) Afin d'élaborer votre menu, remplissez la fiche remise en classe.

Pour ce faire, vous devez :

» utiliser la liste des aliments et des dépenses énergétiques que vous trouverez dans la section Info-science ;

» inscrire les aliments choisis et leur quantité dans le tableau prévu à cette fin ;

» déterminer la quantité totale d'énergie fournie par les nutriments contenus dans les aliments choisis ;

» trouver une façon originale de présenter votre menu ;

» inscrire les activités physiques choisies et leur dépense énergétique dans le tableau prévu à cette fin ;

» vous assurer que le total des intrants est égal à celui des extrants. Si tel n'est pas le cas, vous devrez apporter les modifications nécessaires.

Un menu équilibré !

Un repas équilibré doit contenir les proportions de nutriments suivantes :

À l'exclusion de l'eau, qui n'a aucune valeur énergétique, les nutriments contenus dans 100 g d'aliments doivent donc être répartis ainsi :

» 55 g de glucides ;

» 30 g de lipides ;

» 15 g de protéines.

55 % de glucides

15 % de protéines

30 % de lipides

Les nutriments contenus dans un repas équilibré produisent l'énergie nécessaire au fonctionnement du métabolisme. Chaque gramme de glucides, de lipides et de protéines produit une quantité d'énergie, qui se répartit ainsi :

Nutriment	Énergie produite par gramme
1 g de glucides	17 kJ
1 g de lipides	37 kJ
1 g de protéines	17 kJ

Un repas équilibré en glucides, en lipides et en protéines d'une valeur de 100 g produit habituellement 2300 kJ d'énergie.

Les 2300 kJ d'énergie produits par 100 g de nutriments se répartissent de la façon suivante :

Nutriment	Énergie produite par gramme
55 g de glucides	55 g × 17 kJ = 935 kJ
30 g de lipides	30 g × 37 kJ = 1110 kJ
15 g de protéines	15 g × 17 kJ = 255 kJ

Total = 2300 kJ

La diffusion

Un solvant pas comme les autres

Les odeurs dégagées par la cuisson de certains aliments te font-elles parfois saliver? As-tu déjà remarqué que les odeurs n'envahissent pas immédiatement une pièce? En effet, il faut un certain temps avant qu'elles se répandent. S'il en est ainsi avec les gaz (les odeurs), qu'en est-il avec les substances dans l'eau?

a) Joins-toi à un ou une camarade de classe pour faire les deux activités ci-dessous.

Eau et lait

1) Mettre 5 gouttes de lait dans 50 ml d'eau.
2) Observer ce qui se produit.
3) Reprendre la même démarche, cette fois en mesurant le temps nécessaire pour que le phénomène se produise.

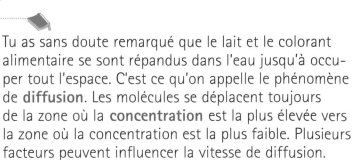

Eau et colorant

1) Mettre 3 gouttes de colorant alimentaire dans 50 ml d'eau.
2) Observer ce qui se produit.
3) Reprendre la même démarche, cette fois en mesurant le temps nécessaire pour que le phénomène se produise.

b) Comparez votre résultat avec celui d'une autre équipe.

c) Avec l'autre équipe, proposez une façon de modifier les démarches pour que le temps de diffusion varie, en utilisant le matériel à votre disposition.

d) Élaborez un protocole de quelques lignes afin de tester les deux nouvelles démarches et appliquez-le.

e) Discutez en groupe classe des résultats obtenus au cours de ces activités.

Tu as sans doute remarqué que le lait et le colorant alimentaire se sont répandus dans l'eau jusqu'à occuper tout l'espace. C'est ce qu'on appelle le phénomène de **diffusion**. Les molécules se déplacent toujours de la zone où la **concentration** est la plus élevée vers la zone où la concentration est la plus faible. Plusieurs facteurs peuvent influencer la vitesse de diffusion.

Matériel nécessaire

- du lait
- du colorant alimentaire
- 200 ml d'eau
- des glaçons
- une plaque chauffante
- un compte-gouttes
- deux bechers de 100 ml
- un cylindre gradué de 100 ml
- une pince à becher
- une montre

[diffusion]
Tendance qu'ont les particules (par exemple les molécules) à se répandre dans un milieu liquide de la région où la concentration des particules est la plus forte vers la région où la concentration des particules est la moins forte, et ce, jusqu'à équilibre des concentrations.

La respiration et la diffusion

Savais-tu que le phénomène de diffusion se produit dans
ton corps et que sans lui tu ne pourrais pas être en bonne santé ?

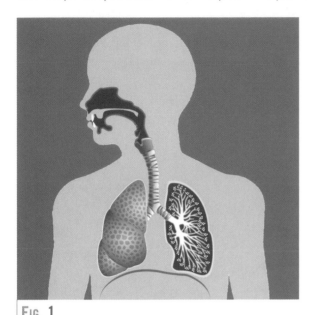

FIG. 1

Anatomie du système respiratoire

FIG. 2

Alvéoles pulmonaires

Lorsque tu respires, l'oxygène (O_2) pénètre jusque dans tes poumons.
Cette molécule doit se rendre jusqu'à chacune des cellules de ton corps
pour les nourrir.

a) Observe les figures 1 et 2.

b) À ton avis, comment l'oxygène peut-il se rendre de tes poumons
à ton sang, puis de ton sang à tes cellules ?

c) Compare ton explication avec celle proposée dans la section Info-science.

Dans tes cellules, l'oxygène brûle les nutriments apportés par le sang.
Ces combustions produisent des extrants : du dioxyde de carbone (CO_2),
de l'eau et de l'**urée**. Le CO_2 produit est rejeté dans le sang et devient
plus concentré dans ton sang que dans tes poumons. Grâce au
phénomène de diffusion, le CO_2 subit une pression le chassant du sang
vers les poumons, qui le rejettent ensuite à l'extérieur de ton corps.

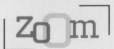

ZOOM

Tes poumons contiennent
environ 300 millions
d'alvéoles représentant
une surface qui peut
varier de 70 m² à 100 m²,
soit la dimension d'un
terrain de tennis ! Pour
en savoir plus sur le rôle
des alvéoles, consulte
la section Info-science.

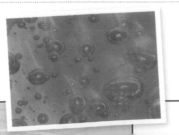

L'OSMOSE

Des pommes de terre surprenantes !

Judith est une cuisinière originale. Elle décide de se lancer dans la confection de frites dont la longueur est surprenante. Dans le but de faire des tests, elle immerge neuf morceaux de pomme de terre dans neuf **solutions** d'eau sucrée dont la concentration en sucre va en augmentant. À sa grande surprise, elle s'aperçoit que les morceaux allongent ou raccourcissent ! Que se passe-t-il ?

a) Joins-toi à un ou une camarade de classe.

b) Observez le schéma ci-dessous.

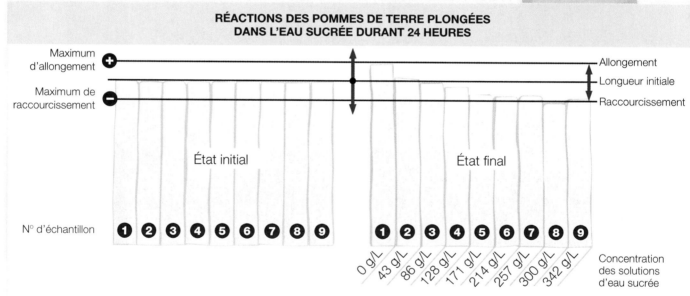

RÉACTIONS DES POMMES DE TERRE PLONGÉES DANS L'EAU SUCRÉE DURANT 24 HEURES

Maximum d'allongement ➕ — Allongement
— Longueur initiale
Maximum de raccourcissement ➖ — Raccourcissement

État initial   État final

N° d'échantillon ❶ ❷ ❸ ❹ ❺ ❻ ❼ ❽ ❾   ❶ ❷ ❸ ❹ ❺ ❻ ❼ ❽ ❾

0 g/L 43 g/L 86 g/L 128 g/L 171 g/L 214 g/L 257 g/L 300 g/L 342 g/L Concentration des solutions d'eau sucrée

c) Une pomme de terre contient-elle du sucre ? Justifiez votre réponse.

d) Pourquoi le morceau ❶ est-il le plus long ?

e) Pourquoi le morceau ❸ est-il resté de la même longueur ?

f) Pourquoi les morceaux plongés dans l'eau très sucrée sont-ils les plus courts ?

g) En tenant compte de toutes vos observations, proposez une explication en utilisant un langage scientifique approprié.

Une question d'équilibre

La pomme de terre est formée de cellules végétales qui contiennent de l'eau. En les plongeant dans l'eau sucrée à des concentrations différentes, un mouvement de l'eau contenue dans les cellules est apparent.

Le mouvement de l'eau qui traverse la membrane de la cellule se nomme **osmose**. Les molécules d'eau se déplacent toujours du milieu le moins concentré en **soluté** vers le milieu le plus concentré. C'est pourquoi les morceaux de pomme de terre se sont allongés lorsque l'eau de la solution est entrée dans la cellule. Ils ont rapetissé lorsque l'eau s'est retirée de la cellule et s'est dirigée vers la solution sucrée (voir la figure 1).

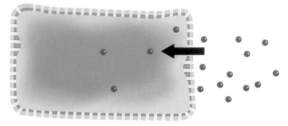

La cellule s'hydrate.

La cellule se déshydrate.

Fig. 1

Pour mieux comprendre l'osmose, fais l'activité suivante.

a) Observe la figure 2.

b) Quelle molécule traverse facilement la membrane poreuse des cellules? Pourquoi?

c) À ton avis, à quel moment le phénomène d'osmose se termine-t-il?

d) À ton avis, pourquoi associe-t-on les mots *osmose* et *équilibre*?

Comme les pommes de terre, ton corps est fait de cellules entourées d'une **membrane semi-perméable**. L'eau peut donc entrer ou sortir de tes cellules, permettant au phénomène d'osmose de se produire.

Savais-tu que la soif est un phénomène d'osmose? Consulte la section Info-science pour en apprendre plus à ce sujet!

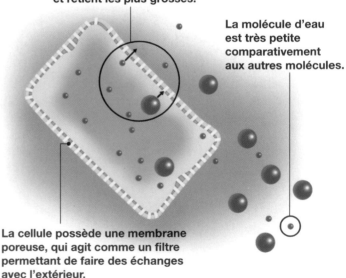

La membrane est dite semi-perméable parce qu'elle laisse passer les petites molécules et retient les plus grosses.

La molécule d'eau est très petite comparativement aux autres molécules.

La cellule possède une membrane poreuse, qui agit comme un filtre permettant de faire des échanges avec l'extérieur.

Fig. 2

Osmose cellulaire

L'OSMOSE ET LA DIFFUSION

L'osmose et la diffusion sont essentielles à ton organisme, car elles permettent de faire circuler des substances nécessaires à ta santé. Fais les expériences suivantes pour en savoir plus.

Problèmes à résoudre

» Comment la diffusion et l'osmose se manifestent-elles ?

» Comment peux-tu distinguer l'osmose de la diffusion ?

Matériel

EXPÉRIENCE Nº 1

» une pomme de terre
» une assiette
» un couteau
» de l'eau (environ 50 ml)
» une solution d'eau salée (sel de cuisine) dans une proportion de 40 g/L
   » 5 ml d'eau distillée[1]
   » du sel

EXPÉRIENCE Nº 2

» des bâtonnets indicateurs de glucose
» un indicateur d'amidon (solution de Lugol)
» deux sacs à dialyse et deux attaches
» deux bechers de 150 ml
» 2 × 100 ml d'eau distillée
» 10 ml d'une solution d'amidon 0,5 %
» 10 ml d'une solution de glucose 10 %
» un compte-gouttes gradué
» un verre de montre

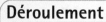

Déroulement

EXPÉRIENCE Nº 1 : SEL ET POMME DE TERRE

1. Creuser trois cavités dans la surface supérieure de la pomme de terre.

2. Retirer une mince tranche à la base de la pomme de terre afin qu'elle soit stable et en contact avec l'eau dans le fond de l'assiette.

3. Remplir la cavité ❶ de sel, la cavité ❷ de solution d'eau salée et la cavité ❸ d'eau distillée.

4. Émettre une hypothèse pour chacun des trois phénomènes qui devraient se produire dans les cavités. Attention ! les hypothèses doivent inclure les notions de diffusion ou d'osmose.

---

1. eau distillée : eau pure ne contenant aucune substance.

Déroulement (*suite*)

EXPÉRIENCE N° 2 : SUCRE ET SAC À DIALYSE

5. Verser 10 ml de solution d'amidon dans un sac à dialyse en prenant soin de rincer ensuite l'extérieur du sac sous le robinet afin d'en enlever toutes les impuretés.

6. Introduire le sac dans un becher contenant 100 ml d'eau distillée en prenant soin de le fixer au bord du becher au moyen d'une attache pour empêcher l'eau d'y entrer.

7. Après 5, 10 et 15 minutes, prélever 2 ml d'eau du becher à l'aide du compte-gouttes.

8. Vider le contenu du compte-gouttes dans le verre de montre.

9. Vérifier la présence d'amidon dans l'eau prélevée à l'aide d'une goutte de l'indicateur approprié. (La solution de Lugol devient bleu foncé en présence d'amidon.)

10. Répéter les étapes **5** à **9** pour la solution de glucose.

11. Noter toutes les observations pertinentes liées au phénomène d'osmose ou de diffusion.

12. Émettre une hypothèse pour expliquer la quantité d'amidon dans le sac à dialyse et dans l'eau du becher.

13. Émettre une hypothèse pour expliquer la quantité de glucose dans le sac à dialyse et dans l'eau du becher.

Analyse

a) En comparant les trois hypothèses de l'expérience n° 1 avec les observations, explique les différences relevées. Utilise un langage scientifique se rapportant aux concepts de diffusion ou d'osmose.

b) En comparant les deux hypothèses de l'expérience n° 2 avec les observations, explique les différences relevées. Utilise un langage scientifique se rapportant aux concepts de diffusion ou d'osmose.

c) À ton avis, qu'arriverait-il si tu mettais l'eau distillée dans les sacs à dialyse et les sucres (glucose et amidon) dans l'eau du becher ?

Entreprise

Dans ta capsule santé, tu auras peut-être à parler de l'osmose ou de la diffusion.

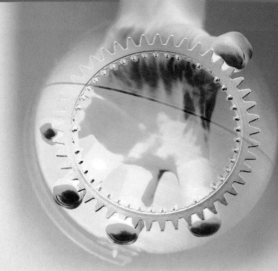

PLAISIR MOLÉCULAIRE

Chaque semaine, la station CHON 96,3 enregistre devant public une émission intitulée *Plaisir moléculaire* au cours de laquelle les auditeurs et auditrices peuvent poser des questions sur la santé. Imagine que tu es un auditeur ou une auditrice de CHON 96,3. Quelle question aimerais-tu poser ?

Tu fais partie d'une équipe de chroniqueurs et chroniqueuses sur la santé et tu dois répondre à une question qui sera élaborée par une autre équipe. Chaque équipe fournira une question qui sera validée par l'enseignant ou l'enseignante. Les questions inscrites sur des cartons seront ensuite mises en commun. Chaque équipe de chroniqueurs et chroniqueuses tirera au hasard une question à laquelle elle devra répondre.

Votre équipe doit poser une question reliée à la santé se rapportant aux nutriments et à l'une des catégories suivantes.

A   **Les intrants et les extrants.**

B   **L'osmose ou la diffusion.**

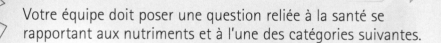

Afin de répondre à cette question, vous devez mettre à profit vos connaissances sur le sujet et faire une recherche s'il y a lieu. Attention ! votre réponse doit contenir :

» le nom d'une molécule ;
» son rôle dans l'organisme.

Vous devez communiquer les résultats de vos recherches sous la forme d'une capsule santé de trois minutes, à la fois instructive, amusante et créative. N'oubliez pas que votre capsule doit être sous le signe du plaisir et de l'équilibre, car vous devrez la présenter aux auditeurs et auditrices de la station radiophonique CHON 96,3 !

NUTRITION
FRUITS
LÉGUMES
VIANDES

Démarche

Préparez votre capsule santé en suivant les étapes ci-dessous et inscrivez toutes les décisions que vous prenez dans le scénario radio remis en classe.

Avant de commencer, lisez les étapes **1** à **5**. Il est important de respecter leur ordre.

ÉTAPE 1   QUESTIONS ADMINISTRATIVES

a) Former une équipe de chroniqueurs et chroniqueuses.

b) Assigner un rôle à chacun et chacune, et le noter dans le scénario radio.

ÉTAPE 2   ÉLABORATION DE LA QUESTION

a) Organiser sous forme de schéma les concepts vus dans la thématique.

b) Choisir les concepts à explorer dans la capsule santé.

c) Formuler une question précise et détaillée, portant sur les concepts abordés et se rapportant à l'une des deux catégories proposées.

d) Valider la question auprès de l'enseignant ou l'enseignante.

ÉTAPE 3   ÉLABORATION DE LA RÉPONSE

a) Tirer au hasard une des questions validées par l'enseignant ou l'enseignante.

b) Faire une recherche appropriée pour y répondre.

c) Élaborer une réponse en tenant compte de tous les critères. S'assurer que la réponse proposée est pertinente tout en étant amusante.

d) S'assurer que la capsule santé ne dépasse pas trois minutes.

ÉTAPE 4   PRÉSENTATION DE LA CAPSULE SANTÉ

Présenter la capsule santé devant l'auditoire de la station CHON 96,3 en choisissant une forme originale : interview, reportage, chanson, etc.

ÉTAPE 5   ÉVALUATION

a) Remplir individuellement les sections Mon profil et Évaluation présentées dans le scénario radio.

b) Faire une mise en commun sur le déroulement de l'Entreprise.

La découverte de l'insuline

En 1890, des chercheurs européens découvrent le rôle du pancréas en pratiquant l'ablation de cette glande sur un chien. Après cette intervention, l'animal présente tous les symptômes du diabète. Au début du 20e siècle, d'autres chercheurs donnent le nom d'insuline à l'hormone sécrétée par le pancréas. Les recherches intensives sur l'insuline commencent dans les années 1920 et donnent des résultats encourageants pour les diabétiques.

En octobre 1920, un jeune chercheur de 28 ans né en Ontario, Frederick Banting, fait équipe avec un spécialiste de l'étude du pancréas de l'Université de Toronto, le professeur J. J. R. Macleod. Les deux hommes unissent leurs efforts pour tenter de déterminer le rôle de l'hormone sécrétée par le pancréas. En 1921, James Bertram Collip et Charles Best se joignent au duo et font de nombreux tests sur des chiens. Ils réussissent à purifier des échantillons d'insuline, de façon à rendre l'hormone assimilable par le corps humain.

Au cours de l'hiver 1921-1922, les chercheurs isolent l'insuline et produisent un sérum qu'ils peuvent injecter à l'être humain. Le 23 janvier 1922, un adolescent de 14 ans gravement atteint du diabète reçoit la première dose du précieux sérum ; la santé du jeune homme s'améliore rapidement après le traitement. Les chercheurs décident alors de faire des injections à d'autres malades et obtiennent des résultats semblables. Ces quatre spécialistes vendent les droits de leur formule à l'Université de Toronto pour une somme symbolique de un dollar : l'insuline peut être produite et vendue à un prix abordable.

Depuis 1925, les recherches se poursuivent. Elles permettent de mieux connaître l'insuline et facilitent l'injection du produit. Des stylos injecteurs et des pompes à insuline portables et implantables sont développés ; les laboratoires produisent des insulines de plus en plus pures et d'une durée d'action plus longue ; des greffes de pancréas sont effectuées, l'autosurveillance du taux de sucre dans le sang est rendue possible grâce à des appareils de plus en plus sophistiqués, etc. La plupart des personnes diabétiques ont aujourd'hui la chance de vivre une vie normale en suivant les recommandations de leur médecin.

Frederick Banting

Portrait de Giuseppe Arcimboldo

Giuseppe Arcimboldo est né à Milan en Italie. À l'âge de 22 ans, il dessine et peint les vitraux de la cathédrale de Milan avec son père.

En 1562, il devient le peintre officiel des empereurs à la cour des Habsbourg à Vienne et à Prague : il peint des portraits de la famille impériale de Ferdinand Ier pendant deux ans. C'est sous le règne de ce roi que l'artiste peint la série des *Quatre saisons*. Les successeurs de Ferdinand Ier, Maximilien II et Rodolphe II, continuent de bénéficier non seulement des talents de peintre de Giuseppe Arcimboldo, mais aussi de ses aptitudes en architecture et en musique. Il conseille les rois sur le choix des œuvres de leurs collections, il organise des fêtes princières, etc.

Vertumnus

**Giuseppe Arcimboldo
(1527-1593)**

Arcimboldo devient célèbre grâce à ses portraits étranges et irréels : ses œuvres représentent des corps humains composés d'ornements décoratifs comme des fleurs, des fruits et des légumes. Il peint aussi des tableaux qui peuvent être retournés, c'est-à-dire que l'on y voit des portraits dans les deux sens. En 1587, après 11 ans au service de la royauté, Arcimboldo retourne à Milan, mais il continue de peindre pour le roi Rodolphe II. En 1591, l'artiste peint sa fameuse toile *Vertumnus* : elle représente le roi formé de fleurs, de fruits et de légumes rappelant le dieu romain de la végétation et de la transformation.

Giuseppe Arcimboldo a été très célèbre en Europe pendant son séjour à la cour impériale. Toutefois, il est vite tombé dans l'oubli après sa mort. L'intérêt pour ses œuvres s'est surtout manifesté à la fin du 19e siècle. Plusieurs toiles originales de l'artiste sont malheureusement disparues.

Au fil du temps

ÉVÉNEMENTS	ANNÉES	ÉVÉNEMENTS

Environ 2500 ans av. J.-C., la balance à deux plateaux fait son apparition en Égypte.

Au 16e siècle, la tomate est introduite en Espagne. Aujourd'hui, la tomate est reconnue comme une excellente source de vitamine C.

En 1747, le médecin écossais James Lind démontre que manger des citrons frais prévient le scorbut.

En 1869, le chimiste russe Dimitri Mendeleïev publie sa classification périodique des éléments chimiques, le célèbre tableau périodique des éléments.

En 1913, la vitamine A est découverte par les chercheurs américains Elmer McCollum et Marguerite Davis.

En 1942, le premier guide alimentaire canadien est publié. À la suite du rationnement des vivres en temps de guerre, on souhaite prévenir les carences nutritionnelles et améliorer la santé des Canadiens et des Canadiennes.

Vers 1960, la maladie de Parkinson est associée à une carence en dopamine.

En 2004, le cinéaste américain Morgan Spurlock reçoit plusieurs prix honorifiques pour avoir porté un regard critique sur la mauvaise alimentation et les causes de l'augmentation de l'obésité en Amérique dans son documentaire *Supersize me*.

ANNÉES
- 2500
1501-1600
1501-1600
1527
1747
1827
1869
1901
1913
1921
1942
1958
1960
1994
2004
2005

Au 16e siècle, à la suite de la découverte des Amériques, les Antilles deviennent un important centre de production de sucre.

En 1527, l'explorateur espagnol Hermán Cortés introduit le cacao en Espagne, mais il faudra attendre jusqu'en 1660 avant que les gens apprécient cette substance amère.

En 1827, le médecin et biologiste français Henri Dutrochet découvre le rôle de l'osmose chez les plantes.

En 1901, le biologiste japonais Jokichi Takamine isole la première hormone, la molécule d'adrénaline.

En 1921, les chercheurs canadiens Frederick Banting et Charles Best découvrent l'insuline, qui servira dans le traitement du diabète.

En 1958, la dopamine, la molécule du plaisir, est découverte.

En 1994, le Québécois Daniel Germain fonde le club des petits déjeuners.

En 2005, plus de 13 500 enfants défavorisés ont bénéficié d'un déjeuner nutritif avant d'aller en classe.

La santé et le bien-être, une priorité !

Véronique est diététicienne. La santé et le bien-être grâce à une saine alimentation ont toujours fait partie de ses priorités. Elle s'intéresse au domaine de la santé depuis plusieurs années. À l'école secondaire, ses cours de sciences et de mathématiques l'ont bien préparée à exercer sa profession. Elle apprécie aussi les méthodes de travail et les connaissances acquises en biologie, en biotechnologie, en chimie et en chimie moléculaire au cours de ses études collégiales.

Véronique avait le choix : étudier en techniques de diététique au niveau collégial ou poursuivre ses études à l'université pour obtenir un baccalauréat et devenir nutritionniste. Sa technique de diététique lui permet de travailler en milieu hospitalier pour préparer les menus, inspecter les aliments et promouvoir l'hygiène dans le domaine de la restauration ou de travailler dans une clinique médicale.

Plutôt que de travailler dans ces milieux, Véronique a préféré se servir de ses compétences en alimentation en devenant traiteuse. Elle compose des menus et cuisine des mets pour des personnes qui font du conditionnement physique, des femmes enceintes, des personnes soucieuses de leur alimentation, des personnes qui ne prennent pas le temps de bien manger, des personnes diabétiques, etc. Elle a même déjà accompagné une personne au supermarché pour la conseiller sur le contenu de son panier d'épicerie !

Dans le cadre de son travail, Véronique se réfère souvent au *Guide alimentaire canadien* en tenant compte des goûts et des besoins de sa clientèle. «Chaque personne est unique, dit-elle, et son alimentation dépend de son métabolisme, de son rythme de vie, de ses activités physiques, etc.». Elle conseille aux adolescents et adolescentes de bien s'alimenter en variant leurs aliments et en choisissant des aliments dans les quatre catégories suivantes : produits céréaliers, légumes et fruits, produits laitiers, viandes et substituts.

Véronique est une passionnée de la promotion d'une saine alimentation !

Le plaisir d'apprendre

As-tu déjà assisté à un exposé ou un cours particulièrement intéressant ? Ton attention était telle que tu n'as même pas vu le temps passer ! Penses-y : était-ce le sujet qui était passionnant ou plutôt la façon dont il était présenté ?

Cette thématique t'a permis de communiquer avec tes camarades de classe tout en exprimant ta créativité à plusieurs reprises.

a) Feuillette les pages de cette thématique et repère les activités dans lesquelles tes camarades et toi avez présenté un menu, le résultat d'une expérience ou une capsule radiophonique.

b) Pense à une équipe dont la présentation a particulièrement capté ton attention.

c) Réfléchis à la raison pour laquelle cette présentation était si intéressante et captivante. Pour t'aider à réfléchir, pose-toi les questions suivantes.

>> Qu'est-ce qui a d'abord attiré ton attention ?

>> Le contenu de la présentation était-il intéressant ?

>> La présentation était-elle drôle ?

>> Des accessoires ont-ils été utilisés pour rendre la présentation plus attrayante ?

>> Le ton était-il enjoué et dynamique ?

d) Pense à l'une de tes propres présentations et essaie de te la remémorer avec le plus de détails possible.

e) À ton avis, cette présentation était-elle intéressante et stimulante pour les autres équipes ?

1) Si oui, nomme deux points forts de ta présentation.

2) Dans le cas contraire, pense à deux choses que tu aurais pu faire autrement pour susciter l'intérêt et note-les.

3) Quel sera ton défi au cours d'une prochaine présentation ?

Lorsque tu fais preuve d'originalité et de créativité dans ta façon de communiquer, tu augmentes ton plaisir d'apprendre et celui de tes camarades de classe !

Des concepts branchés !

Complète un schéma semblable à celui-ci en choisissant les mots appropriés parmi les suivants. 📃

- Intrant / Extrant
- Atome
- Nutriment
- Santé
- Énergie
- Diffusion
- Solution

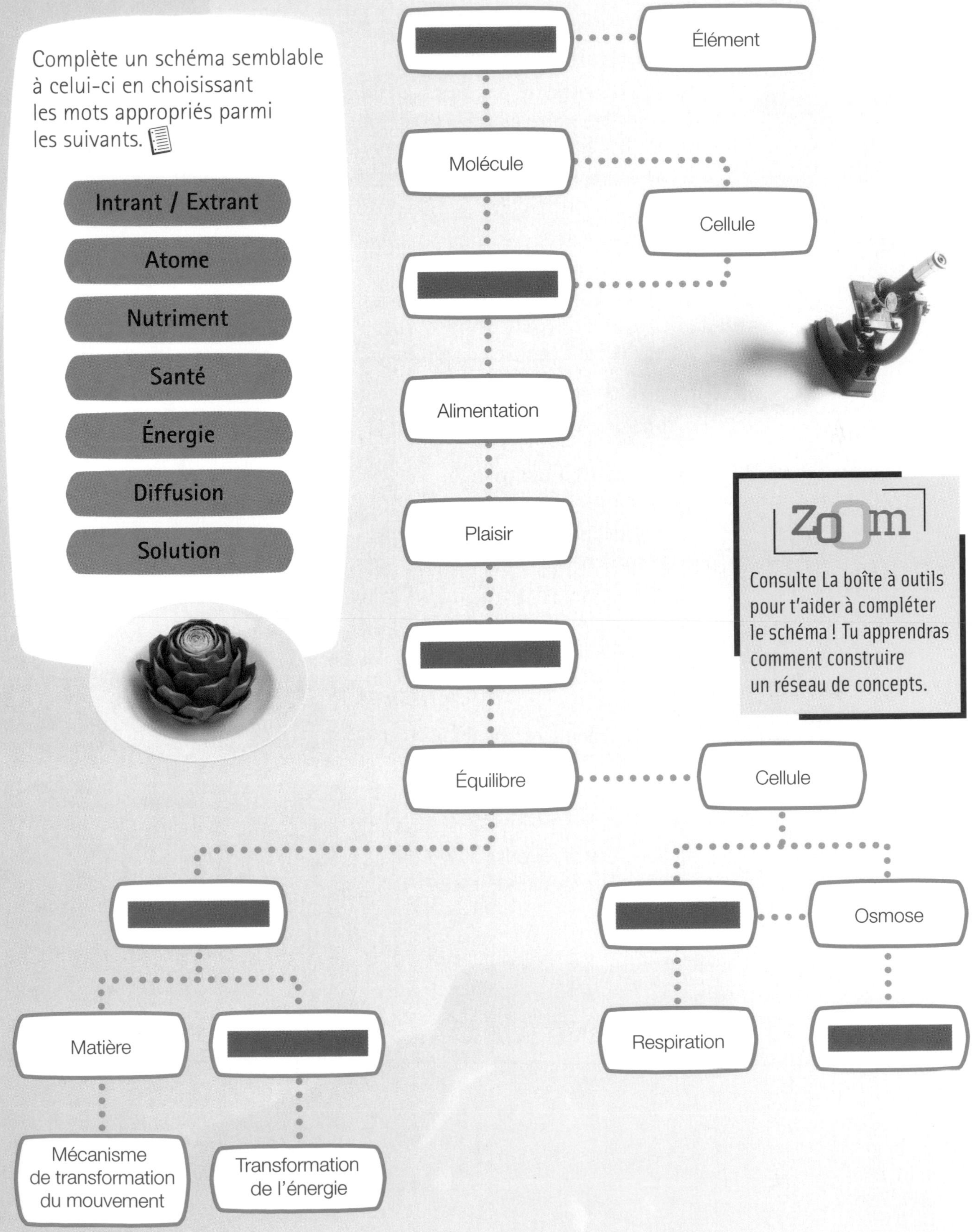

[____] ······ Élément

Molécule ······

Cellule

[____] ······

Alimentation

Plaisir

[____]

Équilibre ······ Cellule

[____]

Matière   [____]

Mécanisme de transformation du mouvement

Transformation de l'énergie

[____] ······ Osmose

Respiration   [____]

Z○○m

Consulte La boîte à outils pour t'aider à compléter le schéma ! Tu apprendras comment construire un réseau de concepts.

Un portrait santé

1. Fais le portrait d'une fille ou d'un garçon en santé en décrivant ses habitudes alimentaires et ses activités physiques.

   a) Indique le nom, le sexe, l'âge, la taille et la masse corporelle de cette personne.

   b) Que mange-t-elle au cours d'une journée type (repas et collations)?

   c) À quelles activités physiques s'adonne-t-elle au cours d'une journée type et pendant combien de temps (en minutes)?

2. a) Propose une définition du mot *santé*.

   b) Compare-la avec celle du dictionnaire.

Le corps et l'osmose

a) Propose une explication des phénomènes physiologiques suivants en utilisant le concept d'osmose.

   1) En cas de déshydratation, éviter de faire boire de grandes quantités d'eau au malade, car cela pourrait entraîner l'éclatement des cellules et provoquer sa mort.

   2) Le diabète est caractérisé par un taux de sucre élevé dans le sang, qui se manifeste par une soif intense et un fréquent besoin d'uriner.

b) Compare ta réponse avec celle d'un ou une autre camarade.

Les secrets du pèse-personne

Pour connaître sa masse corporelle, il est nécessaire d'utiliser un pèse-personne. Il existe plusieurs modèles. Certains possèdent un cadran et une aiguille.

1. **a)** Faut-il se placer à un endroit précis sur le pèse-personne pour avoir une mesure exacte ? Précise ta réponse.

   b) Quelle pièce se met en mouvement pour indiquer la mesure ? Décris cette pièce.

   c) Quel est le type de mouvement (rotation, translation, etc.) de cette pièce ?

   d) À ton avis, le plateau du pèse-personne s'abaisse-t-il lorsqu'une personne monte dessus ? Trouve une façon de valider ta réponse.

2. Observe le schéma dans la page. Il illustre le mécanisme de mesure d'un type de pèse-personne.

   a) Identifie deux pièces qui illustrent le mécanisme de transformation du mouvement.

   b) Explique ce mécanisme.

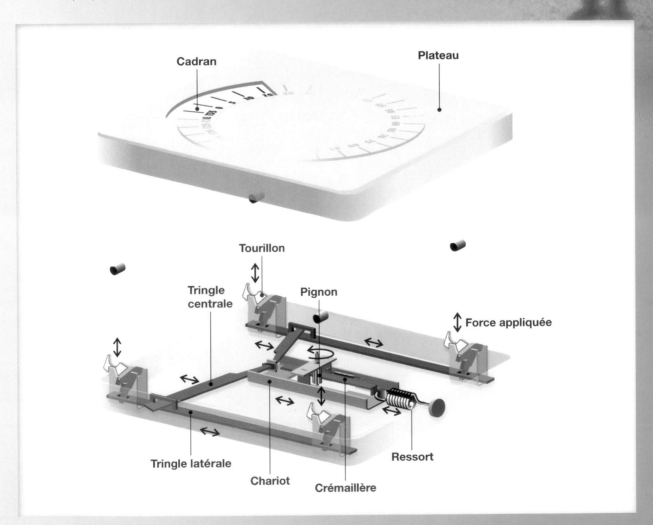

RÉSUMÉ

LES NUTRIMENTS

1. Au cours de la digestion, les aliments sont décomposés en particules appelées nutriments.

2. Les glucides, les lipides, les protéines, les vitamines et les sels minéraux sont des nutriments.

3. Les protéines servent à fabriquer et à réparer les cellules du corps.

4. Les glucides fournissent de l'énergie.

5. Les lipides sont des graisses qui constituent une réserve d'énergie.

L'ATOME ET LA MOLÉCULE

6. Une molécule est faite d'atomes unis par des liens chimiques.

7. L'eau est une molécule qui joue le rôle de solvant ; elle permet la dissolution et le transport des molécules hydrosolubles, incluant certains nutriments.

LE MÉTABOLISME

8. Le métabolisme basal correspond à l'énergie dépensée par le corps au repos pour assurer les fonctions essentielles : le maintien de la température corporelle et le bon fonctionnement des organes vitaux.

9. Le métabolisme total comprend l'ensemble des dépenses d'énergie nécessaires aux activités volontaires et au métabolisme basal.

10. À l'adolescence, les besoins énergétiques quotidiens sont en moyenne de 12 800 kJ, dont 7040 sont utilisés pour le métabolisme basal.

11. Un gramme de glucides produit 17 kJ d'énergie, 1 g de lipides produit 37 kJ d'énergie et 1 g de protéines libère 17 kJ d'énergie.

L'OSMOSE ET LA DIFFUSION

12. La diffusion est le mouvement des molécules qui se déplacent de la zone où la concentration est la plus élevée vers la zone où la concentration est la plus faible.

13. L'équation suivante représente la réaction de combustion qui se produit dans une cellule.

Intrants	Extrants

$$\text{Nutriments} + O_2 \rightarrow \text{Énergie} + H_2O + \text{déchets} \ (CO_2 + \text{urée})$$

14. Le mouvement des molécules d'eau qui traversent la membrane cellulaire se nomme osmose.

15. La membrane cellulaire est dite semi-perméable, car elle laisse passer certaines petites molécules seulement.

LES MÉCANISMES DE TRANSFORMATION DU MOUVEMENT

16. Il est possible de transformer le type de mouvement (translation, rotation) d'un élément d'une machine en un autre type de mouvement. Par exemple, transformer un mouvement de translation en un mouvement de rotation.

Les nutriments

1. Pendant un match de soccer, les joueurs et joueuses courent, sautent, s'arrêtent, puis repartent. Pour produire l'énergie essentielle à toutes ces actions, le corps transforme les aliments complexes en aliments plus simples.

   a) Quel est le nom générique de ces aliments simples ?

   b) Nomme cinq aliments simples obtenus pendant la digestion.

2. Le tableau ci-dessous porte sur les aliments et leur fonction. Reproduis ce tableau en remplaçant les numéros par l'information appropriée.

Aliment complexe	Aliment simple obtenu	Fonction
Miel	❶	❷
Poulet	❸	❹
Huile d'olive	❺	❻

3. Le petit déjeuner de Julie se compose des aliments ci-dessous. Détermine si ces aliments sont une source de protéines, de glucides ou de lipides.

❶  ❷  ❸ 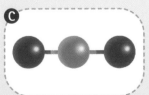 ❹  ❺  ❻

L'atome et la molécule

4. En croquant une pomme, tu te demandes si elle est faite d'atomes ou de molécules.

   a) Établis la distinction entre un atome et une molécule.

   b) Tu peux maintenant répondre à la question : La pomme est-elle faite d'atomes ou de molécules ?

5. Parmi les modèles ci-dessous, identifie ceux qui représentent des molécules.

Ⓐ  Ⓑ  Ⓒ

6. Associe chaque indice de la colonne de gauche à l'une des réponses suggérées dans la colonne de droite.

Indice	Choix de réponse
a) Cette substance essentielle agit comme solvant.	❶ Glucides
b) Ces substances sont appelées oligoéléments.	❷ Sels de Ca (calcium), de Mg (magnésium), de Na (sodium), de K (potassium), de P (phosphore)
c) Les surplus de ces substances sont emmagasinés dans les cellules graisseuses.	❸ H_2O
d) Ces substances sont des sels minéraux.	❹ Chrome, manganèse, cuivre, sélénium, fer

Le métabolisme

7. Il existe deux types de métabolismes.

   a) Nomme-les.

   b) Décris-les.

8. Associe chacune des photographies ci-contre au type de métabolisme qui convient.

9. a) À l'adolescence, quelle est la valeur des besoins énergétiques quotidiens?

   b) Quelle est la valeur énergétique nécessaire au fonctionnement du métabolisme basal?

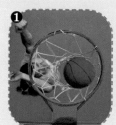

Les mécanismes de transformation du mouvement

10. Quel type de transformation du mouvement s'applique dans les cas suivants? Précise ta réponse.

   a) Tu fais tourner une toupie.

   b) Tu tournes l'écrou qui contrôle le degré d'ouverture d'un compas.

Les molécules du corps

11. Observe les modèles de molécules ci-dessous et écris leur formule chimique.

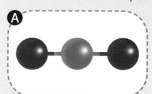

Légende
- ⚫ Oxygène (O)
- ⚫ Carbone (C)
- ⚪ Hydrogène (H)

12. Nomme la molécule associée à chacune des caractéristiques ci-dessous.

a) Molécule qui entraîne une augmentation de la circulation sanguine vers les muscles.

b) Molécule produite par le cerveau.

c) Molécule produite par une glande localisée au-dessus du rein.

d) Molécule qui crée un sentiment de bien-être.

e) Molécule qui accélère le rythme cardiaque.

f) Molécule qui favorise la cicatrisation.

g) Molécule qui provoque des sautes d'humeur lorsque son taux est trop faible.

h) Molécule qui assure la transmission des messages du cerveau au corps.

13. Quelle quantité d'énergie les nutriments suivants produisent-ils ?

a) 1 g de protéines.

b) 1 g de glucides.

c) 1 g de lipides.

14. Un repas équilibré doit contenir des nutriments dans des proportions déterminées. Indique le pourcentage correspondant aux proportions que l'on doit consommer pour les trois catégories de nutriments illustrés ci-contre.

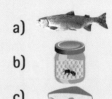

a)

b)

c)

L'osmose et la diffusion

15. Associe chacune des situations ci-dessous à un type d'échange : la diffusion ou l'osmose.

a) Molécule d'oxygène qui se déplace dans l'air.

b) Molécule de dioxyde de carbone qui sort des poumons.

c) Pommes de terre plongées dans une solution fortement concentrée en eau salée.

d) Molécules de parfum qui se répandent dans une pièce.

16. Pour réaliser une expérience, tu prépares trois bechers. Le premier contient quelques cristaux de sel (chlorure de sodium) en solution dans l'eau. Dans le deuxième, tu laisses tomber quelques gouttes de lait à la surface de l'eau. Dans le troisième, tu fais tremper dans l'eau des branches de céleri un peu fanées.

a) Dans quel becher observes-tu un phénomène de diffusion ?

b) Dans quel becher y a-t-il un solvant et un soluté ?

c) Dans quel becher observes-tu un phénomène d'osmose ?

d) Après quelques minutes, tu remarques que les branches de céleri sont plus fermes. Quelle propriété de la membrane cellulaire a permis à la branche de céleri de se raffermir ?

17. Explique comment se déplacent les molécules...

a) au cours de la diffusion.   b) au cours de l'osmose.

8

La Terre est vraiment unique en son genre.
Sais-tu que notre planète est le seul endroit
de l'Univers connu des astronomes qui présente
une telle diversité de phénomènes vivants, physiques
et géologiques ? L'explosion de la vie, c'est ici qu'elle
se trouve !

Chaque jour, des personnes sillonnent la Terre
à la recherche d'exotisme et de nouveaux paysages.
D'autres auront la chance d'explorer le système solaire
pour mieux comprendre l'Univers. Imagine que
tu possèdes les ressources nécessaires pour te permettre
de faire une expédition scientifique. Quelle région
aimerais-tu explorer ?

Un monde grandeur nature !

Dans cette thématique, tu découvriras
plusieurs coins de la Terre en compagnie
d'explorateurs et d'exploratrices. Tu constateras
que notre monde, composé de terre, d'eau,
d'air et d'énergie, est à la fois complexe
et fascinant. Tu verras aussi combien
ce monde en apparence si solide est fragile.
Il est donc important d'en prendre soin !

Entreprise

En revenant d'une expédition scientifique dans l'espace, l'engin
dans lequel tu te trouves doit se poser d'urgence sur Terre.
Toi et les membres de ton équipage devrez estimer l'endroit
où vous vous trouvez grâce à des indices tirés de l'environnement.
Vous devrez ensuite faire fonctionner un objet
qui vous permettra de préciser votre position.
Quel équipage pourra être secouru
le plus rapidement ?

En connexion avec...

... la vie

Contenu

... tes rêves

Orientation

Environnement et consommation

Compétence transversale

- » Exploiter l'information

Compétence disciplinaire

- » Chercher des réponses ou des solutions à des problèmes d'ordre scientifique ou technologique

... la culture

Repères culturels

... l'expérience

En science

En technologie

→Contact!

Dans cette thématique, tu découvriras que le monde dans lequel tu vis est composé de terre, d'eau et d'air. Les activités suivantes te permettront d'explorer ce monde en équipe.

1. Faites une affiche illustrant votre compréhension d'un monde fait de terre, d'eau et d'air.

a) En vous inspirant du schéma suivant, divisez votre carton en trois sections : l'air, l'eau et la terre.

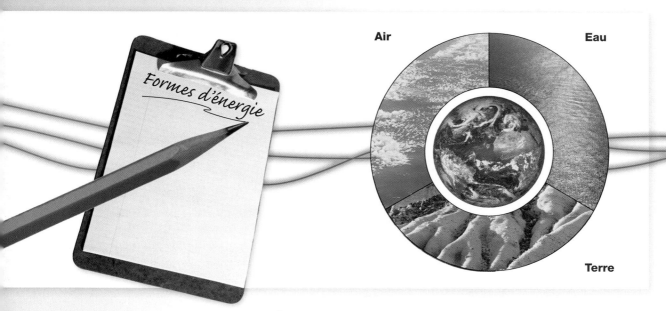

b) Que savez-vous sur l'air ? Suivez les consignes ci-dessous pour le déterminer.

1) Dans la section appropriée, décrivez ou illustrez les caractéristiques de l'air telles que vous les connaissez.

2) Choisissez une problématique environnementale concernant l'air, liée à l'activité humaine.

3) Décrivez-la ou illustrez-la sur l'affiche.

4) Connaissez-vous un explorateur ou une exploratrice, ou encore un ou une scientifique qui s'intéresse d'une façon ou d'une autre à l'air ? Écrivez le nom de cette personne sur l'affiche.

c) Répétez les consignes 1) à 4) pour l'eau.

d) Répétez les consignes 1) à 4) pour la terre.

Matériel nécessaire

- » un grand carton
- » des crayons de couleur
- » des photographies qui peuvent servir à la préparation d'une affiche
- » un bâton de colle

2. Au fil des siècles, les humains ont pu explorer la Terre en utilisant des moyens de transport ou des appareils nécessitant diverses formes d'énergie. Quelles sont-elles ? Suivez les consignes ci-dessous pour le déterminer.

a) Sur une feuille à part, nommez toutes les formes d'énergie utilisées pour faire fonctionner ces moyens de transport ou ces appareils.

b) Parmi les formes d'énergie énumérées en **a)**, encerclez celles qui vous semblent les moins dommageables pour l'environnement.

c) Choisissez une forme d'énergie ménageant l'environnement associée à l'exploration de l'air.

d) Écrivez son nom ou illustrez-la sur l'affiche réalisée au cours de l'activité 1 dans la section traitant de l'air.

e) Choisissez une forme d'énergie ménageant l'environnement associée à l'exploration de l'eau et une autre associée à l'exploration de la terre.

f) Écrivez leur nom ou illustrez-les sur l'affiche réalisée au cours de l'activité 1 dans leurs sections respectives.

3. a) Quel est le nom générique de chacun des domaines liés à l'air, à l'eau et à la terre ? Voici des indices pour découvrir ces noms.

1) Le domaine de l'air : la fin du mot est associée à la forme de la Terre.

2) Le domaine de l'eau : le nom de la plus importante forme d'énergie au Québec s'inspire de ce nom.

3) Le domaine de la terre : il est parfois utile de connaître l'origine latine ou grecque d'un mot pour trouver sa signification.

b) Comparez vos réponses avec celles d'une autre équipe.

c) Vérifiez l'exactitude de vos réponses à l'aide d'un dictionnaire.

Connais-tu Jules Verne ? Cet homme a écrit des livres d'aventures passionnants qui racontent l'exploration de l'air, de l'eau et de la terre. Pour en savoir plus à son sujet, lis la rubrique En connexion avec la culture de cette thématique !

Montgolfière hybride *Solo Spirit,* **qui a survolé la côte est de l'Australie en 2001**

Zo**o**m

Le mot grec *lithos* signifie « pierre ».

THÈME 1

→ Un monde de terre

AMORCE Roxanne Gratton aime parcourir la Terre à la recherche de trésors. Quand elle marche, elle ne regarde pas devant elle : ses yeux sont plutôt rivés au sol ! Pourquoi ? Lis la carte postale suivante pour le découvrir.

Zoom

Savais-tu que le Canada est considéré comme un pays producteur de diamants ? En effet, au début des années 1990, de nombreux gisements ont été découverts dans le nord-ouest du pays !

J'ai appris à marcher pour ramasser les roches qui brillaient sur le sol et, depuis, je m'intéresse à leur formation. Aujourd'hui, je réalise mon rêve d'enfant : je suis géologue !

Roxanne Gratton, géologue québécoise

1. **a)** À ton avis, en quoi consiste le travail de Roxanne ?
   b) Pourquoi sa profession lui permet-elle de voyager ?

2. Imagine que tu es à la recherche de beaux spécimens de roches, tout comme Roxanne. Quelles propriétés des roches attireraient particulièrement ton regard ?

3. Caillou, pierre, galet, roche, minéral... plusieurs mots de la langue française semblent parfois désigner la même chose. Qu'en est-il exactement ?

   a) Selon toi, y a-t-il une différence entre une roche et un minéral ? Si oui, laquelle ?

   b) Le diamant est-il une roche ou un minéral ? Justifie ta réponse.

   c) Pourrais-tu trouver des galets en plein désert ? Pourquoi ?

   d) Caillou, pierre, roche : lequel est le plus petit ?

Le 27 décembre 1984

Chère amie,

Je me trouve au champ de glace d'Allan Hills, en Antarctique. Aujourd'hui, j'ai ramassé une roche de 1,931 kg qui m'intriguait un peu plus que les autres. La roche a été immédiatement expédiée au centre Johnson de la NASA afin d'être examinée attentivement. J'ai hâte d'avoir des nouvelles !

Roberta Score

4. Certaines expéditions scientifiques sont consacrées à la recherche de roches uniques en vue de leur identification. Au cours d'une expédition de ce genre en Antarctique, la géologue américaine Roberta Score a fait une découverte étonnante.

a) En équipe, lisez la lettre ci-contre pour en savoir plus.

b) Imaginez que vous êtes les chercheurs et les chercheuses de la NASA qui doivent identifier cette roche.

  1) Quels sont les critères pour identifier une roche à votre avis ? Mettez en commun vos connaissances sur ce sujet.

  2) Discutez d'une démarche possible pour identifier la roche.

  3) Écrivez trois ou quatre consignes qui décrivent la démarche que votre équipe propose en utilisant des verbes à l'infinitif.

c) Comparez votre démarche avec celle d'une autre équipe afin de déterminer celle qui semble la plus efficace.

d) Lisez la carte postale ci-dessous pour connaître la suite de l'histoire.

1996

Chère amie,

Enfin ! La NASA vient de découvrir que cette roche est bien particulière. C'est une météorite[1] en provenance de Mars ! On lui a donné le nom de ALH84001.

Roberta Score

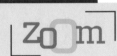

ÉTATS UNIS 10c

Roche ALH84001

---

1. météorite : fragment d'un corps céleste qui a atteint la surface de la Terre ou d'un autre astre sans être complètement désintégré.

DES ROCHES OU DES MINÉRAUX ?

Maintenant que tu sais que les roches ne sont pas toutes semblables, exerce-toi à distinguer les roches des minéraux en réalisant l'expérience suivante. Examine minutieusement les échantillons à ta disposition.

Problème à résoudre

Quels critères permettent de distinguer les roches des minéraux ?

Matériel

» une loupe

» six roches et six minéraux non identifiés, numérotés de 1 à 12

» une boîte d'œufs vide dont les cases sont numérotées de 1 à 12

Déroulement

1. Écrire de quatre à six consignes décrivant une démarche pour distinguer les roches des minéraux ; utiliser des verbes à l'infinitif.

2. Prévoir une façon d'organiser par écrit l'information recueillie pendant l'observation.

3. Appliquer la démarche.

4. Choisir un critère permettant de distinguer les roches des minéraux.

5. Échanger la boîte contre celle d'une autre équipe.

6. À partir du critère choisi, distinguer les roches des minéraux contenus dans la boîte de l'autre équipe.

7. Comparer le résultat obtenu avec celui de l'autre équipe afin de choisir le critère le plus pertinent pour distinguer les roches des minéraux.

Analyse

a) Quel est le critère retenu pour distinguer les roches des minéraux ? Justifie ce choix.

b) À partir de tes observations, propose une définition du mot *roche* et du mot *minéral.*

c) Compare tes définitions avec celles du glossaire.

DES ROCHES À CLASSER

La géologue Roberta Score a su au premier coup d'œil que la roche ALH84001 était différente des autres. Développe cette habileté en classant des roches en trois catégories distinctes.

Zoom

Savais-tu que la couleur rouge de la planète Mars vient de la présence de rouille (hématite[1]) contenue dans les roches de son sol ?

Problème à résoudre

Comment peut-on classer les roches en trois catégories ?

Matériel

six échantillons de roches numérotées de 1 à 6

Déroulement

1. Observer les ressemblances et les différences entre les échantillons.

2. Classer les six roches en trois catégories à partir des indices ci-dessous.

   » **Roche ignée** (intrusive) : cristaux visibles à l'œil nu, de couleur différente, solidement liés les uns aux autres, ne présentant aucun arrangement particulier.

   » **Roche sédimentaire** : présence de débris liés par un ciment, couches empilées, assez facile à rompre en exerçant un frottement.

   » **Roche métamorphique** : alternance de bandes colorées ou de feuillets parallèles liés les uns aux autres.

3. Valider la classification auprès de l'enseignant ou l'enseignante.

Analyse

a) Ta classification était-elle exacte ? Justifie ta réponse.

b) Quels échantillons ont été les plus difficiles à identifier ? Pourquoi ?

c) À ton avis, les roches et les minéraux présents sur une autre planète sont-ils différents de ceux que l'on trouve sur Terre ? Justifie ta réponse.

---

1. hématite : ce mot est formé avec le préfixe *héma-*, du grec *haima* qui veut dire «sang».

LES TYPES DE ROCHES

La distinction entre les roches et les minéraux

Au cours des expériences précédentes, tu as découvert que les **roches** et les **minéraux** sont différents. La composition chimique des minéraux est spécifique. Une roche, quant à elle, est un mélange de plusieurs minéraux.

La **croûte terrestre** est constituée d'un ensemble de roches.

Carrière de granite

> # Zo◯m
>
> Savais-tu que les roches qui forment la croûte terrestre sont composées d'environ 3500 minéraux ? Pour en savoir plus, consulte la section Info-science.

Chaque roche composant la croûte terrestre est un mélange de plusieurs minéraux différents. C'est pourquoi une roche peut avoir plusieurs couleurs et plusieurs formes.

Échantillons de granite rose

Chaque minéral possède sa propre structure géométrique appelée structure cristalline. Les minéraux ont une couleur dominante qui peut varier selon les impuretés présentes.

Biotite   **Quartz**   **Feldspath**

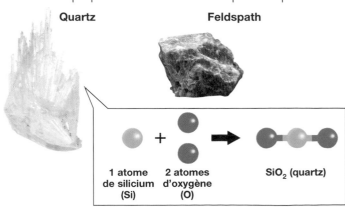

1 atome de silicium (Si)   2 atomes d'oxygène (O) SiO_2 (quartz)

Les minéraux sont constitués de différents **éléments** [1] qui figurent dans le tableau périodique.

---

1. élément : substance représentée par une seule sorte d'atome.

La classification selon l'origine de formation

Tout comme on peut classer les végétaux et les animaux, on peut aussi classer les **types de roches** selon certains critères. Une classification possible consiste à considérer l'origine de leur formation, car, sur Terre, les roches se forment et se transforment au fil du temps.

CLASSIFICATION SELON L'ORIGINE DE FORMATION

Type de roche	Origine de formation	Utilisation	
Ignée Le mot *igné* vient du latin *ignis*, qui signifie «feu».	• Formation par la solidification lente ou rapide du magma[1] provenant des profondeurs de la croûte terrestre. • Roche souvent associée à la présence de volcanisme.	Monument 	Granite
Sédimentaire Le mot *sédimentaire* vient du latin *sedimentum*, qui signifie «dépôt».	• Formation sous l'effet de l'eau et du vent par transport et cimentation de sédiments. • Roche présentant des couches et contenant parfois des fossiles.	Bâtiment 	Grès
Métamorphique Le mot *métamorphique* vient du grec *meta*, qui signifie «changement», et de *morphê*, qui signifie «forme».	• Formation sous l'effet de températures et de pressions élevées présentes à l'intérieur de la Terre. • Roche d'origine ignée ou sédimentaire ayant subi des changements.	Bâtiment 	Marbre

1. magma : roche en fusion venant du centre de la Terre.

Entreprise

Tu auras besoin de ces indices pour identifier une roche trouvée sur les lieux de l'atterrissage de ton engin.

La lithosphère

L'ensemble des roches et des minéraux que tu viens de découvrir se trouve dans la **lithosphère**. Celle-ci contient des richesses naturelles pouvant satisfaire les besoins matériels et énergétiques des êtres humains. Elle est constituée par l'ensemble des roches de la Terre et se trouve directement sous tes pieds, et même dans le fond des océans ! Elle traverse la croûte terrestre et une partie du **manteau supérieur** de la Terre.

a) En équipe, observez l'illustration de la page 59.

b) Répondez aux questions du Carnet Connexion.

CARNET CONNEXION

QUESTIONS D'OBSERVATION

1) À quel endroit la croûte terrestre est-elle la plus épaisse ?

2) Identifiez les ressources de la lithosphère que l'être humain utilise comme sources d'énergie.

QUESTIONS DE RÉFLEXION

3) Selon vous, les formes d'énergie tirées de la lithosphère sont-elles polluantes ? Expliquez votre réponse à l'aide d'exemples.

4) Pourquoi l'eau qui provient des geysers[1] est-elle si chaude ?

5) Les roches et les minéraux ne se reproduisent pas et ne repoussent pas comme le font les plantes. Nommez une conséquence de leur utilisation abusive et non planifiée.

6) Dans son roman *Voyage au centre de la Terre,* Jules Verne décrit une expédition qui a pour but d'atteindre le centre de la Terre par le cratère d'un volcan. Pensez-vous que cette idée est réalisable ? Si oui, expliquez comment. Sinon, dites pourquoi.

QUESTION DE MÉTHODE

7) Pour répondre à certaines questions, vous devez parfois construire votre opinion à partir de faits et de données. Quelles sont les diverses sources d'information mises à votre disposition ?

---

1. geyser : source d'eau chaude qui jaillit du sol.

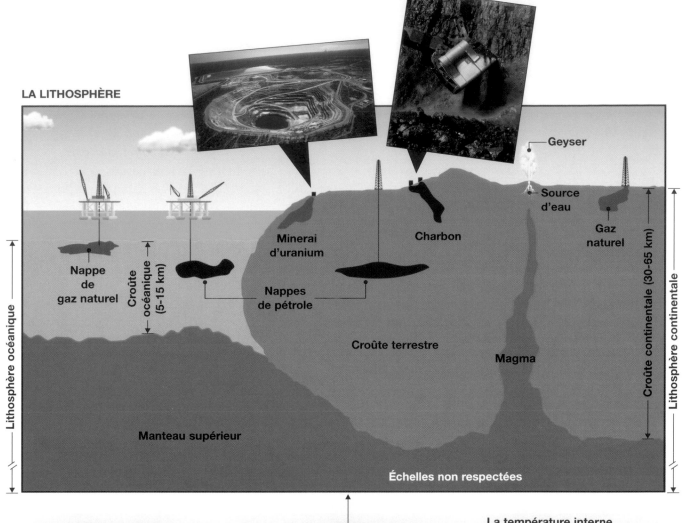

LA LITHOSPHÈRE

Lithosphère océanique

Nappe de gaz naturel

Croûte océanique (5-15 km)

Minerai d'uranium

Nappes de pétrole

Charbon

Geyser

Source d'eau

Gaz naturel

Croûte continentale (30-65 km)

Lithosphère continentale

Croûte terrestre

Manteau supérieur

Magma

Échelles non respectées

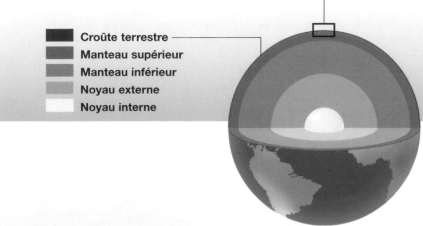

Croûte terrestre
Manteau supérieur
Manteau inférieur
Noyau externe
Noyau interne

La température interne de la Terre augmente en moyenne de 3 °C tous les 100 mètres de profondeur à partir de la surface.

STRUCTURE INTERNE DE LA TERRE

Zoom

En 2005, la production mondiale d'énergie se répartit ainsi :

- Énergie fossile (charbon, pétrole, gaz) : 64 %
- Énergie nucléaire : 17 %
- Énergie renouvelable : 19 % (dont 18 % proviennent principalement des barrages hydroélectriques)

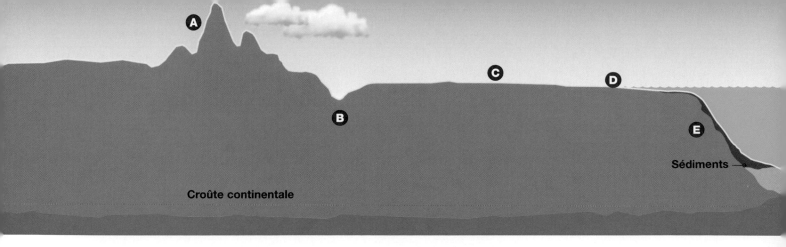

A · **B** · **C** · **D** · **E**

Sédiments

Croûte continentale

LE RELIEF

La forme de la surface terrestre s'appelle le **relief**. De quoi s'agit-il exactement ? Fais les activités suivantes pour le savoir.

1. Le Québécois Bernard Voyer est un explorateur reconnu. Même s'il a fait des expéditions pendant 30 ans, il n'a pas exploré plus de 30 % de la planète.

   a) Pourquoi en est-il ainsi selon toi ? Propose une explication.

   b) Que devrait-il faire pour explorer les 70 % qui restent ?

2. Si toute l'eau se retirait de la Terre, à quoi ressemblerait la planète ?

   a) Dans la section Info-science, observe la carte panoramique d'une partie du monde sans eau.

   b) Décris une ressemblance et une différence entre le paysage continental et celui du fond des océans.

   c) Quelle conclusion peux-tu tirer de cette carte en ce qui concerne la surface terrestre ?

3. Le 14 avril 1912, le *Titanic* partait de Southampton en Angleterre en direction de New York. Malheureusement, il heurta un iceberg et coula. Pourrais-tu repérer la position exacte du naufrage à l'aide de la **longitude** et de la **latitude** ?

   a) Consulte les cartes panoramique et géographique dans la section Info-science.

   b) Repère et identifie la région où a coulé le *Titanic* grâce aux indices suivants :

   Longitude : 50° O. ; Latitude : 41° N.

   c) En observant la carte panoramique dans la section Info-science, crois-tu que l'épave du *Titanic* est facilement accessible aujourd'hui ? Explique pourquoi.

Zo○m

Sais-tu que Bernard Voyer a fait le tour du monde en explorant les plus hauts sommets de chacun des continents ? Pour en apprendre davantage sur cet explorateur, consulte la section Info-science !

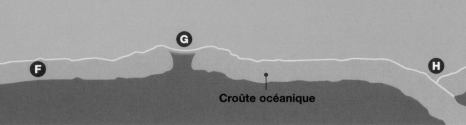

Croûte océanique

Si tu pouvais parcourir la surface des continents et celle des profondeurs des océans, tu remarquerais que l'aspect de la croûte terrestre varie considérablement selon l'endroit où tu te trouves. C'est ce qu'on appelle le relief.

4. a) En équipe, associez les définitions suivantes aux lettres indiquées sur l'illustration au haut des pages 60 et 61.

  1) Talus : pente abrupte située entre le plateau continental et la plaine abyssale.

  2) Montagne : importante élévation de terrain qui peut prendre la forme d'une succession de sommets.

  3) Fosse abyssale : dépression importante et très longue située à de grandes profondeurs dans l'océan.

  4) Dépression : zone de relief inférieur à celui de la surface voisine.

  5) Plaine abyssale : vaste étendue plane.

  6) Plaine : vaste étendue de terrain plat.

  7) Dorsale : chaîne de montagnes s'élevant au-dessus des plaines abyssales.

  8) Plateau continental : bordure des continents qui se prolonge dans la mer.

 b) Les définitions ci-dessus sont incomplètes. Trouvez les définitions complètes dans le manuel afin de vérifier l'exactitude des associations en **a)**.

Entreprise

Pour t'aider à repérer l'endroit où ton engin s'est posé, des indices liés au relief te seront fournis.

Bras robotisé retirant du fond de l'océan un vitrail du *Titanic*

Zo m

La fosse abyssale des Mariannes, dans le Pacifique, est le point le plus profond de l'océan (−11 033 m). La pression de l'eau y est 1000 fois plus grande que la pression ressentie sur Terre !

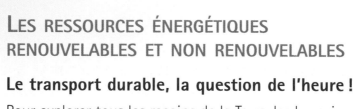

LES RESSOURCES ÉNERGÉTIQUES RENOUVELABLES ET NON RENOUVELABLES

Le transport durable, la question de l'heure !

Pour explorer tous les recoins de la Terre, les humains ont besoin de se déplacer, souvent sur de très longues distances. Pour ce faire, est-il possible d'utiliser un moyen de transport qui n'exploite pas les ressources énergétiques de la lithosphère ?

1. En équipe, inventez un moyen de transport qui n'exploite pas les ressources énergétiques de la lithosphère.

    a) Faites un croquis illustrant ce moyen de transport.

    b) Expliquez son mode de fonctionnement et de propulsion[1].

2. La lithosphère contient-elle des ressources inépuisables que l'être humain peut extraire à sa guise ? Pour le savoir, répondez aux questions suivantes en équipe à l'aide du tableau de la page 63 et du texte remis par votre enseignant ou enseignante.

    a) Observez la photographie du véhicule dans la page.

    b) Quelles sont les **matières premières** nécessaires à la fabrication des pneus, de la vitre et de la carrosserie d'un véhicule ?

    c) D'où ces matières premières proviennent-elles ?

    d) Comment se nomme le carburant[2] nécessaire au fonctionnement de ce véhicule ?

    e) D'où ce carburant est-il extrait ?

    f) Les différentes matières entrant dans la fabrication et le mode de fonctionnement de ce véhicule peuvent-elles se renouveler par elles-mêmes ? Expliquez.

    g) Selon vous, les moyens de transport en général affectent-ils la santé de la planète et de ses habitants et habitantes ? Expliquez.

    h) Quels changements pourrait-on apporter aux moyens de transport pour mieux protéger l'environnement ?

    i) Quels autres moyens de transport pourrait-on utiliser pour protéger l'environnement le plus possible ?

---

1. propulsion : action de mettre en mouvement.
2. carburant : produit qui sert de source d'énergie au moteur d'un véhicule.

Afin de protéger l'environnement, le gouvernement canadien vise à développer un transport durable[1]. Le défi consiste à utiliser des moyens de produire de l'énergie sans épuiser les ressources naturelles et sans polluer l'environnement. Le tableau ci-dessous présente des **ressources énergétiques renouvelables** et des **ressources énergétiques non renouvelables** actuellement utilisées pour les moyens de transport.

Voiture électrique

RESSOURCES ÉNERGÉTIQUES DES MOYENS DE TRANSPORT

Forme d'énergie	Carburant	Moyen de transport
Énergie fossile	Pétrole (essence et diesel)	**1. Véhicule à essence ou au diesel** Le moteur brûle de l'essence ou du diesel. Les gaz émis sont polluants.
Énergie de biomasse	Biogaz (*Exemple :* méthane)	**2. Véhicule au biogaz** Le moteur brûle un carburant gazeux qui ressemble au gaz naturel, mais qui est produit par la fermentation de la matière organique. L'émission des gaz polluants est faible.
	Biocarburant (*Exemple :* éthanol)	**3. Véhicule au biocarburant** Le moteur brûle un carburant liquide obtenu à partir de la transformation de la matière organique (*exemple :* le maïs). L'émission des gaz polluants est faible.
Énergie électrique	Pile à combustible (*Exemple :* hydrogène)	**4. Véhicule à hydrogène** Le fonctionnement de la pile à combustible repose sur la production d'énergie électrique par la réaction entre de l'hydrogène et de l'oxygène. Résultat : le véhicule n'émet que de l'eau !
	Batterie	**5. Véhicule électrique** Le véhicule est alimenté par des piles qu'il faut recharger après une certaine distance (entre 100 et 200 km).
Bi-énergie	Pétrole et électricité	**6. Véhicule hybride** Ce véhicule utilise de façon combinée le moteur électrique et le moteur à essence. Le moteur électrique est utilisé principalement pour la conduite à basse vitesse.

Voiture hybride

3. a) Parmi les moyens de transport proposés dans le tableau, lesquels considères-tu comme une source de pollution ? Explique.

   b) Classe les carburants présentés en ressources renouvelables ou non renouvelables.

[**ressources énergétiques renouvelables**]

Ressources énergétiques qui peuvent se renouveler sur de courts intervalles de temps.

[**ressources énergétiques non renouvelables**]

Ressources énergétiques contenues dans la Terre en quantités déterminées et qui sont épuisables sur de courts intervalles de temps.

1. transport durable : manière non polluante de se déplacer visant à ne pas épuiser les ressources naturelles.

THÈME 2

→ Un monde d'air et d'eau

AMORCE Dans le thème 1, tu as pu constater qu'il existe des problèmes environnementaux liés à l'exploitation des ressources du sous-sol. Qu'en est-il de l'air et de l'eau ? Fais les activités suivantes pour le découvrir.

L'Arctique en danger ?

Depuis de nombreuses années, l'explorateur et médecin français Jean-Louis Étienne parcourt la Terre avec un mélange d'admiration et d'inquiétude. Ce médecin est particulièrement préoccupé par la santé de la Terre ! Il s'inquiète des effets de l'activité humaine sur la qualité de l'air que nous respirons et constate les ravages causés par la pollution de l'eau sur la vie marine.

> L'homme grandit en relevant des défis. Je veux encore grandir.
>
> BERNARD VOYER

a) Selon toi, quelles sont les principales sources de pollution de l'atmosphère ?

b) Consulte la section Info-science pour découvrir l'expédition passionnante mission Banquise.

c) Lis le texte suivant extrait du journal de bord que Jean-Louis Étienne a écrit au cours d'une expédition dans l'Arctique.

> Mardi 11 juin 2002
>
> L'air est malade de notre civilisation. Sans cette couche d'air qui enveloppe notre planète, la vie ne serait pas possible. L'atmosphère nous protège aussi de toutes les particules qui sillonnent le cosmos et qui nous tomberaient dessus si elles ne se désintégraient pas dans l'air. L'immensité du ciel donne l'impression que l'air s'étend à l'infini, jusqu'aux étoiles. En fait, l'atmosphère est une enveloppe très fine, quelques kilomètres d'épaisseur, l'équivalent d'une couche de cellophane tendue autour d'une citrouille. Sa capacité à accepter la pollution a atteint ses limites. Ici, au pôle Nord, on trouve les traces de notre pollution atmosphérique. Le ciel s'empoisonne ; ce ne sont pas des paroles en l'air.
>
> Jean-Louis Étienne, dans l'Arctique

d) Jean-Louis Étienne affirme que, même au pôle Nord, on trouve les traces de notre pollution atmosphérique. Quelles sont ces traces ?

Attention, déversement !

Sais-tu que des millions de tonnes de pétrole sont déversées chaque année dans les océans ? Les fuites des pétroliers constituent la plus sérieuse source de pollution des océans. Imagine qu'un déversement de pétrole vient de se produire en mer et que tu participes à une expédition de sauvetage.

En équipe, simulez un déversement de pétrole en réalisant l'activité suivante.

a) Dans une tasse, mélangez 50 ml d'huile à cuisson et le colorant à l'aide de la cuillère.

b) Versez l'huile colorée dans un bol d'eau.

c) Placez la plume, le coquillage et le caillou dans le bol.

d) Retirez les objets du bol avec les pinces.

e) Observez-les. Que constatez-vous ?

f) Selon vous, quelles conséquences écologiques sur les berges, les poissons et les oiseaux aquatiques aurait un déversement de pétrole ? Expliquez.

Matériel nécessaire

>> 50 ml d'huile à cuisson
>> du colorant rouge ☣
>> une tasse
>> une cuillère
>> un bol d'eau
>> un cylindre gradué de 100 ml

>> une plume
>> un coquillage
>> un caillou
>> des pinces
>> des essuie-tout

Opération nettoyage !

Le pétrole répandu sur l'eau peut couvrir plusieurs kilomètres carrés et y rester longtemps. Les spécialistes de l'environnement ont recours à différentes techniques pour nettoyer ce genre de déversement le plus rapidement possible. Ils et elles utilisent du bois, de la paille et des produits chimiques. Tentez à votre tour de nettoyer votre déversement d'huile.

a) À l'aide des bâtonnets de bois, simulez une technique pour ramasser l'huile à la surface de l'eau. Expliquez cette technique.

b) Selon vous, à quoi sert la paille ? Simulez cette technique de nettoyage en utilisant de la ouate.

c) Les produits chimiques jouent un rôle particulier. Découvrez-le en ajoutant à votre mélange une goutte de détergent liquide pour vaisselle.

Matériel nécessaire

>> le mélange d'huile colorée de l'activité précédente ☣
>> des bâtonnets de bois

>> des boules de ouate
>> du détergent liquide pour vaisselle

LA CHARADE DES GAZ

Certaines expéditions scientifiques se déroulent en milieu extrême. L'une des principales préoccupations est alors d'évaluer si l'air ambiant est respirable et présent en quantité suffisante. Découvre les cinq principaux constituants de l'air grâce à la charade des gaz !

Problème à résoudre

Quels sont les cinq principaux constituants de l'air qui t'entoure ?

Déroulement

1. Consulter les tableaux contenant les indices, la liste du matériel et les notes complémentaires pour découvrir chacun des constituants de l'air.

2. Pour chacun de ces gaz mystères, écrire une démarche de trois à cinq lignes permettant de les identifier. Utiliser des verbes à l'infinitif.

3. Appliquer la démarche.

MON PREMIER EST...

Indice	Matériel	Note complémentaire
• Propriété caractéristique • Élément	Tableau périodique	Ce gaz possède les propriétés caractéristiques suivantes : • point d'ébullition de –196 °C • point de fusion de –210 °C • masse volumique de 1,25 g/L À l'état liquide, il est utilisé en médecine pour le traitement des verrues.

MON DEUXIÈME EST...

Indice	Matériel	Note complémentaire
• Changement chimique • Combustion	Voir la fig. 1 • 1 cylindre gradué de 50 ml • 1 becher de 250 ml • 1 bougie • 50 ml d'eau • des allumettes	En observant le comportement de l'eau lorsque la bougie brûle, on obtient un indice supplémentaire pour découvrir le gaz.

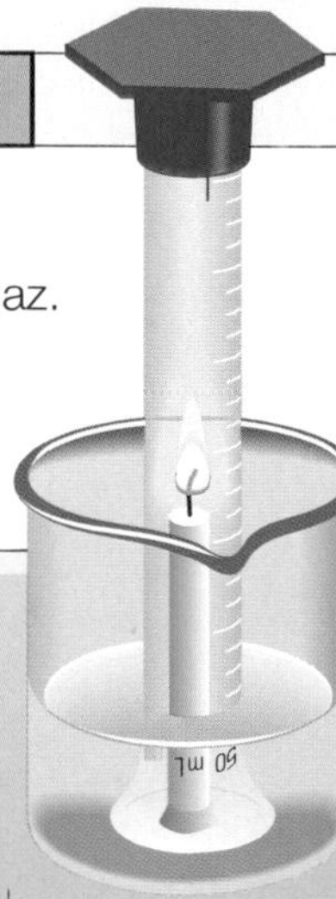

FIG. 1

Entreprise

Des indices sur les constituants de l'air du milieu dans lequel ton engin s'est posé te seront fournis pour t'aider à te repérer.

Déroulement (*suite*)

MON TROISIÈME EST...

Indice	Matériel	Note complémentaire
• **Propriété caractéristique** • **Élément**	Tableau périodique	Ce gaz possède les propriétés caractéristiques suivantes : • point d'ébullition de –186 °C • point de fusion de –189 °C • masse volumique de 1,78 g/L Il est utilisé dans les enseignes lumineuses et en soudure.

MON QUATRIÈME EST...

Indice	Matériel	Note complémentaire
• **Propriété caractéristique** • **Changement chimique** • **Respiration**	• Une paille • Un becher de 100 ml contenant de l'eau de chaux	• Le gaz réagit chimiquement au contact de l'eau de chaux pour former un dépôt blanc. • Pour observer ce phénomène, il suffit de souffler dans la paille immergée dans l'eau de chaux durant 15 secondes.

MON CINQUIÈME EST...

Indice	Matériel	Note complémentaire
États de la matière	Verre contenant de la glace	En observant les parois du verre, on découvre une substance bien connue sous sa forme gazeuse.

Analyse

a) Précise l'indice ou le comportement expérimental qui t'a permis de découvrir chacun des constituants de l'air.

b) Selon toi, la quantité d'un constituant de l'air peut-elle varier d'un endroit à l'autre ? Donne un exemple.

c) Selon toi, les principaux constituants de l'air que tu respires se retrouvent-ils sur les autres planètes, par exemple sur Mars ? Justifie ta réponse à partir de tes connaissances ou en effectuant une recherche pour obtenir les renseignements nécessaires.

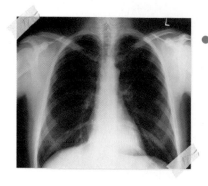

LA COMPOSITION DE L'AIR

La charade des gaz t'a permis de découvrir que l'air que tu respires est constitué principalement de cinq gaz. Quelle est la **composition de l'air** dans un milieu pur et sec ?

1. **a)** Observe le diagramme suivant.

Le pourcentage des gaz qui composent l'air dépend de la quantité de vapeur d'eau et de la quantité de gaz polluants.

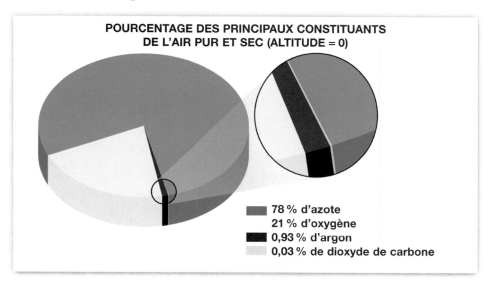

POURCENTAGE DES PRINCIPAUX CONSTITUANTS DE L'AIR PUR ET SEC (ALTITUDE = 0)

- 78 % d'azote
- 21 % d'oxygène
- 0,93 % d'argon
- 0,03 % de dioxyde de carbone

b) Trouve une différence entre ce diagramme et les résultats de la charade des gaz.

c) Pourquoi est-ce ainsi selon toi ?

2. Nomme deux endroits sur Terre où la composition de l'air peut être problématique ou dangereuse pour l'être humain.

3. Certaines villes d'Amérique connaissent de graves problèmes de pollution.

a) Identifie l'une de ces villes grâce aux indices suivants :

- » Population : 25 millions de personnes
- » Nombre d'automobiles : 4 millions
- » Nombre d'autobus : 27 000
- » Nombre de taxis : 97 000
- » Latitude : 19° N.
- » Longitude : 99° O.

b) Nomme une différence entre l'air de cette ville et l'air pur. Explique ta réponse.

Apollo 13, une histoire à couper le souffle !

Sais-tu que les voyages spatiaux exigent une étroite surveillance de la qualité de l'air ? Un événement lié à la composition de l'air a marqué l'histoire du sauvetage de la mission *Apollo 13*. Grâce à l'ingéniosité et au savoir-faire du personnel de la NASA à Houston au Texas, trois astronautes américains, James A. Lovell, Fred W. Haise Jr et John L. Swigert Jr, ont réussi à revenir sur Terre après un incroyable périple de sept jours dans l'espace.

Module de commande de la mission *Apollo 13* à son retour sur Terre

Lundi 13 avril 1970

Houston, nous avons un problème ! À l'approche de la Lune, nous avons entendu un bruit et ressenti une secousse. Une explosion d'origine électrique a causé plusieurs dommages.

Les astronautes Lovell, Haise et Swigert

Le module lunaire *Aquarius*, rattaché au module de commande *Odyssey*, est un habitacle conçu pour que deux personnes puissent y vivre durant deux jours. L'équipage devra y vivre durant quatre jours avant de revenir sur Terre ! Au bout de 36 heures, une alarme indique que l'air devient de plus en plus irrespirable. Pourtant, les réserves d'oxygène du module lunaire sont suffisantes.

L'enjeu du problème auquel se heurtaient les astronautes était de taille !

a) Pour avoir plus de détails sur la passionnante mission *Apollo 13*, consulte la section Info-science.

b) Inscris le pourcentage probable de chacun des constituants de l'air dans le module lunaire *Aquarius* avant et après le déclenchement de l'alarme. Justifie ta réponse.

c) Cerne les éléments pertinents de la problématique. Attention ! tu devras exploiter l'information à ta disposition.

d) Propose une solution au problème auquel les astronautes ont été confrontés. Fais preuve d'imagination et de créativité !

e) Compare ta solution avec celle des astronautes en consultant le document remis en classe.

ZOOM

On estime qu'une concentration de 1 % de dioxyde de carbone (CO_2) dans l'air peut entraîner une intoxication chez l'être humain après quelques heures. Selon l'importance de l'intoxication, les symptômes comprennent la perturbation du jugement, des maux de tête, des vomissements, l'évanouissement et l'asphyxie du cerveau.

LES COUCHES DE L'ATMOSPHÈRE

Vue de l'espace, la Terre est une magnifique sphère bleue.

Si tu devais faire le tour de la Terre en marchant au niveau de l'équateur, tu parcourrais 40 075 km. Cela équivaut à 44 fois la distance entre Montréal et Gaspé !

Lorsqu'une navette spatiale est propulsée dans l'espace, elle doit franchir l'enveloppe de gaz, appelée **atmosphère**, qui entoure la Terre. Cette enveloppe protectrice est composée de plusieurs couches aux propriétés différentes.

Atmosphère terrestre vue de l'espace

1. **a)** Observe l'illustration de la page 71.

   b) De combien de couches l'atmosphère est-elle composée ?

   c) Quelle est l'épaisseur (en km) de chacune de ces couches ?

   d) Trouve une échelle réaliste qui te permettra d'illustrer la Terre entourée de ses quatre premières couches atmosphériques à partir du sol.

   e) Trace un point représentant la Terre au centre de la feuille de papier.

   f) Trace des cercles autour de la Terre selon ton échelle de mesure ; chaque cercle doit représenter une couche.

   g) Colorie chacune des couches et indique leur nom et leur épaisseur.

   h) Sur ton dessin, indique où se situe l'exosphère.

Zoom

Selon toi, l'atmosphère des autres planètes est-elle la même que celle de la Terre ?
Pour le savoir, consulte la section Info-science.

2. **a)** À ton avis, y a-t-il de l'air dans les couches les plus élevées de l'atmosphère ? Explique.

   b) En utilisant le dessin que tu as fait à la question **1,** propose une répartition de la quantité d'air dans les différentes **couches de l'atmosphère** en représentant l'air par des points.

3. En observant l'illustration de la page 71, trouve un facteur qui permet d'expliquer la division de l'atmosphère en couches successives.

4. Chacune des couches de l'atmosphère possède des propriétés. Découvre-les en faisant l'activité suivante.

   a) Observe l'illustration de la page 71.

   b) Réponds aux questions inscrites sur le document remis en classe.

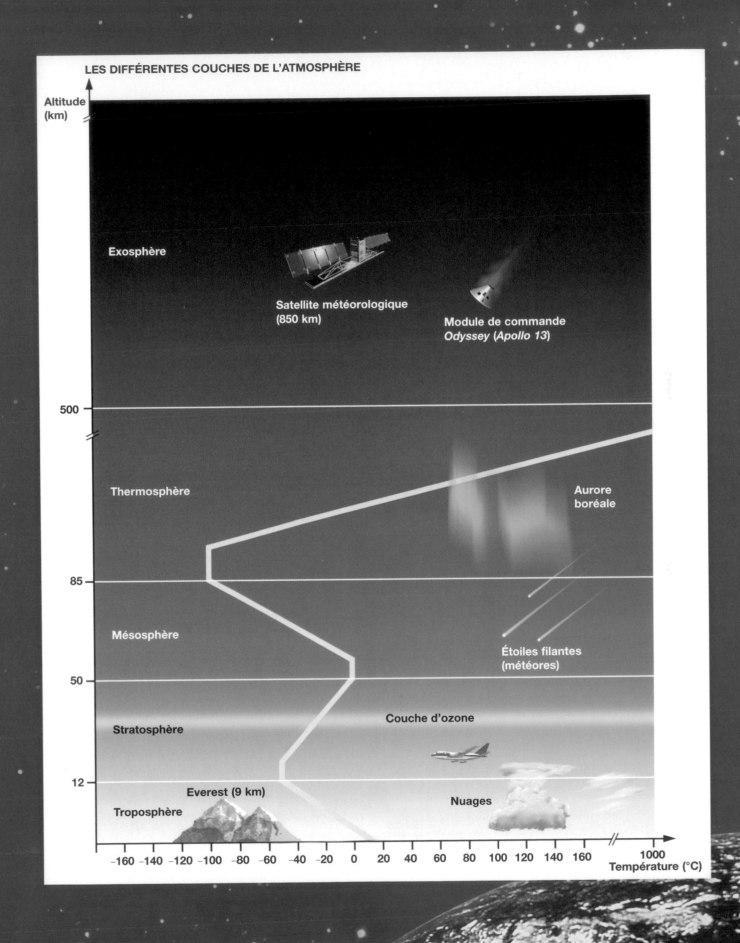

LES DIFFÉRENTES COUCHES DE L'ATMOSPHÈRE

Altitude (km)

Exosphère

Satellite météorologique
(850 km)

Module de commande
Odyssey (*Apollo 13*)

500

Thermosphère

Aurore
boréale

85

Mésosphère

Étoiles filantes
(météores)

50

Stratosphère

Couche d'ozone

12

Everest (9 km)

Nuages

Troposphère

−160 −140 −120 −100 −80 −60 −40 −20 0 20 40 60 80 100 120 140 160 1000
Température (°C)

Un monde grandeur nature !

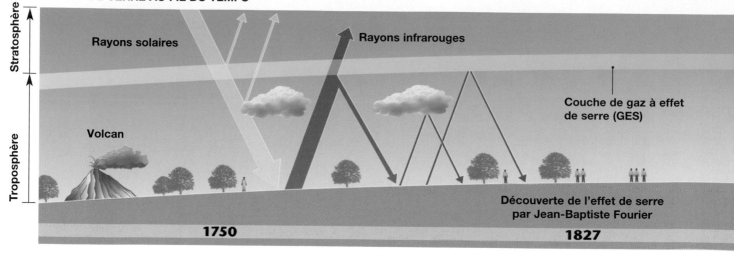

Stratosphère

Troposphère

Rayons solaires

Rayons infrarouges

Volcan

Couche de gaz à effet de serre (GES)

Découverte de l'effet de serre par Jean-Baptiste Fourier

1750

1827

L'effet de serre, une question d'air et d'énergie

En ce moment même, un formidable phénomène naturel se manifeste sur Terre. Sans lui, la vie telle que tu la connais serait impossible. Toutefois, un grand nombre de scientifiques, comme Jean-Louis Étienne et Hubert Reeves, s'inquiètent au sujet de ce phénomène.

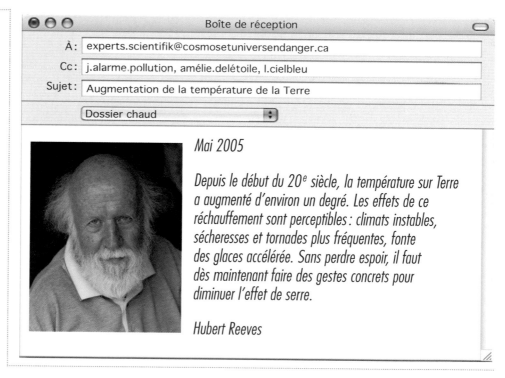

Boîte de réception

À : experts.scientifik@cosmosetuniversendanger.ca

Cc : j.alarme.pollution, amélie.delétoile, l.cielbleu

Sujet : Augmentation de la température de la Terre

Dossier chaud

Mai 2005

Depuis le début du 20ᵉ siècle, la température sur Terre a augmenté d'environ un degré. Les effets de ce réchauffement sont perceptibles : climats instables, sécheresses et tornades plus fréquentes, fonte des glaces accélérée. Sans perdre espoir, il faut dès maintenant faire des gestes concrets pour diminuer l'effet de serre.

Hubert Reeves

1. Fais l'activité suivante pour t'aider à comprendre l'**effet de serre**.

   a) Que se passe-t-il lorsque tu montes dans une voiture stationnée en plein soleil pendant une chaude journée d'été alors que toutes les vitres sont fermées ?

   b) Fais un dessin pour illustrer le comportement des rayons solaires.

   c) À ce moment-là, la température est-elle plus élevée à l'intérieur ou à l'extérieur de la voiture ? Explique.

Révolution industrielle
1850

2006

2. Les études menées au cours des dernières années confirment que certaines activités humaines entraînent une augmentation de l'effet de serre.

   a) Observe l'illustration au haut des pages 72 et 73 ; elle montre l'effet de serre au fil du temps.

   b) Lis le texte remis par ton enseignant ou enseignante.

   c) Réponds aux questions du Carnet Connexion.

CARNET CONNEXION

QUESTIONS D'OBSERVATION

1) Dans quelle couche de l'atmosphère le dioxyde de carbone (CO_2) se concentre-t-il ?

2) Comment les rayons infrarouges réfléchis par le sol réagissent-ils au contact du CO_2 en 1750 ? en 2006 ?

3) Qu'est-ce qui provoque une augmentation de la quantité de CO_2 ?

QUESTIONS DE RÉFLEXION

4) Comment s'appelle le processus naturel par lequel les plantes et le plancton océanique[1] végétal captent normalement le CO_2 présent dans l'air ?

5) Selon toi, que se passe-t-il lorsqu'une plus grande quantité de rayons infrarouges est emprisonnée dans l'atmosphère terrestre ?

QUESTION DE MÉTHODE

6) Préfères-tu recueillir de l'information sur un sujet en observant une illustration ou en lisant un texte ? Pourquoi ?

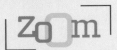

Zoom

La température moyenne sur la Terre est de 15 °C. Sans l'effet de serre, elle serait de −18 °C ! (Selon certains calculs, d'ici 2100, l'activité humaine pourrait entraîner une hausse de la température moyenne sur Terre de 1,5 °C à 6 °C.)

---

1. plancton océanique : ensemble de petits organismes vivant en suspension dans l'eau de mer.

LA TRANSFORMATION DE L'ÉNERGIE

L'énergie est partout : dans le sol, dans l'eau et dans l'air !

1. À ton avis, est-il possible d'utiliser une forme d'énergie et de la transformer en une nouvelle forme d'énergie ? Si oui, donne un exemple.

Tu as vu que l'on peut exploiter la lithosphère pour en tirer certaines formes d'énergie. Qu'en est-il de l'atmosphère ?

2. a) Nomme une forme d'énergie tirée de l'atmosphère.

b) Explique ce que tu sais à ce sujet.

Il existe différents dispositifs permettant la **transformation de l'énergie**. Les activités suivantes t'aideront à découvrir l'un d'entre eux.

3. a) Observe la figure 1.

b) À ton avis, comment une éolienne fonctionne-t-elle ?

c) Selon toi, quelle transformation d'énergie se produit lorsque le vent souffle et que l'éolienne s'active ? Explique.

d) Compare tes explications avec celle proposée dans la section Info-science.

FIG. 1

Parties d'une éolienne

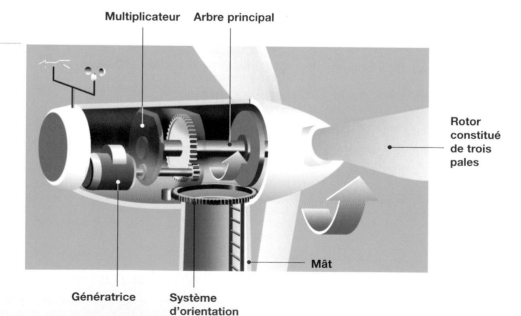

Multiplicateur   Arbre principal

Rotor constitué de trois pales

Génératrice   Système d'orientation   Mât

4. a) Observe les figures 2 et 3.

   b) As-tu déjà vu une dynamo sur un vélo ?
   À quoi sert-elle ?

   c) À ton avis, pourquoi la dynamo est-elle
   appuyée contre la roue ?

   d) Selon toi, quelles transformations d'énergie
   se produisent lorsqu'un ou une cycliste pédale
   et que la dynamo provoque l'allumage
   du projecteur ? Explique.

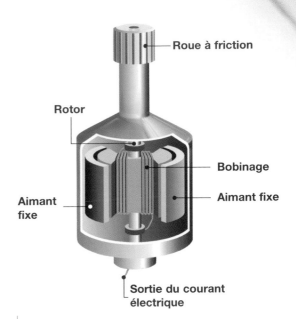

Roue à friction

Rotor

Bobinage

Aimant fixe

Aimant fixe

Sortie du courant électrique

FIG. 2

Dynamo de vélo

FIG. 3

Parties d'une dynamo

5. La dynamo et l'éolienne transforment l'énergie
de la même façon.

   a) Quelle ressemblance vois-tu entre le fonctionnement
   d'une dynamo et celui d'une éolienne ?

   b) Est-il possible de transformer une dynamo en petite
   éolienne ? Si oui, fais un croquis illustrant le fonctionnement
   de ton invention.

On dit que « l'énergie ne se crée pas, ne se perd pas, elle se transforme. »
Dès que l'on modifie la nature d'une forme d'énergie (énergie mécanique,
électrique, chimique, etc.), il y a transformation de l'énergie. Par exemple,
il est possible de transformer de l'énergie mécanique en énergie
électrique. Une partie de l'énergie de départ (énergie mécanique)
sera alors transformée en énergie électrique, mais aussi en énergie
thermique (chaleur).

L'HYDROSPHÈRE

Tu as exploré la lithosphère et l'atmosphère ainsi que les formes d'énergie que l'on peut en tirer. Tu exploreras maintenant l'**hydrosphère**.

1. Nomme deux problématiques environnementales liées à l'hydrosphère.

2. a) Lis le texte remis en classe.

   b) De quelles glaces est-il question dans le texte : celles qui flottent sur l'eau et qu'on appelle les banquises[1] ou celles dont sont constitués les glaciers continentaux[2] (voir fig. 1) ? Réponds à cette question en simulant ces deux situations à l'aide de glaçons et de verres d'eau.

      1) En équipe, déterminez les causes possibles de l'élévation du niveau de l'eau à la surface du globe.

      2) Élaborez une démarche vous permettant de vérifier votre hypothèse.

      3) Appliquez la démarche choisie à l'aide du matériel disponible.

      4) Quelle est votre conclusion ?

      5) Selon vous, les groupes environnementalistes ont-ils raison de s'inquiéter des effets du réchauffement de la planète ? Précisez votre réponse.

3. a) Toujours en équipe, observez la figure 2 dans la page, qui présente trois sources d'eau disponibles sur Terre.

   b) Identifiez les trois sources d'eau disponibles sur Terre.

   c) Associez une source d'eau à chacun des pourcentages indiqués.

   d) Déterminez lequel de ces pourcentages est disponible pour la consommation humaine. Précisez votre réponse.

   e) Déterminez une des conséquences possibles de la fonte des glaciers et des banquises pour l'environnement et la vie humaine. Précisez votre réponse.

Glacier continental

Banquise

FIG. 1

Glaces

0,6 %

2,4 %

97 %

FIG. 2

Sources d'eau sur Terre

---

1. banquise : étendue de glace flottante qui résulte de la congélation de l'eau de mer.
2. glacier continental : calotte de glace posée sur les continents et formée par l'accumulation de neige.

4. Nos habitudes de consommation d'eau surprennent parfois les personnes qui viennent dans notre pays pour la première fois.

a) Lis la lettre suivante pour en savoir plus.

septembre 2006

Chère Fatima,

Je fais un merveilleux voyage au Canada. Certaines habitudes de consommation sont cependant très étonnantes : les toilettes des maisons et des restaurants sont parfois remplies de 16 litres d'eau potable, certaines personnes prennent leur douche durant 30 minutes, d'autres nettoient leur entrée de garage également avec de l'eau potable ! Imagine le nombre de fois qu'on devrait aller puiser l'eau dans notre village au Mali si c'était comme ça chez nous...

Zora

b) Selon toi, est-il nécessaire d'avoir de l'eau potable dans le réservoir des toilettes ? Explique.

5. Des personnes ingénieuses ont pensé à deux moyens très simples de transformer le réservoir de la toilette en économiseur d'eau.

a) Observe les figures 1 et 2.

b) Explique le principe utilisé pour économiser l'eau dans chaque cas.

c) À quoi correspond le volume d'eau économisé dans chaque cas ?

6. Propose une autre façon originale d'économiser l'eau potable.

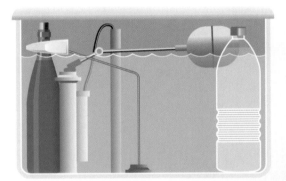

Fig. 1

Deux bouteilles pleines d'eau sont placées en permanence dans le réservoir.

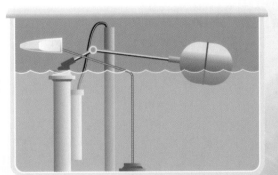

Fig. 2

Le bras du flotteur est légèrement incliné vers le bas.

Comme tu as pu le constater, l'eau potable représente un faible pourcentage de l'hydrosphère. C'est pourquoi elle constitue une véritable richesse ! Cependant, l'activité humaine a des conséquences sur l'abondance et la disponibilité de l'eau potable pour la population actuelle et les générations futures. Pour conserver cette richesse, il faut adopter des mesures concrètes.

L'aventure de l'hydroélectricité

Dans les années 1960 et 1970, le Québec tout entier s'est passionné pour la découverte et l'exploitation d'une de ses plus importantes richesses : l'**hydroélectricité**. Des chantiers aux noms évocateurs viendront modifier à jamais le paysage du nord de la province : Manicouagan, Outarde, La Grande, Bersimis.

Des milliers de Québécois et de Québécoises se mobilisent pour participer à ce gigantesque projet de construction de barrages hydroélectriques. Des villages complets incluant une église, une école et des lieux de divertissement se construisent en quelques mois et se démantèlent dès que la construction du barrage est terminée.

1979

La construction du barrage de la Baie-James est terminée et a été un événement unique dans l'histoire du Québec ! C'est grâce à la science et à la technologie d'ici que nous avons appris à domestiquer l'énergie de l'eau à l'état sauvage. Nous avons mis à profit le génie inventif et la créativité de nos ingénieurs ainsi que la technologie québécoise pour relever ce fabuleux défi.

René Lévesque, premier ministre du Québec

Observe comment un barrage hydroélectrique utilise l'énergie mécanique de l'eau afin de la transformer en électricité.

L'hydroélectricité, une question d'eau et de relief

Tous les pays, ni même toutes les provinces canadiennes,
ne peuvent pas produire autant d'électricité à partir des cours d'eau.
Le Québec est unique, car il possède un bassin hydrographique[1]
très important : près de 500 000 lacs et de 4500 rivières,
et un des plus grands fleuves du monde !

Matériel nécessaire

» une bouteille en plastique de 2 L vide avec un bouchon
» un mètre
» de l'eau

Pour mieux comprendre la puissance et l'énergie que l'eau produit lorsque le relief est approprié, fais l'activité suivante en équipe.

a) Suivez la démarche suivante.

> 1) Mettez environ un litre d'eau dans la bouteille et fermez-la hermétiquement.

2) Pendant que l'un de vous laisse tomber la bouteille d'une hauteur de 50 cm, l'autre doit l'attraper juste avant qu'elle touche le sol.

3) Répétez la même expérience en laissant tomber la bouteille d'une hauteur de 1 m.

4) Remplissez la bouteille au complet en ajoutant un autre litre d'eau.

5) Répétez les étapes **2)** et **3).**

b) Répondez aux questions suivantes pour analyser le phénomène.

1) À votre avis, laquelle des quatre situations précédentes produit le plus d'énergie au moment de l'impact ? Expliquez.

2) Quel lien y a-t-il entre le relief et la production d'énergie hydroélectrique ?

3) Quelle transformation d'énergie se produit dans un barrage hydroélectrique ?

4) Cette ressource énergétique est-elle renouvelable ? Est-elle polluante ? Expliquez.

Zoom

Lorsque le barrage Daniel-Johnson répond à une importante demande énergétique, il y circule chaque seconde jusqu'à un million de litres d'eau tombant d'une hauteur de 150 m. À ton avis, de combien de fois cette énergie est-elle supérieure à celle d'un litre d'eau tombant d'une hauteur de 1 m ?

---

1. bassin hydrographique : zone géographique, caractérisée par un relief donné, qui contribue à alimenter les étendues d'eau environnantes (rivières, lacs, etc.).

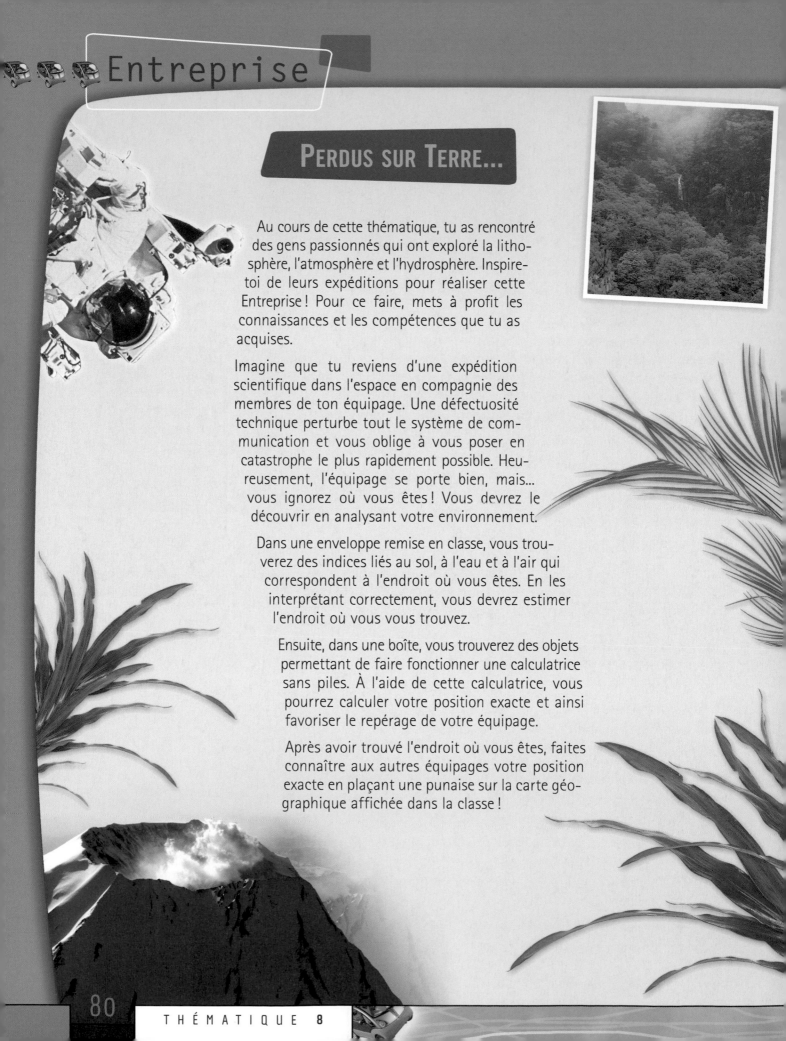

PERDUS SUR TERRE...

Au cours de cette thématique, tu as rencontré des gens passionnés qui ont exploré la lithosphère, l'atmosphère et l'hydrosphère. Inspire-toi de leurs expéditions pour réaliser cette Entreprise ! Pour ce faire, mets à profit les connaissances et les compétences que tu as acquises.

Imagine que tu reviens d'une expédition scientifique dans l'espace en compagnie des membres de ton équipage. Une défectuosité technique perturbe tout le système de communication et vous oblige à vous poser en catastrophe le plus rapidement possible. Heureusement, l'équipage se porte bien, mais... vous ignorez où vous êtes ! Vous devrez le découvrir en analysant votre environnement.

Dans une enveloppe remise en classe, vous trouverez des indices liés au sol, à l'eau et à l'air qui correspondent à l'endroit où vous êtes. En les interprétant correctement, vous devrez estimer l'endroit où vous vous trouvez.

Ensuite, dans une boîte, vous trouverez des objets permettant de faire fonctionner une calculatrice sans piles. À l'aide de cette calculatrice, vous pourrez calculer votre position exacte et ainsi favoriser le repérage de votre équipage.

Après avoir trouvé l'endroit où vous êtes, faites connaître aux autres équipages votre position exacte en plaçant une punaise sur la carte géographique affichée dans la classe !

Démarche

Remplissez le journal de bord remis en classe en suivant les étapes de la mission. Vous devez y inscrire les renseignements que vous trouverez ainsi que les décisions que vous prendrez. 📝

Avant de commencer, lisez les étapes ci-dessous et suivez-les dans l'ordre.

ÉTAPE 1 QUESTIONS ADMINISTRATIVES

a) Former une équipe de quatre explorateurs et exploratrices.

b) Assigner un rôle à chacun et chacune, et le noter dans le journal de bord.

ÉTAPE 2 ESTIMATION DE LA POSITION

a) Ouvrir l'enveloppe contenant les indices pour découvrir le lieu où l'engin s'est posé.

b) Interpréter correctement les indices afin d'estimer la position de l'engin.

c) Identifier les sources d'information qui pourraient être utiles à l'estimation de la position.

ÉTAPE 3 COMMUNICATION DE LA POSITION EXACTE

a) À partir du matériel contenu dans la boîte remise en classe, trouver une façon de faire fonctionner la calculatrice.

b) À l'aide de la calculatrice, effectuer le calcul à partir des données fournies dans le document « Où sommes-nous ? » afin de déterminer la latitude et la longitude de la position.

c) À l'aide de la latitude et de la longitude, identifier l'endroit où l'engin s'est posé.

d) Faire valider l'endroit par l'enseignant ou l'enseignante.

e) Communiquer aux autres équipages la position exacte en mettant une punaise sur la carte géographique affichée dans la classe.

f) Répondre à la question mystère.

ÉTAPE 4 ÉVALUATION

Remplir les sections Mon profil et Évaluation à la fin du journal de bord.

Jules Verne, un romancier scientifique

Jules Verne (1828-1905) est l'auteur français le plus traduit dans le monde. La Bibliothèque municipale de Nantes, en France, conserve 98 manuscrits (15 000 pages) de romans, de nouvelles et de pièces de théâtre de cet auteur. Son goût pour les voyages, les bateaux et l'aventure l'a amené à écrire des romans qui en ont fait un visionnaire en science et technologie.

Jules Verne, inventeur d'Internet et du télécopieur ?

Un extrait de son roman *L'île à hélice* (1895) nous porte à croire que ce romancier aurait pu devenir un véritable génie dans le domaine des technologies de la communication. En effet, dans ce roman, il imagine le télautographe, un appareil qui transmet l'écrit, comme le font Internet et le télécopieur ! Calistus Munbar, personnage du roman qui vit dans la ville imaginaire de Milliard-City, raconte comment se font les achats dans sa ville : «Cela tient, répondit Calistus Munbar, à ce que la plupart des commandes se font téléphoniquement ou même télautographiquement... Ce qui signifie que nous employons communément le télautographe, un appareil perfectionné qui transporte l'écriture comme le téléphone transporte la parole, [...] ».

Le Nautilus

Jules Verne a-t-il anticipé l'ère de l'énergie électrique ?

Jules Verne a soulevé des problèmes liés à la consommation d'énergie qui préoccupent les sociétés d'aujourd'hui. Dans son roman *Les cinq cents millions de la Bégum* (1879), il évoque la pollution causée par l'industrie du pétrole. Et, même s'il a vécu à l'âge de la vapeur, l'énergie électrique est présente dans plusieurs de ses romans !

L'Albatros

Dans *Robur le conquérant* (1886), Jules Verne a inventé *L'Albatros,* un aéronef électrique à hélices. Dans ses romans *Vingt mille lieues sous les mers* (1869) et *L'île mystérieuse* (1874), le romancier a imaginé *Le Nautilus,* un sous-marin qui fonctionne à l'aide d'un moteur électrique. Dans *Paris au 20e siècle* (1860), il a imaginé l'éclairage électrique des rues et, comme moyen de transport en commun, un train électrique qui roule sur des pneus.

Jules Verne était bien au fait des découvertes scientifiques de son époque. En les transposant dans ses romans et en y ajoutant de l'imagination, il a créé le roman scientifique d'anticipation.

Des sites géologiques exceptionnels

Le gouvernement assure la protection et la conservation de la diversité géologique du Québec. On trouve au Québec des grottes, des cavernes, des sites, des parcs, des zones ou des paysages ayant des quantités importantes de minéraux, de fossiles ou d'impacts de météorites qui peuvent être menacés par des catastrophes naturelles ou par l'intervention humaine. Ces sites géologiques sont classés en de nombreuses catégories : cavernes et grottes, sites fossilifères[1], sites minéralogiques, sites lithologiques[2], sites miniers historiques, paysages géologiques, etc. Le tableau suivant présente quelques sites exceptionnels.

Parc de la Chute-Montmorency

QUELQUES SITES GÉOLOGIQUES EXCEPTIONNELS DU QUÉBEC

Région	Site	Catégorie
Gaspésie	La Tourelle	Site lithologique
Gaspésie	Parc national de Miguasha	Site fossilifère
Gaspésie	Rocher Percé	Paysage géologique
Chaudière-Appalaches	Quai de l'Islet	Site lithologique
Abitibi-Témiscamingue	Val-d'Or Mineral Holding	Site lithologique
Saguenay–Lac-Saint-Jean	Parc de la Petite Maison Blanche	Site lithologique
Duplessis	Rivière-au-Tonnerre	Paysage géologique

Fossile de poisson provenant du parc national de Miguasha

Quelques richesses géologiques du Québec

Le mont Saint-Hilaire est un gisement de renommée internationale fréquenté par plusieurs membres de clubs de minéralogie ; il renferme 354 espèces minérales.

Le parc de la Chute-Montmorency, près de Québec, permet, d'un seul coup d'œil, d'observer les trois types de roches : les roches ignées, les roches sédimentaires et les roches métamorphiques.

---

1. site fossilifère : lieu géographique qui renferme des fossiles.
2. site lithologique : lieu géographique qui présente un intérêt exceptionnel quant à sa composition et à sa structure minéralogique.

Rocher Percé en Gaspésie

Au fil du temps

Il y a 4,6 milliards d'années, naissance de la Terre

- 4,6 milliards

Datant de plus de 3,8 milliards d'années, une des plus vieilles roches jamais découvertes sur Terre est gardée précieusement au pavillon des sciences de l'Université du Québec à Montréal.

- 3,8 milliards

Au 7ᵉ siècle, les Japonais exploitaient le gaz naturel et le pétrole en creusant de véritables puits.

601 - 700

En 1610, le disque de Mars a été observé pour la première fois par Galilée.

1610

En 1835, découverte de pépites d'or dans la Beauce, au Québec

1835

En 1840, le Québec connaît ses premières exploitations minières.

1840

En 1864, publication de *Voyage au centre de la Terre* de Jules Verne. Il s'agit d'un roman racontant un voyage fantastique dans les entrailles de la Terre.

1864

En 1892, le premier ballon-sonde[1] est mis au point par deux Français : Hermite et Besançon. Ce procédé a permis la découverte de la stratosphère.

1892

Le 29 mai 1953, l'alpiniste néo-zélandais Edmund Hillary et le sherpa[2] népalais Tenzing Norgay atteignent le sommet de la plus haute montagne sur Terre, l'Everest, à 8850 m d'altitude.

1953

Le 11 avril 1970 (à 13 h 13), décollage de la mission *Apollo 13,* avec les astronautes James A. Lovell, Fred W. Haise Jr et John L. Swigert Jr.

1970

Le 23 octobre 1970, l'Américain Gary Gabelich atteint la vitesse de 1001,67 km/h à bord d'un véhicule équipé d'un moteur à réaction fonctionnant au gaz naturel liquide.

1970

Le 22 avril 1970, le Jour de la Terre est célébré pour la première fois.

1970

En juin 1995, la Biosphère ouvre ses portes à Montréal. C'est le seul musée de l'eau consacré au fleuve Saint-Laurent et aux Grands Lacs.

1995

En décembre 1997, signature du protocole de Kyoto par environ 160 pays. Il s'agit d'une entente par laquelle 38 pays industrialisés s'engagent à diminuer leurs émissions de gaz à effet de serre entre 2008 et 2012.

1997

Le 10 décembre 2001, l'explorateur québécois Bernard Voyer complète son « tour du monde » ; il a escaladé le plus haut sommet de chacun des sept continents. Il est le premier explorateur des Amériques à réaliser cet exploit.

2001

1. ballon-sonde : ballon muni d'appareils enregistreurs utilisé pour l'étude météorologique de la haute atmosphère.
2. sherpa : guide ou porteur dans les montagnes de l'Himalaya.

Catherine, une jeune géologue

Pendant son adolescence, Catherine Béland-Otis s'intéresse aux sciences liées à l'environnement. Les cours de sciences des deux dernières années du secondaire contribuent à préciser ses goûts professionnels. Cependant, même si ses parents sont géologues, Catherine n'est pas encore décidée à choisir cette profession.

Elle continue sa formation générale au cégep et obtient un diplôme en sciences pures.

Avant d'entreprendre ses études universitaires, Catherine compare ses goûts personnels avec ses goûts professionnels : elle aime le grand air, le travail d'équipe et elle a le goût de la découverte. La profession de géologue convient à ce qu'elle aimerait faire dans la vie : voyager, chercher, découvrir, varier son style de vie. Catherine sait aussi que, si elle décide de devenir géologue, elle ne doit pas craindre l'éloignement, la solitude ni la vie dans les campements : ses voyages la conduiront surtout dans les régions du nord québécois !

Catherine considère que la géologie est une science qui permet de développer le sens de l'observation et de l'interprétation. À partir des observations des sols et des cartes topographiques[1] et aériennes, elle doit émettre des hypothèses quant à la structure des sols, à la nature de certains échantillons de roches, etc.

Les terrains visités par les géologues sont accidentés et parfois envahis par une végétation hostile. On s'y rend donc en hélicoptère, en véhicule tout-terrain ou à pied. Pour travailler sur le terrain, les géologues doivent porter des bottes de travail solides afin d'éviter les foulures ou les écrasements d'orteils, et des vêtements chauds, résistant aux déchirures et adaptés à la voracité des moustiques. Ils et elles doivent aussi transporter une petite trousse qui contient tout ce qu'il faut pour prélever des échantillons ou faire une analyse préliminaire : une loupe, un marteau, une petite bouteille d'acide, un couteau, un aimant, une plaque de porcelaine et des lunettes de protection. De plus, quand les géologues travaillent près des falaises, le port du casque est obligatoire.

Catherine lance une invitation spéciale aux jeunes : inscrivez-vous en géologie, c'est passionnant !

---

1. carte topographique : carte géographique qui représente le relief et les détails naturels ou artificiels d'un terrain.

Exploiter l'information pour mieux comprendre

Sais-tu que c'est la capacité d'exploiter l'information qui a permis à l'équipage de la mission *Apollo 13* de revenir sain et sauf sur Terre ? Pour développer ta capacité à tirer profit de l'information, fais un relevé comparatif des caractéristiques physiques de Mars et de la Terre.

a) Observe le schéma ci-dessous.

b) Repère et identifie sur la fiche remise en classe les données présentes à la fois sur Terre et sur Mars.

c) Repère et identifie les données propres à la Terre.

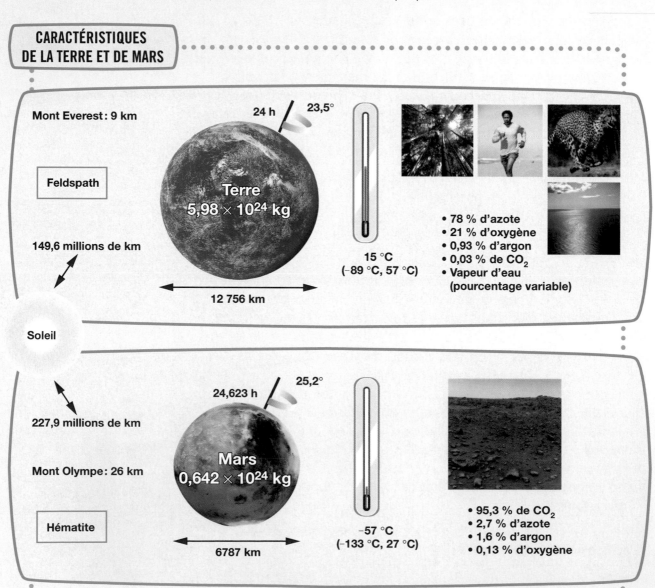

CARACTÉRISTIQUES DE LA TERRE ET DE MARS

Mont Everest : 9 km

Feldspath

149,6 millions de km

Soleil

24 h   23,5°

Terre
$5,98 \times 10^{24}$ kg

12 756 km

15 °C
(−89 °C, 57 °C)

- 78 % d'azote
- 21 % d'oxygène
- 0,93 % d'argon
- 0,03 % de CO_2
- Vapeur d'eau (pourcentage variable)

227,9 millions de km

Mont Olympe : 26 km

Hématite

24,623 h   25,2°

Mars
$0,642 \times 10^{24}$ kg

6787 km

−57 °C
(−133 °C, 27 °C)

- 95,3 % de CO_2
- 2,7 % d'azote
- 1,6 % d'argon
- 0,13 % d'oxygène

Des concepts branchés !

Complète un schéma semblable à celui ci-dessous en écrivant dans les cases appropriées les notions étudiées dans la présente thématique. Choisis les mots qui conviennent dans la banque de mots ci-contre. 📝

- Terre

- Hydrosphère

- Couches de l'atmosphère

- Ressources énergétiques renouvelables et ressources énergétiques non renouvelables

- Air

- Lithosphère

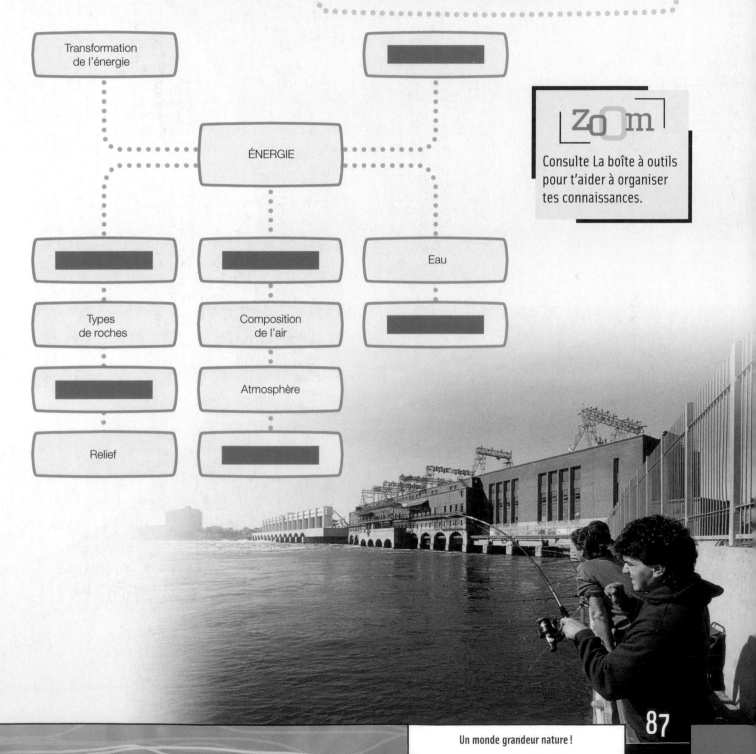

Zo◯m

Consulte La boîte à outils pour t'aider à organiser tes connaissances.

Transformation de l'énergie

ÉNERGIE

Eau

Types de roches

Composition de l'air

Atmosphère

Relief

Des expéditions sur mesure

On t'invite à participer à une expédition scientifique avec une équipe de spécialistes pour recueillir des données afin de résoudre un problème.

a) Lis les quatre problématiques à résoudre.

1) Vérifier l'état de la couche d'ozone au-dessus de l'Antarctique.

2) Trouver l'origine de la contamination d'une nappe phréatique[1] et proposer des solutions pour la désinfecter.

3) Examiner la possibilité de construire une centrale géothermique[2] alimentée par un geyser.

4) Mesurer l'impact environnemental causé par l'éruption possible d'un volcan près d'une ville populeuse.

b) Choisis le ou les spécialistes qui te semblent les plus utiles pour résoudre chacun de ces problèmes. Justifie ta réponse.

Géologue **Pédologue** **Météorologue/climatologue** **Chimiste**

Volcanologue **Océanographe** **Sismologue**

c) Relie à chaque problématique un ou plusieurs des sujets d'études suivants : la lithosphère, l'hydrosphère, l'atmosphère.

---

1. nappe phréatique : étendue d'eau souterraine.
2. centrale géothermique : installation qui produit de l'électricité à partir de l'eau chaude souterraine.

Le protocole de Kyoto

Comme de nombreux autres pays, le Canada est
de plus en plus sensibilisé aux conséquences écologiques
de l'émission des gaz à effet de serre (GES). Il s'est même
engagé par écrit à réduire ses émissions de GES en signant
le protocole de Kyoto.

a) Que sais-tu à propos du protocole de Kyoto?

b) À ton avis, quelles solutions pertinentes le Canada pourrait-il envisager
afin de résoudre la problématique liée aux émissions de GES au
Canada? Pour t'aider à réfléchir à cette question, utilise le document
remis en classe et réponds aux questions suivantes. 🗒

   1) En ce qui concerne l'émission de GES, comment peux-tu expliquer
les différences qui existent entre les provinces canadiennes?
Donne deux raisons.

   2) En ce qui concerne l'émission de GES, que remarques-tu dans
le secteur de l'électricité au Québec? Pourquoi est-ce ainsi?

   3) Quel rôle le Québec pourrait-il jouer pour aider à diminuer
les émissions de GES dans les autres provinces canadiennes,
notamment en Ontario?

   4) Pour respecter l'entente, le gouvernement fédéral a proposé
à chaque Canadien et Canadienne de réduire d'une tonne
l'émission de GES. Nomme trois gestes concrets que tu pourrais
faire pour relever ce défi.

c) Rédige une lettre que tu pourrais adresser au ministre
de l'Environnement et dans laquelle:

  » tu exprimes ton avis sur la signature du protocole de Kyoto
par le Canada;

  » tu proposes trois moyens concrets permettant au Canada
de respecter le protocole de Kyoto.

RÉSUMÉ

LES ROCHES ET LES MINÉRAUX

1. Une roche est un mélange de plusieurs minéraux.

2. Un minéral est une substance pure qui possède sa propre composition chimique et qui constitue chacune des parties d'une roche.

3. Chaque minéral possède une structure géométrique appelée structure cristalline.

4. Les roches se classent dans trois catégories, selon l'origine de leur formation. On distingue les roches ignées, les roches sédimentaires et les roches métamorphiques.

5. Les roches ignées proviennent de la solidification lente ou rapide du magma.

6. On reconnaît les roches ignées intrusives à la présence de cristaux liés les uns aux autres sans arrangement particulier.

7. Les roches sédimentaires sont formées de débris rocheux cimentés en couches superposées.

8. Sous l'effet de l'eau et du vent, les sédiments transportés, puis cimentés, forment les roches sédimentaires.

9. Les roches métamorphiques sont des roches d'origine ignée ou sédimentaire ayant subi des transformations sous l'effet des températures et des pressions élevées présentes à l'intérieur de la Terre.

LA LITHOSPHÈRE

10. La lithosphère est la portion de la Terre constituée des roches et des minéraux que l'on trouve à la surface de la Terre et dans le fond des océans.

11. La longitude, notée en degrés, exprime la position est-ouest d'un point sur la Terre.

12. La latitude, notée en degrés, est le positionnement nord-sud d'un point sur la Terre.

L'ATMOSPHÈRE

13. Les principaux constituants de l'air pur et sec sont l'azote (78 %), l'oxygène (21 %), l'argon (0,93 %) et le dioxyde de carbone (0,03 %).

14. L'atmosphère est le nom donné à la couche gazeuse protectrice qui entoure la Terre.

15. L'atmosphère est composée de plusieurs couches : la troposphère, la stratosphère, la mésosphère, la thermosphère et l'exosphère.

16. On appelle effet de serre l'emprisonnement des rayons infrarouges porteurs de la chaleur dans l'atmosphère terrestre.

L'HYDROSPHÈRE

17. L'hydrosphère est la portion de la Terre occupée par l'eau.

18. L'hydroélectricité est une source d'énergie renouvelable obtenue par la transformation de l'énergie mécanique de l'eau en énergie électrique.

LA TRANSFORMATION DE L'ÉNERGIE

19. L'énergie peut se convertir d'une forme à une autre. Par exemple, l'énergie mécanique peut se transformer en énergie thermique.

Les roches et les minéraux

1. Jade a ramassé des cailloux au cours d'une excursion. Quels critères lui permettent de distinguer les roches des minéraux?

2. «Le même minéral peut entrer dans la composition de deux roches différentes.» Cette affirmation est-elle vraie ou fausse? Explique ta réponse.

3. Parmi les matières solides ci-dessous, lesquelles sont des minéraux? Justifie ton choix.

   a) Le quartz.

   b) Le granite : feldspath, biotite, quartz.

   c) Le marbre : calcite, grenat.

   d) La halite.

   e) Le grès : quartz, silice.

4. Tu observes des échantillons provenant d'une carrière. Détermine s'il s'agit d'une roche ou d'un minéral.

Échantillon	Description
❶	L'échantillon est rose, noir et blanc, et présente des facettes géométriques lisses et planes solidement liées les unes aux autres.
❷	L'échantillon est constitué de petits cailloux ronds liés par un ciment de couleur beige.
❸	L'échantillon montre des particules de différentes couleurs (roses, blanches et noires) réparties uniformément sans arrangement particulier.
❹	L'échantillon de couleur violette a une forme cristalline à six côtés.

5. **a)** Comment appelle-t-on la structure géométrique de la plupart des minéraux?

   b) Aux Philippines, le volcan Pinatubo projette ses cendres et sa lave à des kilomètres de distance. La lave se refroidit et forme une roche. De quel type de roche s'agit-il?

   c) La formation de cette roche a commencé au cours d'une éruption volcanique. Les années ont passé et, sous l'effet de la pression et de la chaleur, la texture de la roche s'est modifiée. Ses cristaux montrent une alternance de bandes de minéraux pâles et de bandes de minéraux foncés. De quel type de roche s'agit-il?

La lithosphère

6. Organise les mots de la liste suivante sous la forme d'un réseau pyramidal.

Minéral   Élément   Météorite   Structure cristalline

Roche   Lithosphère   Manteau supérieur   Croûte terrestre

7. Indique si les positions suivantes correspondent à la longitude ou à la latitude.

a) 45° E.   **b)** 35° S.   **c)** 41° N.   **d)** 22° O.

Les ressources énergétiques

8. a) Nomme trois matières premières extraites de la lithosphère.

b) Ces ressources sont-elles renouvelables ? Explique pourquoi.

9. Parmi les ressources énergétiques suivantes, lesquelles sont des ressources non renouvelables ?

Biomasse   Essence   Diesel   Biocarburant   Pétrole   Hydroélectricité

L'atmosphère

10. Découvre quelques-uns des constituants de l'air en identifiant le gaz associé à chacune des situations suivantes.

a) Le gaz qui permet la combustion d'une allumette.

b) Le gaz qui réagit au contact de l'eau de chaux.

c) Le gaz qui forme de la buée sur une vitre.

11. Le tableau suivant présente les caractéristiques des couches de l'atmosphère. Reproduis ce tableau en remplaçant les numéros par l'information appropriée.

CARACTÉRISTIQUES DES COUCHES DE L'ATMOSPHÈRE

Nom	Épaisseur	Variation de la température (hausse ou baisse)	Autres caractéristiques (Présence de...)
❶	12 km	❷	❸
❹	38 km	❺	❻
Mésosphère	35 km	❼	❽
❾	Environ 400 km	❿	⓫
Exosphère	1000 km ou plus		Satellites météorologiques

12. Identifie la couche de l'atmosphère associée à chacun des indices suivants.

   a) La plupart des phénomènes météorologiques s'y produisent.

   b) Les avions à réaction y circulent.

   c) On y trouve 90 % de l'air.

13. Par temps ensoleillé, des automobilistes placent un pare-soleil matelassé dans leur pare-brise. À quel phénomène météorologique ces personnes tentent-elles de s'adapter ?

14. Les énoncés suivants sur l'effet de serre sont-ils vrais ou faux ?

   a) La présence de nuages accentue l'effet de serre.

   b) Les rayons ultraviolets créent l'effet de serre.

   c) La présence de gaz polluants n'affecte en rien l'effet de serre.

   d) L'effet de serre entraîne le refroidissement de l'atmosphère.

   e) Une serre vitrée emprisonne les rayons infrarouges ; c'est pourquoi il y fait si chaud.

15. a) Laquelle des deux situations ci-contre est un exemple d'effet de serre ?

   b) Explique pourquoi les laitues sont plus grosses dans le potager **B**.

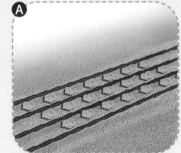
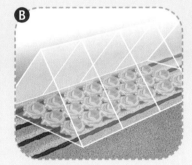

L'hydrosphère

16. Laquelle des deux situations ci-dessous offre le meilleur potentiel hydroélectrique ? Justifie ta réponse.

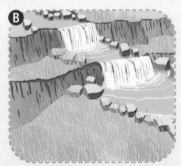

17. Une géographe examine le relief d'une région où l'on pense construire une centrale hydroélectrique. Parmi les reliefs énumérés ci-dessous, lequel est le plus favorable au développement de l'énergie hydroélectrique ?

Plaine abyssale   Fosse abyssale   Plaine   Montagne   Plateau continental

Toujours, dans les questions douteuses, l'ignorant croit,
le demi-savant décide, l'homme instruit examine.

JEAN-BAPTISTE BIOT

9

Sais-tu qu'au moment même où tu lis ces lignes, la planète Terre file dans l'espace autour du Soleil à la vitesse incroyable de 108 000 kilomètres à l'heure ? À raison de 30 kilomètres par seconde, soit trois fois la vitesse maximale d'une fusée, tu auras parcouru quelques centaines de kilomètres d'ici la fin de ta lecture. Pourtant, les choses autour de toi semblent parfaitement immobiles... Il a fallu du temps, de nombreuses observations scientifiques et le développement de la technologie pour aller au-delà des apparences !

La science, telle que tu la connais aujourd'hui, est le résultat d'un long et patient travail d'observation et de réflexion. Au fil des siècles, grâce aux travaux de nombreux scientifiques et au développement de la technologie, notre compréhension des lois et des phénomènes qui mènent le monde terrestre et astronomique a fait des pas de géant.

Au-delà des apparences

Dans cette thématique, tu accompagneras des scientifiques célèbres tels que Galilée, Biot, Newton dans leur recherche de la vérité. Tu verras combien ils ont fait preuve de rigueur scientifique et de créativité dans leurs explications des phénomènes qui nous entourent.

Entreprise

À la fin de cette thématique, tu te mesureras à une adversaire de taille : la gravité ! À la suite d'un bruit qui t'a fait sursauter, tu t'aperçois qu'une roche s'est retrouvée près de ta maison. Tu mettras à profit tes connaissances scientifiques et technologiques en construisant, avec les membres de ton équipe d'investigation, un prototype à échelle réduite d'une machine qui permet de soulever cette roche afin de la transporter pour la faire analyser. Ensemble, vous devrez élaborer une démarche pour la construction de cette machine. Vous devrez travailler avec méthode pour découvrir la façon la plus efficace de lutter contre la gravité. Ensuite, vous présenterez le fruit de votre travail à la classe. Et s'il s'agissait d'une météorite ?

En connexion avec...

... la vie

Contenu

... tes rêves

Orientation

Environnement et consommation

Compétence transversale
>> Se donner des méthodes de travail efficaces

Compétence disciplinaire
>> Mettre à profit ses connaissances scientifiques et technologiques

... l'expérience

En science

... la culture

Repères culturels

En technologie

→Contact !

Qu'il s'agisse de phénomènes observables au sol ou dans le ciel,
les êtres humains ont toujours été fascinés par ce qui les entoure !
Ils ont trouvé des façons parfois bien étranges d'expliquer le monde.
Ils ont aussi développé des moyens leur permettant d'accomplir
des exploits légendaires.

Une réflexion renversante !

ZOOM

Le personnage
de Mafalda est d'origine
argentine. L'Argentine
est un pays situé
dans l'hémisphère Sud.

Connais-tu quelqu'un qui est déjà allé en Argentine ? Certaines personnes
croient que les habitants et habitantes de cette région ont la tête en bas
par rapport à ceux qui habitent en Amérique du Nord. Pourtant, les gens
qui vivent en Argentine marchent sur le sol, échappent des objets par
terre et lèvent la tête au ciel, tout comme nous ! En équipe, explorez
cette situation à l'aide des questions suivantes.

a) Sachant qu'une personne qui vit dans l'hémisphère Nord a bel et bien
les pieds au sol et le ciel au-dessus de la tête, en est-il de même pour
une personne qui vit dans l'hémisphère Sud ? Justifiez votre réponse
en illustrant la position d'une personne qui se trouve au pôle Sud
et à deux autres endroits de l'hémisphère Sud.

b) Sur le même dessin, illustrez la position
d'une personne qui se trouve au pôle Nord.

c) Que remarquez-vous en observant
votre dessin ?

d) À votre avis, qu'est-ce qui maintient
les personnes et les objets au sol, peu importe
l'endroit où ils sont sur la Terre ?
Proposez une explication.

Le ciel et ses secrets

1. As-tu remarqué à quel point l'observation du ciel suscite à la fois l'admiration et le questionnement ? Depuis des siècles, les astronomes l'étudient pour mieux le connaître. Et toi, que connais-tu du ciel ?

   a) Nomme cinq phénomènes que l'on peut observer à l'œil nu dans le ciel.

   b) Décris un phénomène céleste qui a déjà suscité ton intérêt.

   c) Nomme deux moyens technologiques conçus expressément pour explorer le ciel.

   d) À ton avis, est-il nécessaire et utile d'étudier le ciel encore aujourd'hui ? Justifie ta réponse.

Le mot *constellation* vient du latin *stella*, qui veut dire « étoile » et *con (cum)* qui veut dire « avec ».

2. La quantité d'étoiles que l'on peut observer dans un ciel sans pollution visuelle est incroyable. Il devient alors facile d'imaginer diverses figures qu'on appelle des **constellations**. Dans l'Antiquité, le ciel était le théâtre de nombreux récits fabuleux mettant en vedette des animaux (lion, ours, cygne, dragon, etc.), des personnages (Hercule, Andromède, Persée, etc.) et des objets (couronne, flèche, etc.).

   a) Nomme les constellations que tu connais.

   b) À ton avis, à quoi peut servir la connaissance des constellations ?

   c) Selon toi, les étoiles d'une constellation sont-elles toutes à la même distance de la Terre ? Explique ta réponse.

   d) Que sais-tu de l'étoile Polaire ? Dans quelle constellation se trouve-t-elle ?

   e) La figure 1 montre les étoiles les plus brillantes d'une constellation qui porte le nom d'un animal. Quel est le nom exact de cette constellation ?

FIG. 1

Constellation d'étoiles

→ Les apparences sur la Terre

Ce thème t'invite à découvrir quelques scientifiques qui ont su aller au-delà des apparences afin de comprendre le monde qui les entoure. Fais comme eux !

Apparence ou réalité ?

L'expérience scientifique permet d'observer méthodiquement le monde tel qu'il se présente et d'aller au-delà des apparences. Toutefois, les tentatives d'explications des phénomènes observables sont à l'origine de fausses conceptions encore très répandues aujourd'hui ! La **gravité**, par exemple, est encore difficile à expliquer pour bien des gens. Mets tes propres hypothèses à l'épreuve en faisant l'activité suivante.

a) Lis les trois affirmations qui suivent.

> La science, dans ses résultats, est plus magique que la magie : c'est une magie à preuves !
>
> JEAN-MARIE ADIAFFI

① Les objets sont maintenus à la surface de la Terre parce qu'elle tourne. Si la Terre cessait de tourner, il n'y aurait plus de gravité et nous flotterions dans l'espace.

② La masse et la dimension d'une planète déterminent sa gravité. Ainsi, sur une petite planète, la gravité est plus petite que sur une grosse planète massive. La gravité est donc plus grande sur la planète Jupiter que sur la Terre.

③ La Terre est entourée d'une couche d'air appelée atmosphère. Cette couche d'air pousse sur les objets et les maintient au sol. C'est donc l'air qui nous maintient à la surface de la Terre et qui crée la gravité. Sans air, il n'y aurait plus de gravité et nous flotterions dans l'espace.

Zoom

Savais-tu que les mots *gravité* et *gravitation* viennent du mot *grave* ? Autrefois, les objets lourds et pesants étaient qualifiés de graves.

b) Deux des explications ci-dessus sont fausses. Lesquelles, à ton avis ?

c) Justifie ta réponse en fournissant des éléments de preuve.

La pyramide de Kheops

Il y a 4500 ans, la technologie n'était pas aussi avancée qu'aujourd'hui. Pourtant, à cette époque, un gigantesque monument a été construit à Gizeh, en Égypte : la pyramide de Kheops ! Les ouvriers prenaient-ils une potion magique pour augmenter leurs forces ou avaient-ils tout simplement de solides connaissances technologiques de base ?

a) En équipe, élaborez un scénario qui permet d'expliquer la construction de la pyramide de Kheops. Votre explication doit faire référence aux moyens technologiques qui, selon vous, existaient à cette époque. Utilisez le document remis en classe pour faire cette activité. 📝

b) Reproduisez la structure d'une pyramide à base carrée à l'aide de cubes.

c) Pour en apprendre davantage au sujet de la pyramide de Kheops, consulte la section Info-science.

L'histoire des sciences est remplie de réalisations humaines extraordinaires. La science au profit de la technologie a permis à l'humanité de repousser ses limites.

PYRAMIDE DE KHEOPS
Masse de chacun des blocs : de 2 à 3 tonnes
Nombre de blocs : 2,5 millions

Gizeh

Hauteur : 137 m
(147 m à l'origine)

Côté de la base :
230 m de largeur

LA CHUTE DES CORPS

De la réflexion à l'expérimentation

Les scientifiques ont parfois cette incroyable capacité de poser un regard curieux et souvent étonnant sur les phénomènes qui les entourent. Par exemple, le simple phénomène de la **chute d'un corps** a suscité beaucoup de réflexions et d'expérimentations de la part de nombreux scientifiques de toutes les époques.

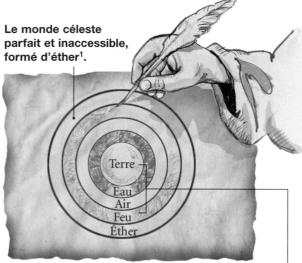

Le monde céleste parfait et inaccessible, formé d'éther[1].

Le monde terrestre imparfait, composé de quatre sphères : la terre, l'eau, l'air et le feu. Plus une sphère est située près du centre, plus elle est lourde.

FIG. 1

Vision antique du monde selon Aristote

Pour Aristote, philosophe grec de l'Antiquité, l'explication de ce phénomène résidait dans une conception du monde fort originale ! Selon lui, les événements qui concernaient les astres, les étoiles et les autres phénomènes astronomiques se produisant dans le monde céleste obéissaient à des lois qui leur étaient propres. Les événements qui se produisaient dans le monde terrestre obéissaient à d'autres lois.

Aristote croyait que les éléments tendaient à regagner leur sphère d'origine. Ainsi, la fumée s'élevait vers la sphère composée de feu alors que la matière (telles les roches) avait tendance à retourner vers sa sphère d'origine, soit le centre de la Terre.

a) Observe la figure 1, qui représente la vision du monde selon Aristote.

b) Lis l'hypothèse d'Aristote ci-dessous à propos de la chute des corps.

L'hypothèse d'Aristote à propos de la chute des corps :

Mon hypothèse est que plus un objet est lourd, plus il tombe rapidement. Une masse de 10 kg tombera donc deux fois plus vite qu'une masse de 5 kg.

**Aristote
(384-322 av. J.-C.)**

c) Penses-tu qu'Aristote avait raison ? Explique pourquoi.

---

1. éther : selon Aristote, fluide très léger qui régnait au-dessus des quatre sphères du monde terrestre.

L'expérience mesurable

Aristote n'a jamais éprouvé le besoin d'expérimenter sa théorie
parce qu'à son époque, l'expérimentation scientifique mesurable
n'était pas très répandue ! Pourquoi remettre en question un système
de pensée comme le sien alors qu'il semblait logique ? C'est seulement
au 17ᵉ siècle que Galilée, illustre scientifique italien, a proposé
de remettre en question cette explication.

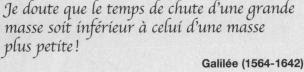

*Je doute que le temps de chute d'une grande
masse soit inférieur à celui d'une masse
plus petite !*

Galilée (1564-1642)

Galilée s'est mis à réfléchir à une façon de démontrer
qu'Aristote avait tort. Fais de même et réfléchis à
l'hypothèse d'Aristote à l'aide des questions suivantes.

a) Imagine qu'on laisse tomber trois objets en même
temps du haut d'une tour : un disque[1] de 10 kg,
un anneau de 5 kg et un disque de 5 kg.

| Disque de 10 kg | Anneau de 5 kg | Disque de 5 kg |

Sol

b) Selon Aristote, quel objet arriverait au sol
en premier ? Explique ta réponse.

c) Selon Aristote, quel objet arriverait au sol
en dernier ? Explique ta réponse.

d) Imagine que le disque de 5 kg soit inséré
parfaitement dans l'anneau de 5 kg. Selon Aristote,
ce nouvel objet arriverait-il au sol avant le disque
de 10 kg, en même temps que le disque ou après ?

e) Quelle conclusion tires-tu de ce scénario imaginaire
en ce qui concerne l'hypothèse d'Aristote sur
la chute d'un corps ?

f) À ton avis, de quelle façon Galilée a-t-il vérifié
si Aristote avait raison ?

---

1. disque : lourde plaque de forme circulaire.

Sur les traces de Galilée

Galilée croyait qu'on pouvait douter d'une explication, aussi répandue ou populaire soit-elle, si elle comportait des erreurs de logique ou si des faits observables pouvaient la contredire. Un jour, pour vérifier l'hypothèse d'Aristote, il a donc décidé de faire tomber des objets de masses différentes du haut de la tour de Pise.

Problèmes à résoudre

» Le temps de chute d'un objet dépend-il de sa masse ?

» Quels facteurs influencent le temps de chute de deux objets qu'on laisse tomber d'une même hauteur ?

Matériel

» une balle de golf

» une balle de ping-pong

» une balance

» un mètre

» un récipient rempli de sable

» deux feuilles de papier d'aluminium

» un chronomètre

Déroulement

EXPÉRIENCE N° 1: LES DEUX BALLES

1. Émettre une hypothèse quant à l'influence de la masse sur le temps de chute des deux balles à partir d'une même hauteur. 📑

2. Écrire une démarche permettant de comparer les temps de chute de la balle de golf et de la balle de ping-pong. Utiliser des verbes à l'infinitif.

3. Tester le protocole en réalisant l'expérience et, au besoin, faire les ajustements nécessaires.

4. Noter les observations.

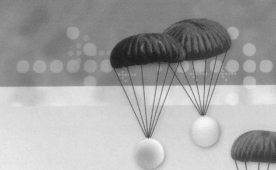

Déroulement (*suite*)

EXPÉRIENCE N° 2: ET TOMBENT LES FEUILLES

1. Émettre une hypothèse quant à la possibilité de faire augmenter ou diminuer le temps de chute de deux feuilles de papier d'aluminium à partir d'une même hauteur.

2. Écrire une démarche permettant de comparer les temps de chute des deux feuilles de papier d'aluminium. Utiliser des verbes à l'infinitif.

3. Tester le protocole en réalisant l'expérience et, au besoin, faire les ajustements nécessaires.

4. Noter les résultats obtenus sous forme de tableau.

Analyse

a) Ton hypothèse concernant le temps de chute des deux balles était-elle exacte? Précise ta réponse.

b) Ton hypothèse concernant le temps de chute des deux feuilles de papier d'aluminium était-elle exacte? Précise ta réponse.

c) À ton avis, quels facteurs influencent réellement le temps de chute des objets?

d) Établis un lien entre le temps de chute d'un objet et sa masse. Ton explication devra préciser les conditions dans lesquelles s'effectue la chute de l'objet.

Si Galilée n'avait pas eu l'idée de vérifier l'hypothèse d'Aristote, penserions-nous encore aujourd'hui que la masse d'un objet influence le temps de sa chute? Comme tu as pu le constater, la réflexion est importante dans le domaine scientifique, mais elle ne pourra jamais remplacer l'expérimentation.

LA GRAVITATION UNIVERSELLE

La pomme de Newton

Isaac Newton, né peu après la mort de Galilée, était lui aussi passionné par les sciences et s'intéressait à la chute des corps. La légende raconte qu'à l'âge de 24 ans, alors qu'il était assis dans son verger et qu'il contemplait la Lune, une pomme lui est tombée sur la tête. Cet incident l'a plongé dans une profonde réflexion.

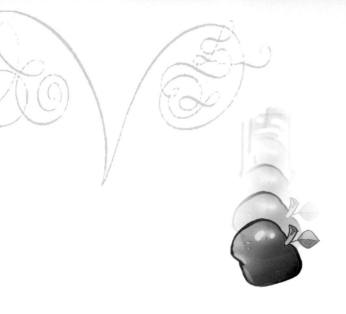

ZOOM

Le fameux pommier associé à Isaac Newton a longtemps été l'objet d'un véritable culte en Angleterre. Or, en 1820, l'arbre a été arraché par un ouragan. Depuis ce temps, on montre aux touristes une chaise fabriquée avec les débris de son tronc !

Pourquoi une pomme tombe-t-elle sur la Terre, mais pas la Lune ? Quelle force entraîne les objets proches de la Terre vers son centre, alors que la Lune semble échapper à cette attirance vers la Terre ?

Isaac Newton (1642-1727)

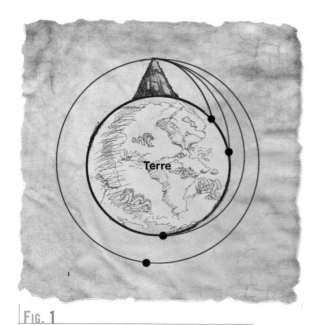

FIG. 1

Tentatives de mise en orbite d'un projectile

1. Cet incident a permis à Isaac Newton d'élaborer sa première idée à propos de la gravité. Pour découvrir en quoi consiste cette idée géniale et son lien avec la chute d'un corps, fais l'activité suivante en équipe.

   a) Observez la figure 1, qui reproduit l'idée de Newton à propos de la gravité.

   b) Imaginez que vous tentez de mettre en orbite un projectile à partir d'une haute montagne. Vous souhaitez qu'il parcoure une très longue distance.

   c) Répondez aux questions sur la fiche remise en classe. 📄

2. Après avoir fait l'activité **1** de la page 104, que pourrais-tu répondre à Newton, qui se demande pourquoi la Lune ne tombe pas sur la Terre? Formule une explication en utilisant un langage scientifique approprié, incluant les mots *vitesse*, *gravité* et *orbite*.

Isaac Newton s'est posé beaucoup d'autres questions! Grâce à elles, il a démontré que le Soleil attire les planètes, les comètes et les autres corps célestes à cause de son importante masse. Il a prouvé que, d'une manière universelle, tous les objets terrestres et célestes s'attirent mutuellement à cause de leur masse respective. C'est ce qu'on appelle la **gravitation universelle**; elle s'applique à tout le système solaire et à tous les astres dans l'Univers.

Que de chemin parcouru pour enfin comprendre la gravitation universelle (voir la figure 1)!

Voici un résumé qui permet d'en retenir l'essentiel.

» Les objets à la surface de la Terre subissent une attraction qu'on appelle la gravité.

» La gravité est responsable de la chute des corps. Le temps de chute d'un corps ne dépend pas de sa masse (si l'on néglige la friction de l'air à la surface d'une planète).

» Tous les astres dans l'Univers exercent une attraction mutuelle semblable à celle qui attire les objets à la surface de la Terre. C'est la gravitation universelle.

» Les astres qui tournent les uns par rapport aux autres ne tombent pas les uns sur les autres, car leur vitesse est assez grande pour les maintenir en orbite.

Entreprise

Tu devras inventer une machine te permettant de lutter contre la gravité, et la tester.

Zoom

Le mot *gravité* est habituellement associé à une planète. On parle, par exemple, de la gravité de la Terre ou de la Lune. Le mot *gravitation* se rapporte à l'attraction entre les masses.

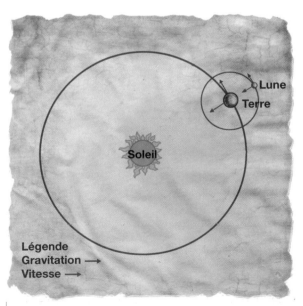

Légende
Gravitation ⟶
Vitesse ⟶

Fig. 1

La gravitation universelle

Une histoire qui fait beaucoup de bruit !

Le 26 avril 1803, une pluie de pierres tombe soudainement sur le village de L'Aigle en France. Que se passe-t-il ? D'où viennent ces pierres ? Toute la population est abasourdie et chacun y va de sa petite explication ! C'est grâce à l'investigation scientifique de Jean-Baptiste Biot que l'origine de ce phénomène a été découverte.

Lis les étapes de l'enquête réalisée par Jean-Baptiste Biot et remarque comme elles sont diversifiées.

Étape 1

>> Visite de 20 villages dispersés sur une grande étendue.

>> Attestation par tous les témoins de la chute d'une épouvantable pluie de pierres de diverses grosseurs vers 13 h.

>> Vérification de la crédibilité des témoins.

>> Résumé de quelques témoignages :

Jean-Baptiste Biot (1774-1862)

« [...] les moutons alors serrés les uns contre les autres, saisis d'une grande frayeur. »

« [...] cela avait commencé par un roulement de tonnerre qui dura sans interruption pendant cinq minutes [...] »

« [...] les pierres tombaient en sifflant tout autour d'eux, comme de la pluie [...] »

« [...] elles exhalaient une odeur de soufre si désagréable qu'on fut obligé de les mettre dehors [...] »

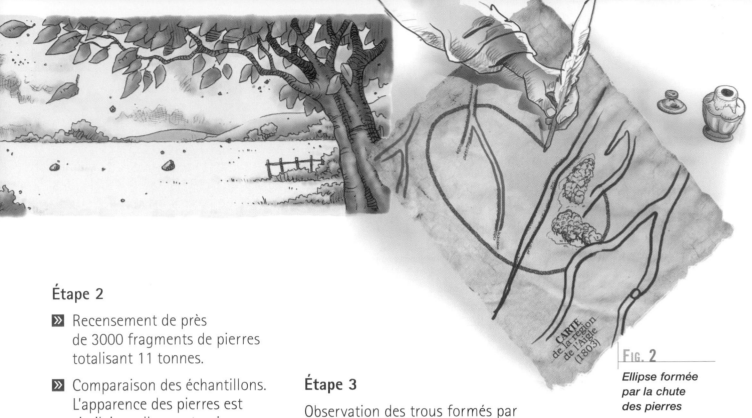

Fig. 2

Ellipse formée par la chute des pierres

Étape 2

» Recensement de près de 3000 fragments de pierres totalisant 11 tonnes.

» Comparaison des échantillons. L'apparence des pierres est similaire : elles sont noires à l'extérieur et grisâtres à l'intérieur (voir la figure 1). Elles semblent contenir une sorte de métal et dégagent une forte odeur de soufre (odeur d'œufs pourris) lorsqu'on les brise. Les petites pierres dégagent une faible odeur comparativement aux grosses.

Étape 3

Observation des trous formés par l'impact : les plus gros fragments ont formé des trous d'au moins 30 cm de profondeur et la surface de l'impact forme une ellipse[1] d'une superficie de 11 km^2 (voir la figure 2).

Grâce à une enquête échelonnée sur quelques mois, Biot découvre enfin la clé de l'énigme ! En équipe, répondez aux questions suivantes pour en savoir plus.

a) À votre avis, d'où provenaient les 3000 fragments de pierres ? Justifiez votre réponse.

b) Associez chacune des trois étapes à des moyens d'investigation utilisés par Biot. Consultez La boîte à outils pour connaître les moyens d'investigation possibles.

c) Pensez-vous que Biot était un bon enquêteur ? Justifiez votre réponse.

d) Si vous aviez eu à mener cette enquête, qu'auriez-vous fait autrement ?

Fig. 1

Pierres recueillies dans le village de l'Aigle

---

1. ellipse : courbe plane fermée, qui a la forme d'un rond légèrement allongé.

LES IMPACTS MÉTÉORITIQUES

Des étoiles qui tombent?

Des pierres semblables à celles trouvées près du village de L'Aigle ont été trouvées ici même au Québec. Le 14 juin 1994 à Saint-Robert près de Sorel, une pluie de pierres est tombée sur la région. L'origine extraterrestre de ce genre de pluie de pierres a créé un émoi dans la communauté scientifique québécoise maintenant que l'on sait qu'il s'agit de véritables **météorites**!

En équipe, explorez le lien entre les météorites et les étoiles filantes en faisant les deux activités suivantes.

1. Vous vous trouvez suffisamment loin des lumières de la ville pour admirer les étoiles filantes qui traversent le ciel sans nuages.

   a) Selon vous, qu'est-ce qu'une étoile filante? Est-ce une étoile qui file à toute allure?

   b) Consultez la section Info-science pour en savoir plus sur les étoiles filantes.

   c) Qu'est-ce qui provoque la courte apparition de lumière dans le ciel? Proposez une explication.

   d) La course des étoiles filantes se termine-t-elle sur la surface de la Terre? Expliquez votre réponse.

2. a) Lisez l'information présentée dans le tableau de la page 109.

   b) Proposez l'explication la plus complète possible de la formation d'un **cratère** causé par l'entrée dans l'atmosphère d'un fragment rocheux extraterrestre.

   c) À l'aide de la fiche remise en classe, proposez une démarche vous permettant de reproduire le phénomène. 📝

   d) Testez votre démarche.

   e) Illustrez les résultats obtenus sous forme de schéma ou de tableau.

Astéroïde

TYPE DE MÉTÉOROÏDES

Phénomène	Définition
Astéroïde	Corps rocheux du système solaire de forme irrégulière, dont le diamètre est inférieur à 1000 km et qui est généralement situé entre Mars et Jupiter.
Météoroïde	Objet solide de petite taille, qui se déplace dans l'espace interplanétaire.
Étoile filante ou météore	Trace lumineuse laissée dans le ciel par l'entrée dans l'atmosphère d'un météoroïde.
Bolide	Étoile filante (météore) d'une brillance exceptionnelle parfois accompagnée d'une détonation.
Météorite	Météoroïde qui atteint la surface de la Terre.
Cratère d'impact	Creux circulaire dans le sol, provoqué par l'écrasement d'une météorite.

Lac Cratère du Nouveau-Québec créé à partir d'un impact météoritique

Grâce aux satellites et aux télescopes perfectionnés, on sait maintenant que de nombreux fragments rocheux tels que les astéroïdes ou les fragments de **comètes** se déplacent dans l'espace en suivant des trajectoires variées, frappant même parfois des astres.

Mais savais-tu que la Terre, comme tous les astres, est continuellement bombardée par ces fragments ? Toutefois, bon nombre d'entre eux sont désintégrés avant de pouvoir atteindre le sol. La lumière brillante émise par les fragments est attribuable à la friction de l'air[1]. Lorsque cette friction ne suffit pas à pulvériser le météore, un **impact météoritique** se produit et un cratère de dimension plus ou moins importante se forme.

ZOOm

Pour en connaître davantage sur les impacts météoritiques au Québec, consulte la rubrique En connexion avec la culture dans cette thématique.

3. On explique la disparition des dinosaures de différentes façons. L'une des hypothèses suggère qu'ils seraient disparus à la suite d'un important impact météoritique sur la Terre.

   a) Consulte la section Info-science pour en apprendre davantage sur ces différentes hypothèses.

   b) Quelle hypothèse te semble la plus plausible ? Explique pourquoi.

L'étude scientifique des météorites est relativement récente. En 1794, un physicien allemand du nom d'Ernst Chladni (1756-1827) a été le premier à émettre une hypothèse sur l'origine extraterrestre des météorites. Cependant, il a fallu la minutieuse enquête de Jean-Baptiste Biot pour le prouver !

---

1. friction de l'air : résistance au mouvement d'un objet occasionnée par l'air.

LES MACHINES SIMPLES

En apparence, certains objets semblent impossibles à déplacer parce qu'ils sont trop gros ou trop pesants.

Est-ce réellement le cas ? Au fil des siècles, les êtres humains ont été appelés à manipuler des objets ou des matériaux lourds pour construire ou déplacer des choses.

1. **a)** Donne deux exemples de constructions historiques qui ont nécessité le déplacement de gros objets.

   b) Donne deux exemples de machines qui servent aujourd'hui à soulever des objets lourds.

Ces machines ont une chose en commun. Elles luttent contre l'attraction de la Terre qui maintient les objets au sol : la gravité.

Imagine que la directrice d'un jardin zoologique assez fantaisiste te confie la lourde tâche de soulever et de transporter un éléphanteau.

L'occasion rêvée de lutter contre la gravité ! Va au-delà des apparences et réfléchis à la meilleure façon de soulever cet éléphanteau.

Fais les activités des pages 111 à 113 afin de découvrir les mécanismes qui se cachent derrière ce qu'on appelle les machines simples. Tu découvriras que ces machines sont très utiles dans la lutte contre la gravité.

Mégalithes de Stonehenge (Angleterre). Certains datent de 3000 ans avant J.-C.

Gigantesques statues de l'île de Pâques (océan Pacifique), dont certaines datent de 800 ans avant J.-C.

2. a) En compagnie d'un ou une camarade de classe, observe la figure 1 et lis la légende qui l'accompagne.

b) Ensemble, répondez aux questions du Carnet Connexion sur la fiche remise en classe

3. Présente deux situations de la vie quotidienne dans lesquelles l'utilisation d'un levier est utile ou même nécessaire.

Levier

Comme tu as pu le constater, le **levier** sert à lever des charges. Il est possible de soulever d'énormes charges grâce à un point d'appui, un bras de levier et un effort raisonnable. La manivelle[1], le marteau, la bascule et la pince sont des objets utilisant des leviers.

Légende

- Force motrice (F_m) : force appliquée pour soulever la charge.
- Force résistante (F_r) : poids de l'objet à soulever.
- Point d'appui : support permettant de soulever la charge.
- Bras de levier moteur (l_m) : longueur du bras de levier comprise entre le point d'appui et la force motrice.
- Bras de levier résistant (l_r) : longueur du bras de levier comprise entre le point d'appui et la charge à soulever.

Fig. 1

Point d'appui

F_m

F_r

l_m

l_r

---

1. manivelle : tige coudée à angle droit, qui sert à faire tourner un mécanisme.

LES MACHINES SIMPLES (*SUITE*)

4. Il existe une autre façon de se simplifier la vie quand on veut déplacer un éléphanteau ou des charges à une certaine hauteur tout en luttant contre la gravité : le plan incliné.

   a) En compagnie d'un ou une camarade de classe, observez les quatre plans inclinés sur la fiche remise en classe. 📖

   b) Répondez aux questions du Carnet Connexion sur la même fiche.

5. Toujours en équipe, présentez deux situations de la vie quotidienne dans lesquelles l'utilisation d'un plan incliné est utile ou même nécessaire.

> Comme tu as pu le constater, on peut emprunter un parcours oblique plutôt que vertical qu'on appelle **plan incliné**. L'escalier est un exemple de plan incliné.

6. On peut également utiliser une poulie pour transmettre un mouvement ou soulever une charge.

   a) En équipe, observez les figures 1 et 2.

   b) À votre avis, quelle est la poulie qui nécessite le plus de force motrice et quelle est celle qui en nécessite le moins ? Formulez deux hypothèses.

   c) Vérifiez vos hypothèses en utilisant le matériel à votre disposition.

L'application la plus connue de la poulie est le palan utilisé dans les usines et les bateaux pour soulever de lourdes charges.

Comme tu peux le voir, les êtres humains luttent contre la gravité de façon très créative grâce à la technologie !

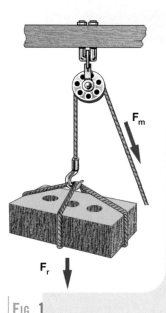

F_m

F_r

FIG. 1

Poulie fixe

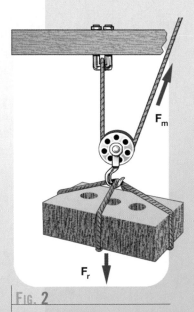

F_m

F_r

FIG. 2

Poulie mobile

De simple à complexe

Les mécanismes utilisés pour transmettre les mouvements, diminuer la friction ou multiplier la force sont issus de **machines simples**. Tu as sans doute remarqué que les machines simples diminuent la force à fournir d'autant plus que la distance à parcourir est grande. Il s'agit là d'un principe scientifique[1] !

Voici quelques autres principes scientifiques concernant les machines simples :

» plus le bras de levier moteur est grand, plus la force motrice est faible ;

» plus le plan incliné est long et l'inclinaison, petite, plus cette force est faible ;

» plus la distance parcourue par la main est grande dans le cas de la poulie mobile, plus la force motrice est faible.

Pour soulever de lourdes charges, on utilise généralement le levier, le plan incliné ou la poulie. On distingue deux familles de machines simples :

» dans la première famille, on trouve le plan incliné, le coin et la vis ;

» dans la deuxième famille, on trouve le levier, la roue et la poulie.

1. Pour apprendre le fonctionnement de la roue, du coin et de la vis, consulte la section Info-science.

Il est possible de réduire davantage la force que l'on doit exercer sur un objet en combinant plusieurs machines simples différentes pour former ce qu'on appelle une **machine complexe**. Pour soulever un éléphanteau, par exemple, on pourrait utiliser un ascenseur (levier + poulie + engrenage[2]) ou une brouette (levier + roue), qui sont deux exemples de machines complexes !

2. a) Observe la figure 1, qui représente une machine complexe.
   b) Cite deux autres exemples de machines complexes.
   c) Fais le croquis d'une machine complexe qui soulève une charge en utilisant un levier, un plan incliné ou une poulie.

---

1. principe scientifique : énoncé que l'on peut vérifier expérimentalement.
2. engrenage : système de roues dentées qui entraînent un mouvement.

Vis sans fin d'une souffleuse à neige

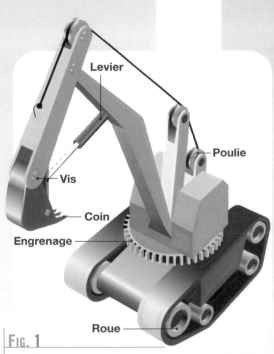

Levier

Poulie

Vis

Coin

Engrenage

Roue

Fig. 1

Machine complexe

THÈME 2

→ **Les apparences dans le ciel**

 Ce thème t'invite à découvrir comment les scientifiques ont su explorer le ciel grâce à leurs connaissances scientifiques et technologiques.

Défi solaire

En quelques minutes, que pourrais-tu dire pour décrire tout ce que tu sais à propos du système solaire ? En équipe, relève le défi solaire en mettant tes connaissances en commun avec celles de tes camarades.

Vous avez 20 minutes pour représenter le plus fidèlement possible le système solaire.

a) Prenez deux minutes pour réfléchir à la façon la plus efficace de relever ce défi.

b) Observez le matériel à votre disposition et déterminez ce qu'il vous faut pour cette activité.

c) Assurez-vous de respecter les consignes suivantes.

  » L'élément central de votre système solaire doit être déterminé.

  » À partir de votre élément central, les astres doivent être placés du plus proche au plus éloigné.

  » Si possible, les dimensions des astres doivent être proportionnelles les unes par rapport aux autres.

  » La composition particulière de certains astres (atmosphère, sol) doit être indiquée par la couleur ou tout autre moyen adéquat.

  » Au moins deux satellites naturels doivent être illustrés dans votre système solaire.

d) Comparez votre reproduction du système solaire avec celle de la section Info-science.

e) Quelles différences notez-vous ?

f) Votre équipe a-t-elle réussi à relever le défi solaire en moins de 20 minutes ? Si oui, quelle stratégie avez-vous utilisée ? Si vous avez manqué de temps, comment auriez-vous pu améliorer l'efficacité de votre méthode de travail ?

Le doute est père de la création.

GALILÉE

Des apparences trompeuses !

Devant la manifestation soudaine d'un phénomène, nous devons nous méfier de deux choses : nos sens et notre logique.
Pour comprendre un phénomène et l'interpréter correctement, il faut se poser deux questions essentielles :

» Quelles sont les causes de ce phénomène ?

» Quels en sont les effets ?

L'activité suivante te permettra de constater que les apparences sont souvent trompeuses.

a) Lis le texte suivant.

Un peuple ancien croyait que les éclipses solaires étaient causées par la présence de divinités en colère, qui décidaient de cacher le Soleil pour punir les êtres humains. Afin de faire fuir ces divinités en colère, les gens dansaient en criant et en faisant beaucoup de bruit. Au bout d'un certain temps, le Soleil réapparaissait. Pour eux, c'était la preuve que leur explication de ce phénomène était véridique !

b) En équipe, analysez la situation en répondant aux questions suivantes.

1) Selon ce peuple, quelle était la cause d'une éclipse solaire ?

2) Quelle preuve poussait ces gens à croire qu'ils avaient trouvé la cause exacte ?

3) En quoi leur perception du phénomène de l'éclipse est-elle erronée ?

4) Selon vous, quelle est la cause d'une éclipse solaire ?

5) Quelle preuve pourriez-vous donner pour justifier votre explication ?

6) Quelle expérience est-il possible de réaliser afin de prouver que le fait de danser et de faire du bruit n'a pas comme effet de faire réapparaître le Soleil ?

c) Selon vous, quelle est la différence entre une cause et un effet ? Donnez un exemple.

LE SYSTÈME SOLAIRE

D'une conception du monde à l'autre

Les apparences sont trompeuses. Cette affirmation prend tout son sens lorsqu'il est question du mouvement de la Terre et des astres : lesquels bougent et lesquels sont immobiles ?

Au fil des siècles, les astronomes et les philosophes ont émis plusieurs hypothèses à ce sujet. Pour en connaître quelques-unes, fais l'activité ci-dessous.

1. a) Lis les affirmations suivantes.

« Je pense que tout ce qui est au-dessus de la Terre est immobile. En fait, rien au monde ne bouge, sauf la Terre, bien entendu ! En fait, la Terre, qui tourne autour de son axe avec une extrême vitesse, produit les mêmes apparences que si c'était la Terre qui était immobile et le ciel tout entier qui tournait autour d'elle. »

Hicétas de Syracuse, philosophe grec (4ᵉ siècle av. J.-C.)

« La Terre ne peut pas tourner parce que si elle tournait et qu'on lançait une roche dans les airs, elle tomberait derrière nous. La Terre est donc immobile et au centre de l'Univers. »

Claude Ptolémée, astronome d'Alexandrie d'origine grecque (100-170 apr. J.-C.)

b) Qu'est-ce qui te semble curieux ou étonnant lorsque tu compares ces deux affirmations ?

c) Quelle différence remarques-tu ?

d) Quelles similitudes remarques-tu ?

Reconnu jusqu'en 1500 après J.-C., le modèle de Ptolémée a été le plus répandu. En affirmant que la Terre immobile était le centre du monde, Ptolémée avait une conception **géocentrique**[1] du monde. Cependant, l'astronome polonais Nicolas Copernic doutait des explications de Ptolémée sur le mouvement des planètes et voulait explorer cette question.

Copernic a remis en question le modèle géocentrique de Ptolémée en affirmant que la Terre n'était pas le centre de l'Univers et qu'elle tournait autour du Soleil ainsi que le font les autres planètes. Le modèle **héliocentrique**[2] du système solaire venait de naître.

2. a) Observe la figure 1, qui illustre les conceptions du monde de Ptolémée et de Copernic.

b) À partir de ce que tu en sais, distingue la conception du monde de Ptolémée et celle de Copernic.

c) Quels indices t'ont permis d'identifier correctement les deux conceptions?

**Nicolas Copernic
(1473-1543)**

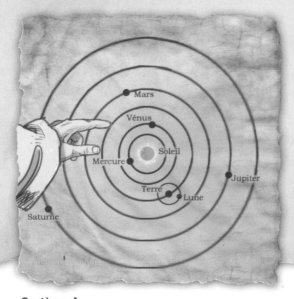

Système A

Système B

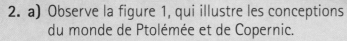

Fig. 1

1. géocentrique : *géo-* est un élément du grec *gê*, qui signifie « Terre » : dont le centre est la Terre.
2. héliocentrique : du grec *hélios*, qui signifie « Soleil » : dont le centre est le Soleil.

Ce que l'on sait aujourd'hui

Les travaux de Copernic ont été une grande source d'inspiration pour d'autres scientifiques.

1. À ton avis, le modèle de système solaire de Copernic est-il encore utilisé aujourd'hui ? Justifie ta réponse en t'inspirant de ce que tu connais du système solaire.

Lorsque l'opticien hollandais Hans Lippershey a conçu la première lunette d'approche en 1608, Galilée l'a par la suite adaptée pour explorer le ciel. Il a alors pu observer un cycle complet des phases de la planète Vénus comparable à celui des **phases de la Lune**. Cette nouvelle lunette d'approche deviendra la lunette astronomique. D'autres étonnantes découvertes astronomiques ont été possibles grâce à la lunette astronomique et, plus tard, grâce à de puissants télescopes.

Hans Lippershey (vers 1570-1619)

Les travaux de Tycho Brahe (1546-1601), de Johannes Kepler (1571-1630) et d'Isaac Newton (1642-1727) ont ajouté les autres preuves nécessaires pour confirmer la réalité du mouvement des planètes autour du Soleil qu'on appelle aussi **système solaire**.

» Tycho Brahe a fait d'innombrables observations très précises sur la position des planètes dans le ciel.

» Kepler a démontré que les orbites des planètes étaient des ellipses et non des cercles.

» Newton a prouvé que le mouvement elliptique des planètes était causé et maintenu par la force d'attraction du Soleil.

Lunette astronomique de Galilée

Grâce au développement conjoint de la science et de la technologie, il a été possible de percer les mystères du système solaire.

2. a) À ton avis, en quoi le développement de la technologie a-t-il contribué à l'étude du ciel au cours des derniers siècles ? Justifie ta réponse et donne des exemples.

b) Pour voir une représentation moderne du système solaire, consulte la section Info-science dans ton manuel.

De nos jours, les progrès de la science et de la technologie permettent d'en apprendre encore plus sur le système solaire.

» Il existe au moins neuf planètes et la majorité d'entre elles possèdent au moins un satellite.

» La Terre, Mars, Mercure et Vénus sont des planètes terrestres parce qu'elles ont une surface rocheuse.

» Jupiter, Saturne, Uranus et Neptune sont des planètes géantes gazeuses.

» Jupiter est une planète formée d'hydrogène et d'hélium, qui possède plus d'une soixantaine de satellites.

» Jupiter, Uranus et Neptune ont des anneaux comme Saturne.

» Pluton possède au moins un satellite qu'on a nommé Charon.

» Le Soleil n'est pas une planète ni une boule de feu, mais plutôt une étoile formée principalement d'hydrogène et d'hélium.

Zo☐m

Le 30 juillet 2005, l'astronome Michael E. Brown de la Caltech a fait une annonce importante. Il a affirmé avoir découvert une dixième planète encore plus éloignée que Pluton. Un dossier à suivre !

Soleil

Ceinture d'astéroïdes

① ② ③ ④ ⑤ ⑥ ⑦ ⑧ ⑨

Légende

① Mercure ④ Mars ⑦ Uranus
② Vénus ⑤ Jupiter ⑧ Neptune
③ Terre ⑥ Saturne ⑨ Pluton

LES ÉCLIPSES

Dans notre système solaire, l'éclipse est un phénomène fascinant à observer. Le mot *éclipse* vient du grec *ekleipsis*, qui signifie «cesser» ou «abandonner». Une éclipse se produit lorsque nous cessons de voir un astre avec sa clarté habituelle.

1. Nomme les sortes d'éclipses que nous pouvons observer de la Terre.

2. **a)** En équipe, observez les deux séquences ci-dessous, qui illustrent les deux types d'éclipses.

   b) À votre avis, quelle séquence illustre l'éclipse solaire ? Justifiez votre réponse.

   c) Proposez une explication du phénomène d'éclipse solaire à l'aide d'un dessin illustrant la position des astres concernés.

   d) À votre avis, quelle séquence illustre l'éclipse lunaire ? Justifiez votre réponse.

   e) Proposez une explication du phénomène d'éclipse lunaire à l'aide d'un dessin illustrant la position des astres concernés.

Zoom

Une éclipse solaire dure sept minutes et demie au maximum tandis qu'une éclipse lunaire dure environ trois heures. Consulte la section Info-science pour en apprendre davantage à ce sujet.

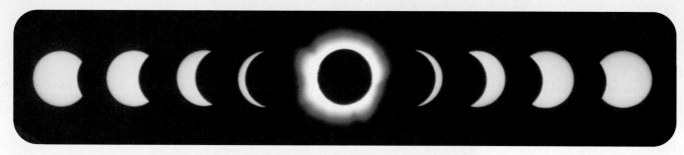

Séquence A

Séquence B

3. Pendant une éclipse, qu'elle soit solaire ou lunaire, on peut voir des zones d'ombre. En équipe, étudiez le lien qui existe entre l'ombre et les éclipses en faisant l'expérience suivante dans l'obscurité.

a) Observez le matériel à votre disposition et déterminez ce qui pourrait représenter les astres en cause dans les éclipses, soit la Lune, le Soleil et la Terre.

b) Disposez le matériel de façon à reproduire la séquence de l'éclipse solaire.

c) Comparez votre montage avec le dessin que vous avez fait à la question **2. c)** de la page 120. Que remarquez-vous ?

d) Disposez le matériel de façon à reproduire la séquence de l'éclipse lunaire.

e) Comparez votre montage avec le dessin que vous avez fait à la question **2. e)** de la page 120. Que remarquez-vous ?

Matériel

» une bougie sur son support 🔥 🔥

» une sphère (2 cm de diamètre) avec support

» une sphère (6 cm de diamètre) avec support

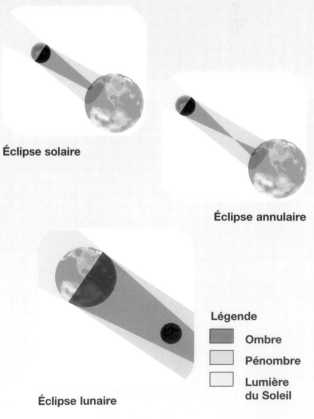

Éclipse solaire

Éclipse annulaire

Éclipse lunaire

Légende

■ Ombre

▢ Pénombre

▢ Lumière du Soleil

Comme tu as pu le constater, une éclipse peut se produire au cours d'un alignement des astres. Par exemple, il y a une éclipse lorsque la Terre et la Lune sont alignées par rapport au Soleil.

» Sur Terre, on observe une **éclipse solaire** lorsque la Lune passe devant le Soleil. Toutefois, les éclipses solaires ne sont pas toutes identiques. Lorsque la Lune se trouve près du point le plus éloigné de son orbite autour de la Terre, il lui est impossible de cacher complètement le Soleil. On observe alors une **éclipse annulaire**. Une éclipse annulaire est la partie visible du Soleil, qui prend la forme d'un anneau entourant la Lune.

» On observe une **éclipse lunaire** lorsque la Terre passe devant la Lune.

En connexion avec l'expérience

La lunette astronomique

Galilée est l'exemple parfait de quelqu'un qui a su mettre à profit ses connaissances à la fois scientifiques et technologiques en perfectionnant la lunette d'approche de l'opticien Lippershey. Il a inventé une lunette astronomique grâce à sa célèbre technique de courbure des lentilles. Une véritable révolution dans le domaine de l'astronomie !

1. La lumière possède des propriétés, dont la **réfraction**[1]. Grâce à cette propriété, les lentilles peuvent dévier les rayons qui composent la lumière, selon qu'elles sont divergentes ou convergentes.

   a) Observe les figures 1 et 2.

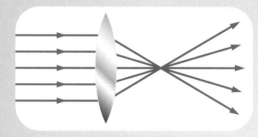

FIG. 1

Lentille convergente

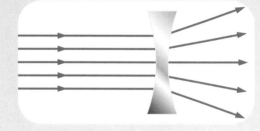

FIG. 2

Lentille divergente

   b) Quelle différence remarques-tu entre les rayons qui sortent des deux types de lentilles ? Précise ta réponse.

---

1. réfraction : déviation de la lumière lorsqu'elle passe d'un milieu optique à un autre (par exemple de l'air à l'eau).

2. En équipe, étudiez les caractéristiques[1] des images formées par les deux types de lentilles en faisant l'activité suivante.

a) Insérez l'une des lentilles dans un support (voir la figure 1) et disposez-la sur le mètre. Ce montage est appelé banc optique.

b) Fixez le symbole sur le support à écran (voir la figure 1) et placez-le sur le banc optique.

c) Observez le symbole à travers la lentille en faisant varier la distance du support à écran sur le banc optique. Remarquez les caractéristiques des images formées.

d) Choisissez entre trois et cinq distances démontrant la variété des images que l'on peut former grâce à la lentille utilisée. Dans la mesure du possible, incluez celle qui permet un grossissement maximal de l'image.

e) Utilisez le document remis en classe pour noter les distances et les caractéristiques des images formées avec cette lentille.

f) Répétez toutes les étapes précédentes avec l'autre lentille.

g) Énumérez au moins deux principes scientifiques associés à la formation d'images en utilisant une lentille convergente, et deux principes scientifiques associés à la formation d'images en utilisant une lentille divergente.

Entreprise

Pour la conception de ta machine complexe, tu auras à mettre à profit plusieurs principes scientifiques.

Matériel

- » un mètre
- » un support à lentille
- » un support à écran
- » un carton avec symbole
- » une lentille convergente
- » une lentille divergente

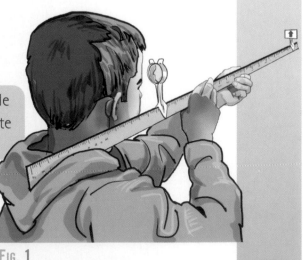

Fig. 1

Banc optique

---

1. caractéristiques d'une image : ce qui la différencie d'une autre image. Par exemple : droite, renversée, réduite, agrandie, floue, etc.

La lunette de Galilée

La construction d'un instrument de mesure nécessite très souvent une analyse scientifique. Cette analyse permet d'appliquer des principes comme ceux que tu viens de trouver et contribuent au bon fonctionnement de l'instrument.

1. Lis comment Galilée a construit sa lunette astronomique en mars 1610 afin d'en faire l'analyse.

« J'ai fabriqué un tube dont les extrémités comportaient deux lentilles de verre, l'une convergente et l'autre divergente. En approchant mon œil de la lentille divergente, j'ai vu les objets assez grands et rapprochés ; de fait, ils apparaissent neuf fois plus grands que s'ils étaient seulement regardés à l'œil nu. »

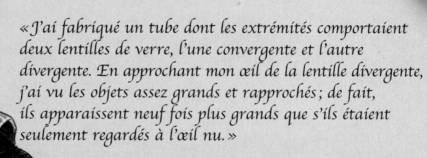

1 Oculaire (lentille divergente)   Objectif **2** (lentille convergente)

Galilée (1564-1642)

Matériel

- » un mètre
- » deux supports à lentilles
- » une lentille convergente
- » une lentille divergente

2. En équipe, suivez les étapes ci-dessous pour reproduire la lunette de Galilée.

a) Placez les deux types de lentilles utilisées par Galilée sur le banc optique.

b) Choisissez un objet éloigné que vous pouvez observer dans la classe.

c) Observez les caractéristiques de l'image obtenue en faisant varier la distance entre les lentilles.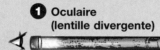

d) Représentez, sous forme de schéma, la position des lentilles qui permet d'obtenir le grossissement maximal de l'image.

e) En guise de conclusion, élaborez une explication sur le fonctionnement de la lunette de Galilée.

L'étude de la lunette astronomique nous a permis de découvrir deux principes scientifiques importants :

- » Une lunette astronomique est formée d'au moins deux lentilles.

- » Le pouvoir grossissant des lentilles dépend des caractéristiques des lentilles utilisées.

Comment fabriquer une lunette astronomique

Dans l'activité suivante, tu devras concevoir et fabriquer ta propre lunette astronomique.

Défi

En équipe, construisez une lunette astronomique qui vous permettra de lire facilement un message à une distance de trois mètres. Le message devra apparaître à l'envers dans l'oculaire. La lunette devra être composée de deux lentilles.

Investigation scientifique

a) Pour planifier une démarche permettant de réussir le défi, utilisez vos connaissances sur les principes scientifiques associés aux lentilles. Énumérez-en au moins quatre.

b) Écrivez un protocole permettant de concrétiser votre démarche.

c) Validez votre protocole auprès de votre enseignant ou enseignante.

d) Appliquez le protocole.

e) Proposez un nouveau protocole, s'il y a lieu.

Conception et fabrication technologique

a) Déterminez le besoin auquel répond l'objet technique à construire.

b) Faites un schéma de principe de la lunette à construire à partir du protocole validé.

c) Faites un **schéma de construction** incluant toutes les pièces et les liaisons nécessaires pour fabriquer le prototype.

d) Assemblez les pièces selon le schéma de construction en faisant les modifications d'assemblage nécessaires. Assurez-vous en tout temps que l'assemblage se fait de manière ordonnée et sécuritaire.

e) Procédez à la mise à l'essai du prototype afin de vérifier son efficacité et de déterminer sa limite d'utilisation en fonction du besoin initial.

Zoom

Consulte La boîte à outils pour t'aider à distinguer une investigation scientifique d'une conception technologique.

Matériel

» un mètre
» deux supports à lentilles
» deux lentilles convergentes
» une lentille divergente
» gommette, punaises ou cure-dents
» une paire de ciseaux
» un message écrit sur une feuille format lettre (21,6 × 27,9 cm)
» un tube en carton d'environ 1 m de longueur

Un projet méthodique !

27 juillet, 15 h 40. Un bruit semblable à celui d'un violent coup de tonnerre te fait sursauter. Tu sors en vitesse pour voir ce qui se passe. Au pied de la montagne, près de ta maison, tu aperçois avec stupeur une roche d'environ 100 kg. Serait-ce une météorite ?

Pour le savoir, tu décides de construire une machine qui te permettra de la soulever afin de la faire analyser. Avant de te lancer dans un tel projet, tu penses qu'il serait sage de faire un prototype à échelle réduite, histoire de vérifier l'efficacité de ta machine. Pour simuler une roche de 100 kg à échelle réduite, il est suggéré d'utiliser une masse de 1 kg.

Tu dois construire une machine complexe permettant de réduire au minimum l'effort à fournir (la force motrice). La machine doit respecter les normes suivantes.

1. Être construite à partir du matériel fourni en classe. S'il y a lieu, le matériel supplémentaire sera de la responsabilité de l'équipe.

2. Être composée d'au moins deux machines simples différentes, dont un levier.

3. Être munie d'un crochet pour y fixer la charge à soulever.

4. Utiliser une masse la plus petite possible pour simuler la force humaine servant à soulever la charge.

5. Être capable de soulever la charge à une hauteur minimale de 1 cm.

6. Être stable, pour ne pas se renverser au cours du soulèvement de la charge simulant la roche.

7. Être solide afin d'éviter que les pièces ou les liaisons ne cèdent ou ne se déforment au cours du soulèvement de la charge.

8. Pouvoir se ranger dans une boîte fermée dont le format sera déterminé par ton enseignant ou enseignante.

Avec les membres de ton équipe, mets tes connaissances à profit afin de relever ce défi scientifique et technologique. Une méthode générale de travail incluse dans le **cahier des charges** t'aidera à t'acquitter efficacement de cette tâche.

Démarche

ÉTAPE 1 QUESTIONS ADMINISTRATIVES

a) Former une équipe de conception.

b) Assigner des tâches précises à chaque membre de l'équipe et les noter dans le cahier des charges.

c) Prendre connaissance des étapes de la démarche de travail présentée dans le cahier des charges.

ÉTAPE 2 ÉLABORATION DE SCÉNARIOS

a) Reformuler le problème pour saisir les éléments qui permettront d'élaborer des scénarios de résolution.

b) Faire une étude de principe des machines simples afin de pouvoir les appliquer dans les scénarios envisagés.

c) Concrétiser le scénario choisi par un schéma de principe du prototype.

ÉTAPE 3 CONCRÉTISATION DE LA DÉMARCHE

a) À partir du schéma de principe, faire un schéma de construction du prototype.

b) Fabriquer le prototype à partir du schéma de construction.

c) Procéder à la mise à l'essai du prototype et faire les ajustements appropriés.

d) Présenter les résultats de la mise à l'essai du prototype.

ÉTAPE 4 ÉVALUATION

Remplir les sections Mon profil et Évaluation dans le cahier des charges.

Les impacts météoritiques au Québec

Le lac Manicouagan

Le lac Manicouagan est un cratère de 100 km de diamètre formé par l'impact d'une météorite de 5 km de diamètre qui a percuté la Terre il y a 210 millions d'années. Les géologues et les biologistes pensent que la lave éjectée au cours de l'impact aurait été projetée jusqu'en Grande-Bretagne. Cette météorite aurait causé une extinction massive de certaines espèces animales et végétales.

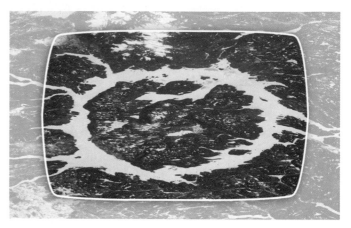

Lac Manicouagan

Le mont des Éboulements de Charlevoix

Au cours des années 1960, le géologue Jehan Rondot découvre des roches modifiées autour du mont des Éboulements. En les comparant avec des échantillons retrouvés dans le cratère de Manicouagan, il arrive à la conclusion que ces roches ne peuvent être que le résultat d'un impact météoritique qui s'est produit il y a 365 millions d'années. Un bolide de 2 km de diamètre, pesant 15 milliards de tonnes a percuté cette région du Québec préhistorique, creusant un cratère de 56 km de diamètre et s'enfonçant à 5 km dans la croûte terrestre. La chaleur de l'impact a soulevé une gerbe de terre et de roches haute de 768 m en plein centre du cratère et a formé le mont des Éboulements de Charlevoix.

Baie d'Hudson

La baie d'Hudson

Lorsqu'on observe attentivement la forme semi-circulaire formée par la baie d'Hudson, il est tentant de croire qu'il s'agit d'un cratère qui, avec les années, s'est rempli d'eau. Les scientifiques hésitent à conclure à un impact météoritique en raison des dimensions immenses du cratère : pour le produire, il aurait fallu un bolide de 30 km de diamètre, heurtant la Terre à une vitesse de 15 km/s. Les scientifiques émettent l'hypothèse que le cratère initial n'avait que 100 km de rayon et qu'il se serait agrandi par la suite, à l'occasion de tremblements de terre successifs.

Portrait de Galilée

Galileo Galilei, connu aussi sous le nom de Galilée, naît
en Italie à Pise en février 1564. Il poursuit des études
de médecine à l'université de Pise, mais il est plus attiré
par les mathématiques. À 35 ans, Galilée étudie
les mouvements et décrit la chute des corps. On raconte
que, du haut de la tour de Pise, il laissait tomber des balles
de plomb, de bois et de papier. Il aurait ainsi découvert
que, quelle que soit leur masse, tous les corps sont animés
du même mouvement.

En mai 1609, Galilée entreprend la construction d'une
lunette ; il fabrique lui-même les lentilles et obtient
des lunettes qui grossissent l'image six fois, neuf fois
et même quatorze fois sans la déformer. Galilée se met
à observer le ciel.

Partisan de Copernic depuis au moins 20 ans,
Galilée enseigne pourtant à ses élèves la théorie
de Ptolémée couramment admise, selon laquelle la Terre
se trouve au centre de neuf sphères concentriques portant
les planètes et les étoiles. En 1610, Galilée publie les
premiers résultats de ses observations dans un ouvrage
rédigé en latin : *Le messager des étoiles.* Il affirme que
le Soleil a des taches et qu'il tourne sur lui-même. Il dit
que la Lune n'est pas une boule parfaite ; elle est accidentée.
Il dit aussi que la Voie lactée est composée d'une multitude
d'étoiles invisibles à l'œil nu. Selon lui, Vénus présente
des phases ; elle tourne autour du Soleil et se déplace
par rapport à la Terre. Enfin, il déclare que quatre petites
planètes tournent autour de Jupiter !

Galilée se fait des ennemis. En 1616, les universitaires
conservateurs rejettent le système copernicien. En 1624,
le pape Urbain VIII autorise Galilée à rédiger un ouvrage
contradictoire sur les différents systèmes du monde,
à condition qu'il soit parfaitement objectif. En février
1632, à la surprise de Galilée, le pape ordonne la saisie
de l'ouvrage. Galiléc est encore accusé de défendre
les théories de Copernic. Il est jugé coupable et doit
renoncer à ses théories. Il s'installe alors dans sa maison
en banlieue de Florence et y séjourne jusqu'à sa mort
en janvier 1642. Ses idées ne seront acceptées qu'en 1757
avec le retrait de l'interdiction de 1616.

Au fil du temps

ÉVÉNEMENTS	ANNÉES	ÉVÉNEMENTS

Vers l'an 240 av. J.-C., le grec Archimède invente la vis sans fin.

- 240

En 140, l'astronome et mathématicien grec Claude Ptolémée rédige l'*Almageste,* un ouvrage de référence en astronomie appuyé sur un système géocentrique, qui fera autorité jusqu'à la Renaissance.

140

En 1543, l'astronome polonais Nicolas Copernic affirme dans son livre *De revolutionibus orbium coelestium libri VI* que c'est la Terre et les autres planètes qui tournent autour du Soleil (système héliocentrique).

1543

En 1577, l'astronome danois Tycho Brahe montre qu'une comète est située au-delà de la Lune.

1577

En 1610, l'astronome français Nicolas Claude Fabri de Peiresc découvre la nébuleuse d'Orion.

1610

En 1675, l'astronome danois Ole Römer évalue la vitesse de la lumière à 293 000 km/s en observant les éclipses des satellites de Jupiter.

1675

En 1679, l'astronome anglais Edmond Halley dresse le premier catalogue des étoiles du ciel austral.

1679

En 1687, le mathématicien et physicien anglais Isaac Newton propose, dans son livre *Principia,* le concept de la gravitation universelle selon lequel tous les corps dans l'Univers exercent une attraction sur tous les autres corps.

1687

En 1801, l'astronome italien Giuseppe Piazzi découvre le premier astéroïde : Cérès.

1801

En 1851, le physicien français Léon Foucault démontre le phénomène de la rotation de la Terre grâce à un pendule.

1851

En avril 1966, le planétarium de Montréal (anciennement appelé planétarium Dow) ouvre ses portes à Montréal. Il deviendra un centre de diffusion des connaissances scientifiques en astronomie de renommée internationale.

1966

Le 4 juillet 1997, le *Pathfinder* de la mission *Mars* se pose sur la planète rouge après un voyage de sept mois dans le système solaire.

1997

Les yeux tournés vers le ciel

Mathieu, Frédéric et Hugo, respectivement âgés de 13, 14 et 16 ans, sont membres d'un club d'astronomie. Ils adorent observer le ciel et sont heureux de participer à des camps d'astronomie. Les trois garçons ont reçu le prix des astronomes amateurs qui se sont illustrés dans la province. Ils savent reconnaître la constellation de Cassiopée et peuvent discuter longtemps sur la différence entre la lunette de Newton et un télescope. Toutefois, là s'arrêtent leurs ressemblances.

De gauche à droite,
Mathieu Groulx,
Hugo Lemieux
et Frédéric Dallaire

Observatoire du Mont-Cosmos
à Saint-Elzéar, près de Québec

Mathieu se passionne pour les trous noirs et la relativité. Il refuse les explications trop simples et prend plaisir à creuser un sujet pour trouver des réponses à ses questions. Il aime faire part de ses trouvailles. Plus tard, il sera peut-être journaliste ou conférencier.

Frédéric a eu le souffle coupé quand il a vu la planète Jupiter pour la première fois et quand il a compris que sa passion pour la photo pouvait l'amener à étudier la spectroscopie (étude de la lumière des étoiles). Le monde des communications l'attire aussi. Il se dit qu'il ferait un bon animateur à la radio.

Hugo se revoit tout petit, couché par terre, regardant passer les étoiles filantes et les satellites artificiels. Aujourd'hui, l'œil rivé à son télescope, une foule de questions philosophiques se bousculent dans sa tête. Le monde est si grand et si complexe alors que l'être humain est si petit... Une chose est certaine pour lui : sa profession devra lui permettre d'assouvir son besoin d'apprendre et de comprendre les choses.

Une tâche impossible... en apparence !

Il était une fois un enseignant qui désirait par-dessus tout apprendre à ses élèves de bonnes méthodes de travail car, disait-il, avec de la méthode, des gens ordinaires arrivent à faire des choses extraordinaires !

Après avoir placé sur une table devant lui un seau, des petits cailloux, du sable, quelques pierres plus grosses et une certaine quantité d'eau, il lança le défi suivant aux élèves : «Comment puis-je faire pour mettre tous ces objets dans le seau sans rien renverser ?»

Les élèves se mirent à réfléchir et lui proposèrent toutes sortes de solutions. L'enseignant les essaya toutes sans succès : ou bien le seau était trop petit, ou bien l'eau débordait de partout !

a) Réfléchis à la méthode que tu proposerais.

Élisabeth avait observé toute la démonstration en silence. Elle leva la main et dit à l'enseignant : «Je pense que j'ai trouvé la bonne façon de procéder».

En examinant la situation, Élisabeth avait compris que pour arriver à mettre tous les objets dans le seau, il fallait commencer par les plus gros morceaux et finir par les plus petits. Elle mit donc les grosses pierres dans le seau. Elle ajouta ensuite les petits cailloux qui s'infiltrèrent entre les pierres. Le sable alla ensuite remplir l'espace entre les pierres et les cailloux. Il ne restait plus qu'à remplir le seau avec l'eau. Tous les objets se retrouvèrent dans le seau sans qu'aucune goutte d'eau ne déborde !

b) Pour mettre en application la méthode d'Élisabeth, lis la page 133.

Des concepts branchés !

Un peu de méthode, SVP

L'enseignant sourit et dit à ses élèves : « Élisabeth a utilisé une excellente méthode de travail ! Lorsque vous avez une tâche à accomplir, commencez toujours par faire ce qui est le plus important. Vous serez assurés de pouvoir terminer la tâche sans rien oublier. Ainsi, si vous avez de l'information à classer, commencez par les notions plus importantes pour finir par les éléments secondaires. De cette façon, vous retiendrez ce qui est vraiment important et il sera plus facile de faire des liens par la suite. »

1. Comment pourrais-tu organiser les connaissances acquises dans cette thématique en utilisant la méthode d'Élisabeth ?

   a) Lis la liste de mots suivante.

   > Impact météoritique éclipse
   > télescope système géocentrique
   > gravitation universelle
   > système héliocentrique Ptolémée
   > système solaire Copernic
   > Galilée machine simple cratère
   > étoile filante Jean-Baptiste Biot
   > chute des corps orbite
   > Newton gravité

   b) Quels mots représentent pour toi les grosses pierres ?

   c) Lesquels représentent les cailloux ?

   d) Lesquels représentent le sable ?

   e) Organise ces mots sous une forme de ton choix afin de bien montrer l'importance que tu accordes à chacun.

2. Un peu à l'image de l'eau qui se répand dans tout le seau, tu as développé des compétences tout le long de cette thématique afin de t'aider à établir des liens entre ces mots. Quelles sont ces compétences ?

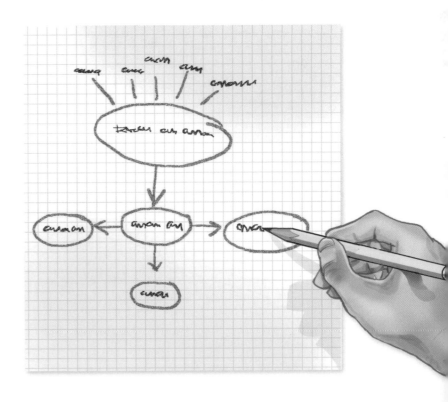

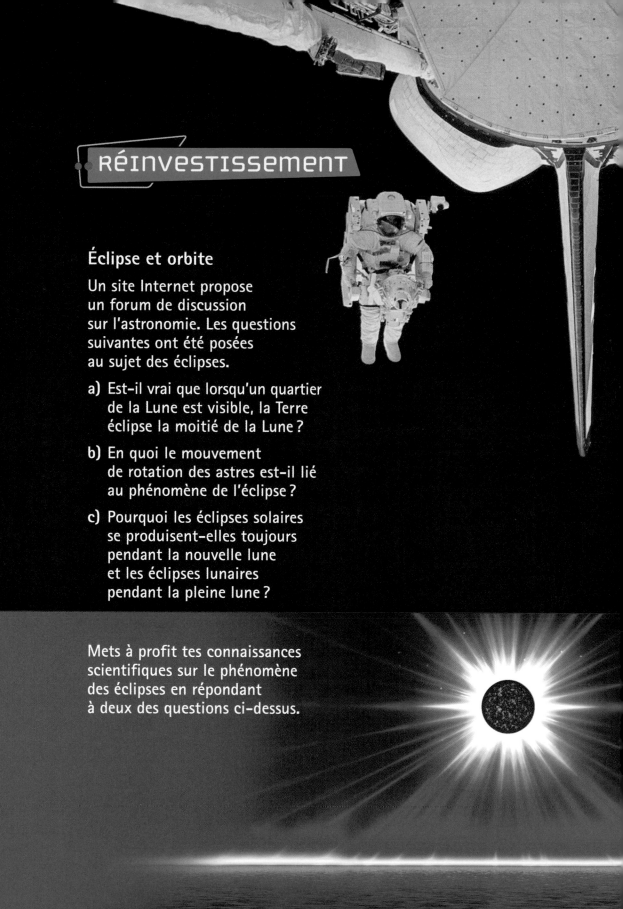

Éclipse et orbite

Un site Internet propose
un forum de discussion
sur l'astronomie. Les questions
suivantes ont été posées
au sujet des éclipses.

a) Est-il vrai que lorsqu'un quartier
de la Lune est visible, la Terre
éclipse la moitié de la Lune ?

b) En quoi le mouvement
de rotation des astres est-il lié
au phénomène de l'éclipse ?

c) Pourquoi les éclipses solaires
se produisent-elles toujours
pendant la nouvelle lune
et les éclipses lunaires
pendant la pleine lune ?

Mets à profit tes connaissances
scientifiques sur le phénomène
des éclipses en répondant
à deux des questions ci-dessus.

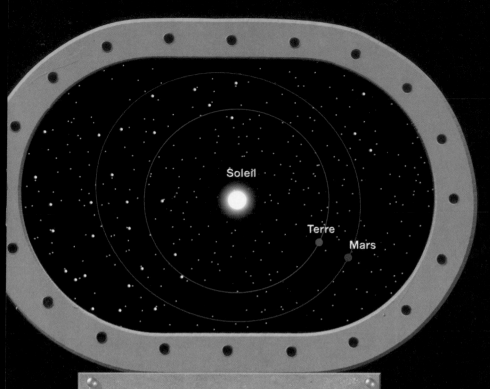

Soleil

Terre

Mars

Bientôt sur Mars ?

La Lune, qui est située à environ 0,4 million de km de la Terre, a été conquise en juillet 1969 au cours de la mission *Apollo 11*. Pour s'y rendre, il a fallu quatre jours. La prochaine cible des scientifiques est Mars. On espère y envoyer un vol habité en 2018.

a) Observe la figure 1.

b) Quel avantage y aurait-il à partir en 2018 ?

c) Y a-t-il possibilité de collision avec un astéroïde au cours du voyage ? Explique pourquoi. Pour t'aider, consulte l'illustration de la page 119.

Charge et chariot

Le chariot à deux roues appelé diable est une machine complexe très utile pour lever des charges et les déplacer avec un minimum d'efforts. Le modèle ci-contre permet d'allonger la partie verticale en contact avec la main à la position **A** et à la position **B** tel qu'il est illustré. En équipe, utilisez vos connaissances technologiques sur les machines simples et les machines complexes pour répondre aux questions suivantes.

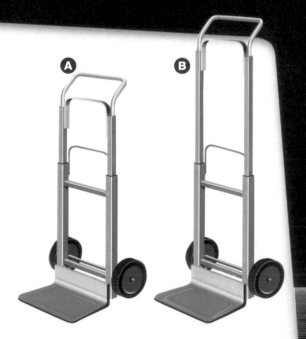

a) Quelles machines simples composent ce chariot ?

b) Quelle est la fonction de chacune de ces machines simples ?

c) Faites le schéma de principe de ce chariot. Indiquez sur le schéma les forces et les longueurs pertinentes en jeu.

d) Dans quelle position **A** ou **B** un manutentionnaire peut-il soulever des charges plus lourdes ? Expliquez.

RÉSUMÉ

LA GRAVITATION UNIVERSELLE

1. Le Soleil attire les planètes et les autres corps célestes à cause de sa masse importante.

2. La loi de la gravitation universelle dit que tous les corps s'attirent mutuellement à cause de leur masse respective.

3. La gravité, c'est l'attraction que subissent les objets à la surface de la Terre.

4. Les astres n'entrent pas en collision les uns avec les autres, car leur vitesse les maintient en orbite.

LES IMPACTS MÉTÉORITIQUES

5. Les étoiles filantes, aussi appelées météores, sont des traces lumineuses laissées dans l'atmosphère.

6. Une météorite est un fragment rocheux provenant d'un météoroïde qui atteint la surface de la Terre.

7. Une comète est un amoncellement de débris, de glace et de fragments rocheux qui se déplacent dans l'espace en décrivant une trajectoire.

LES MACHINES SIMPLES

8. Les machines simples permettent de diminuer la force à fournir pour déplacer ou soulever de lourdes charges.

9. Le levier, la roue, la poulie, le plan incliné, le coin et la vis sont des machines simples.

10. Une machine complexe est une combinaison de différentes machines simples.

LE SYSTÈME SOLAIRE

11. Il existe neuf planètes connues dans le système solaire.

12. Mercure, Vénus, la Terre et Mars sont des planètes terrestres parce qu'elles possèdent une surface rocheuse comme celle de la Terre.

13. Jupiter, Saturne, Uranus et Neptune sont des planètes gazeuses.

14. Le Soleil est une étoile formée d'hydrogène et d'hélium.

15. Une éclipse se produit lorsqu'un astre est caché par un autre.

16. Une éclipse solaire se produit lorsque la Lune passe devant le Soleil.

17. Une éclipse lunaire se produit lorsque la Lune se trouve dans l'ombre de la Terre.

LA LUNETTE ASTRONOMIQUE

18. La lunette astronomique est faite de deux lentilles : l'oculaire (divergent) et l'objectif (convergent).

19. La réfraction est une propriété de la lumière qui est déviée en passant d'un milieu optique à un autre, à travers une lentille, par exemple.

La gravitation universelle

1. Trouve l'intrus dans la liste de mots ci-dessous. Explique ton choix.

> La Grande Ourse   Cassiopée   L'étoile Polaire
> La Petite Ourse   Orion

2. La masse de la Lune est six fois plus petite que celle de la Terre.

   a) Compare la gravité sur la Terre avec la gravité sur la Lune.

   b) Explique la démarche des astronautes lorsqu'ils et elles se déplacent sur la Lune.

Les machines simples

3. Complète le texte suivant, qui porte sur les machines simples.

Les personnes à mobilité réduite utilisent une pente pour accéder à un niveau supérieur. Cette pente est en réalité une machine simple appelée ❶ . L'utilisation de cette machine simple offre un avantage : la distance à parcourir est plus ❷ , mais la force à fournir est plus ❸ .

Pour monter une charge de briques jusqu'au toit, on utilise une sorte de roue creuse sur laquelle une corde est placée ; il s'agit d'une autre machine simple : la ❹ . Plus le nombre de roues est élevé, plus la force à exercer est ❺ .

Le volant facilite le changement de direction d'une voiture. Le volant est une application de la ❻ , qui est une machine simple.

4. La grue représentée à droite combine plusieurs machines simples. Identifie celles qui sont numérotées.

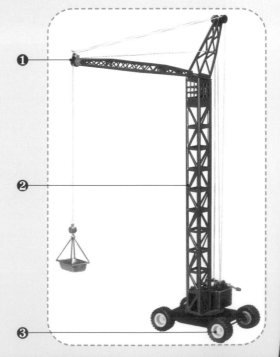

5. Nomme la ou les machines simples illustrées dans les objets ci-dessous.

Le système solaire

6. Nomme les planètes du système solaire, de la plus rapprochée à la plus éloignée du Soleil.

7. a) Explique le modèle géocentrique du mouvement des planètes.

   b) Explique le modèle héliocentrique.

8. Associe chacune des descriptions ci-dessous à la planète à laquelle elle se rapporte.

Description	Planète
a) Planètes qui ont une surface rocheuse.	❶ Mars
b) Planète située entre Uranus et Pluton	❷ Vénus
c) Planète la plus proche du Soleil	❸ Terre
d) Planètes gazeuses	❹ Jupiter
e) Planètes qui ont des anneaux.	❺ Neptune
f) Deux planètes séparées par la ceinture d'astéroïdes	❻ Uranus
g) Troisième planète en partant du Soleil.	❼ Mercure
h) Planète surnommée la « planète bleue »	❽ Saturne
	❾ Pluton

9. Complète la phrase suivante en choisissant l'énoncé qui convient.
Une éclipse lunaire se produit lorsque...

a) l'ombre de la Terre forme un anneau sur la surface de la Lune.

b) la Lune se trouve dans l'ombre de la Terre.

c) l'ombre du Soleil est projetée sur la surface de la Terre.

10. Quel type d'éclipse est représenté par chacun des schémas ci-dessous ?

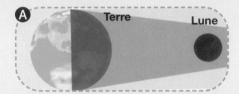
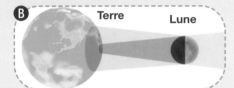

11. Plusieurs scientifiques ont contribué à la découverte et
à la compréhension du système solaire. Associe chacun des énoncés
de la colonne de gauche au nom d'un scientifique de la colonne
de droite.

Énoncé	Scientifique
a) Il a affirmé que la Terre était le centre du monde.	❶ Galilée
b) Il a affirmé que les planètes tournaient autour du Soleil.	❷ Johannes Kepler
c) On lui doit la conception de la lunette astronomique.	❸ Tycho Brahe
d) Il a prouvé que le Soleil attire les planètes.	❹ Charles Darwin
e) Il a énoncé la loi de la gravitation universelle.	❺ Claude Ptolémée
f) Il a étudié les météorites et leur impact.	❻ Isaac Newton
g) Il a étudié la position des planètes dans le ciel.	❼ Nicolas Copernic
h) Il a démontré que les planètes ont des orbites elliptiques.	❽ Jean-Baptiste Biot

La lunette astronomique

12. Le télescope de Galilée est composé de deux lentilles. Précise à quel
type de lentille (convergente ou divergente, oculaire ou objectif)
se rattache chacune des descriptions suivantes.

a) Cette lentille pointe en direction de l'objet à observer.

b) Cette lentille est près de l'œil de la personne qui utilise l'instrument.

> Les idées sont des graines de lotus,
> elles ne dorment que pour mieux pousser.
>
> FATOU DIOME

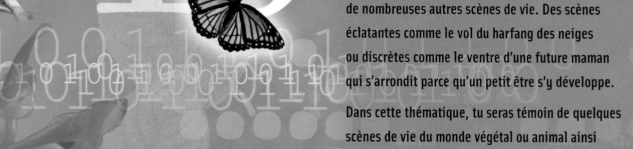

→ # Scènes de vie

Un bel oiseau blanc survole silencieusement ton quartier. Tu te précipites pour observer le grand départ du harfang des neiges qui s'envole vers la toundra arctique. Il a habité un marais voisin pendant tout l'été. Si tu regardes attentivement autour de toi, tu verras de nombreuses autres scènes de vie. Des scènes éclatantes comme le vol du harfang des neiges ou discrètes comme le ventre d'une future maman qui s'arrondit parce qu'un petit être s'y développe.

Dans cette thématique, tu seras témoin de quelques scènes de vie du monde végétal ou animal ainsi que de certaines scènes de la vie humaine mettant toutes en vedette une facette ou un mécanisme de la reproduction. En compagnie de tes camarades de classe, interroge-toi sur ces diverses manifestations de la vie.

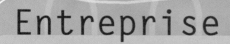
Entreprise

Le comité des citoyens et citoyennes de ton quartier organise deux rencontres d'information à l'intention de la population. Les sujets à l'ordre du jour sont la remise en état d'un marais détruit par un promoteur immobilier et l'implantation d'une clinique médicale spécialisée dans la reproduction humaine. Votre équipe devra réaliser une affiche informative pour l'une ou l'autre de ces deux réunions. À quelle réunion aimerais-tu participer ?

En connexion avec...

... la vie

Contenu

... tes rêves

Orientation

Environnement et consommation

Compétence transversale

» Communiquer de façon appropriée

Compétence disciplinaire

» Communiquer à l'aide des langages
utilisés en science et technologie

... la culture

Repères culturels

... l'expérience

En science

En technologie

→Contact!

Cette thématique présente différentes scènes de vie. Qu'il s'agisse d'organismes qui vivent dans les milieux humides comme les marais ou d'êtres humains qui forment une famille, la vie est partout! Les activités suivantes te permettront de réfléchir aux contraintes ou aux dangers qui guettent parfois la vie.

1. Les marais sont uniques et précieux. Ces milieux humides représentent un **écosystème** si riche en biodiversité que le gouvernement provincial n'hésite pas à prendre des mesures sévères pour les protéger.

    a) Lis l'article suivant qui porte sur ce sujet.

Marais avant sa destruction

Milieux humides : Québec punit un promoteur

« Le gouvernement du Québec a décidé de punir un promoteur immobilier et une ville de la région montréalaise pour avoir saccagé un marais exceptionnel dans le but d'y construire plusieurs résidences luxueuses. Le recours à une ordonnance ministérielle[1] afin d'obtenir la remise en état d'un milieu humide est une première. Et le ministère de l'Environnement a d'autres promoteurs immobiliers dans sa ligne de mire... Le gouvernement du Québec serre la vis aux promoteurs immobiliers qui empiètent sur les marais sans aucune autorisation et en dérogation à la Loi sur la qualité de l'environnement. Le ministre du Développement durable, de l'Environnement et des Parcs a transmis une ordonnance au promoteur du projet immobilier et à la ville concernée pour qu'ils procèdent à la démolition des travaux réalisés illégalement dans les milieux humides de ce secteur de la ville. Ils devront rétablir le profil du terrain, soit démolir les remblais construits sur le site, procéder à la revégétalisation et au reboisement du marais. [...] ».

Selon Tommy CHOUINARD, « Québec punit un promoteur délinquant de la Ville de Laval »
La Presse, Montréal, 25 août 2005, p. A3.

Marais après les travaux de remblai

Réagis à cette situation en écrivant un message dans lequel tu exprimeras ton appui à la sauvegarde des milieux humides.

b) En équipe, rédigez un message qui contiendra les éléments suivants :
  - » deux qualificatifs pour décrire l'écosystème que représente un marais ;
  - » le nom de trois espèces végétales qui vivent dans ce milieu humide ;
  - » le nom de deux espèces animales qui y vivent ;
  - » si c'est possible, mentionnez un endroit où il y a un marais.

c) Lisez votre message à l'ensemble de la classe.

d) Déterminez quel message exprime le mieux l'importance de sauvegarder les milieux humides.

> **Entreprise**
>
> Tu pourras choisir de t'intéresser au plan de reconstitution d'un marais.

---

1. ordonnance ministérielle : ordre donné par un ministre.

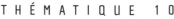

2. Dans le cadre d'un projet en science, tu as dressé l'arbre généalogique d'une famille. Après des heures de recherche, tu as retracé plusieurs données, dont certaines t'intriguent.

a) Observe l'arbre généalogique ci-dessous :

b) En équipe, proposez une explication scientifique valable aux situations suivantes.

1) Laurence et Victor ont eu quatre enfants (trois garçons et une fille). Pourtant Laurence n'a eu que trois grossesses.

2) Mya a donné naissance à des quadruplés. Pourtant Guillaume et Mya avaient tenté de concevoir des enfants à de nombreuses reprises, sans succès.

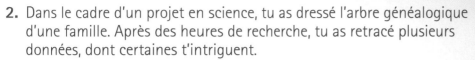

Entreprise
Tu pourras choisir de t'intéresser à la situation de Guillaume et Mya.

THÈME 1

→ Scènes de vie du marais

AMORCE Le marais est considéré comme un milieu humide, car son sol est inondé d'eau la plupart du temps. La présence constante de l'eau influe sur la faune et la flore environnantes.

Un milieu humide typique

a) En équipe, observez l'illustration ci-dessous.

b) À votre avis, qu'est-ce qu'un promoteur immobilier devra faire pour construire des maisons sur ce terrain ? Proposez un scénario.

c) Indiquez quelles pourraient être les conséquences sur la vie végétale de l'endroit. Donnez des exemples.

d) Indiquez quelles pourraient être les conséquences sur la vie animale de l'endroit. Donnez des exemples.

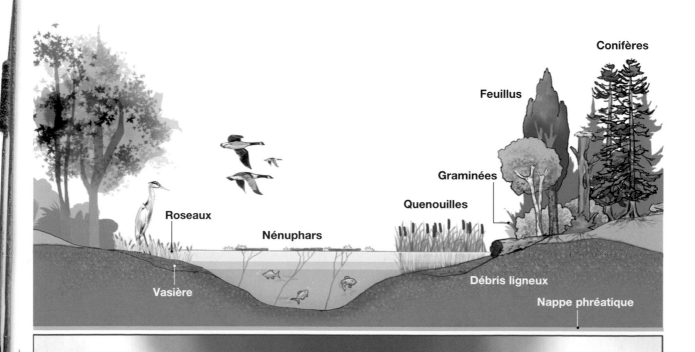

TERRES HAUTES   ZONE DE TRANSITION   MILIEU HUMIDE   ZONE DE TRANSITION   TERRES HAUTES

Le reboisement et la revégétalisation d'un marais détruit permettraient aux êtres vivants qui habitaient ce milieu de s'y installer de nouveau.

Les dessous de la vie d'un marais

Dans un marais, les arbres déracinés tombés au sol, appelés **chablis**, fournissent un abri aux petits animaux, aux insectes, aux petites plantes et aux champignons. Cependant, sans même avoir à se déplacer à proximité d'un marais, il est possible d'observer la croissance de champignons.

a) En équipe, préparez une culture de champignons. Pour ce faire, suivez les instructions de votre enseignant ou enseignante.

b) Remplissez un carnet de bord pour vous permettre d'observer le mode de reproduction des champignons et leur croissance. Répondez aux questions sur la fiche remise en classe. 📄

Chablis

La vie en direct

De nombreux papillons peuplent les marais. Comment une chenille peut-elle se transformer en un insecte délicat, gracieux et coloré? (Voir les figures 1 et 2.) En équipe, examinez cette manifestation de vie animale en répondant aux questions suivantes.

a) À votre avis, la chenille et le papillon appartiennent-ils à la même **espèce**? Précisez votre réponse.

b) La chenille est très différente du papillon. Croyez-vous que ces deux individus peuvent former un couple et se reproduire? Expliquez votre réponse.

c) À l'aide de la trousse distribuée par votre enseignant ou enseignante, observez en direct les étapes de la métamorphose d'une chenille en papillon. Utilisez la fiche remise en classe. 📄

Champignons

Fig. 1

Chenille du polyphème d'Amérique

Fig. 2

Polyphème d'Amérique (Antheraea polyphemus)

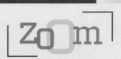

Pour en savoir plus sur les dessous de la vie d'un marais, consulte la rubrique En connexion avec la culture dans cette thématique.

LES TYPES DE REPRODUCTIONS (SEXUÉE OU ASEXUÉE)

La vie dans un marais

Le passage des machines nécessaires au remplissage d'un marais par une entreprise de construction a laissé des traces. Un nid abandonné, une végétation abîmée... Pour repeupler le marais, il faudra réintroduire plusieurs espèces de végétaux, de champignons et d'animaux. À ton avis, les êtres vivants qui peuplent un marais se reproduisent-ils tous de la même façon ?

1. a) Observe les organismes vivants ci-dessous.

FIG. 1

Lentilles d'eau

FIG. 2

Grand héron

FIG. 3

Champignons

FIG. 4

Grenouille des marais

FIG. 5

Castor

FIG. 6

Nénuphars

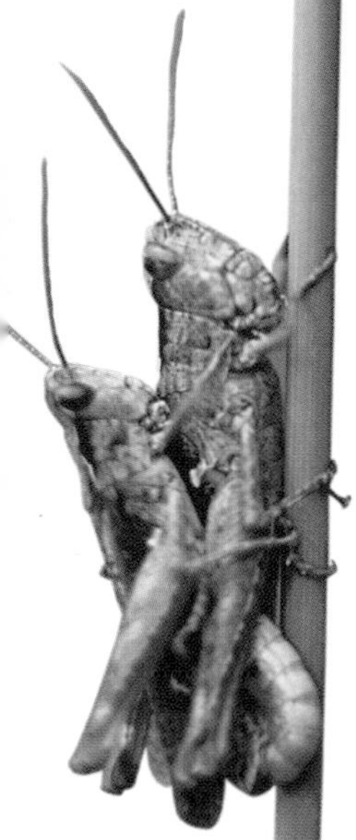

b) Identifie les organismes vivants dont la reproduction nécessite :

» la présence de deux partenaires de sexe différent ;

» la présence, sur un seul individu, de parties mâles et femelles ;

» la présence d'un seul individu qui se reproduit lui-même ;

» une production d'œufs pour donner naissance à des descendants ;

» un développement de descendants à l'intérieur de la femelle.

Il existe deux types de reproductions dans la nature. Lorsqu'il y a rencontre d'une **cellule reproductrice** mâle et d'une cellule reproductrice femelle, on parle d'une **reproduction sexuée**. Si la multiplication des êtres se fait sans l'intervention de ces cellules mâles et femelles, il s'agit alors d'une **reproduction asexuée**.

ZO⬡M

L'escargot est un hermaphrodite, car il possède à la fois les cellules reproductrices mâles et les cellules reproductrices femelles. Il doit toutefois rencontrer un autre escargot pour échanger les cellules nécessaires à la reproduction.
Pour en savoir plus au sujet de l'hermaphrodisme, consulte la section Info-science.

2. Joins-toi à un ou une camarade de classe
pour réfléchir aux caractéristiques
de la reproduction sexuée et
de la reproduction asexuée.

a) Ensemble, observez le tableau suivant.

Caractéristique	Reproduction sexuée	Reproduction asexuée
Présence d'un partenaire : **oui – non**		
Bagage génétique : **identique – différent**		
Nombre de descendants capables de se reproduire : **nombreux – peu nombreux**		

Les lentilles d'eau
peuvent se reproduire
à une vitesse incroyable.
Pour en savoir plus
à leur sujet, consulte
la section Info-science.

b) Remplissez le tableau en inscrivant
les caractéristiques appropriées dans chaque
case. Utilisez la fiche remise en classe
et répondez à toutes les questions.

3. Connaissez-vous une manière de reproduire
une plante de façon asexuée?
Si oui, nommez-la.

4. À votre avis, le clonage est-il associé
à la reproduction sexuée ou asexuée?
Précisez votre réponse.

5. Les êtres humains sont-ils associés
à la reproduction sexuée ou asexuée?
Expliquez votre réponse.

Lorsque le bagage génétique transmis
aux descendants résulte du mélange de celui
de deux parents, on remarque une plus grande
diversité de l'espèce et une capacité d'adaptation
plus grande chez les individus. À cet égard,
on considère que la reproduction sexuée
est plus complexe que la reproduction asexuée.

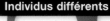
Individus différents

Individus presque identiques

LES PLANTES À FLEURS EN OBSERVATION

De nombreuses plantes à fleurs s'épanouissent dans les marais.
Ces plantes à fleurs sont composées de différentes parties.
À toi de découvrir celles qui assurent la reproduction !

Problèmes à résoudre

» Comment peux-tu identifier les parties d'une fleur ?

» Comment peux-tu disséquer les parties d'une fleur ?

Matériel

» une fleur (iris, lis)

» deux feuilles de papier blanc

» une pincette

» deux sacs en plastique à fermeture par pression et glissière

» un petit couteau ou un scalpel

» une paire de ciseaux

» du ruban adhésif

» une loupe

Déroulement

1. Comparer les parties de la fleur à disséquer avec l'illustration dans cette page.

2. Repérer les parties florales qui sont semblables et celles qui sont différentes.

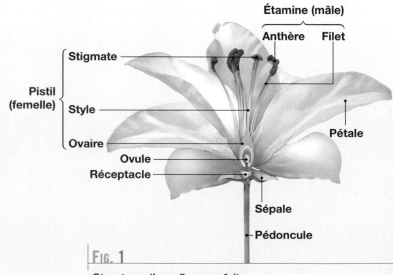

FIG. 1

Structure d'une fleur parfaite

Déroulement (suite)

3. Présenter un protocole de quelques lignes permettant d'observer et d'extraire les parties florales suivantes :

» les pétales   » les sépales   » les étamines

4. Dresser un tableau dans lequel les parties florales recueillies seront collées, comptées et identifiées.

5. Appliquer le protocole. Conserver quelques étamines dans un sac en plastique en vue d'une expérience ultérieure.

6. Couper délicatement le pistil dans le sens de la longueur de manière à rendre l'intérieur visible.

7. Repérer les parties florales suivantes :

» le pistil   » l'ovaire
» le style   » le stigmate

8. Prélever l'ovaire et le conserver dans un sac en plastique en vue d'une expérience ultérieure.

9. Remplir le tableau du numéro **4.** à l'aide de dessins représentant les parties florales qui n'ont pas été collées. Consulter la figure 2 au besoin.

Analyse

a) La fleur est l'un des organes d'une plante. Quel est le rôle de cet organe à ton avis ?

b) Identifie les parties florales mâles d'une plante.

c) Identifie les parties florales femelles d'une plante.

d) Les pétales d'une fleur sont-ils nécessaires au processus de reproduction d'une plante ? Explique ta réponse.

e) Nomme le type de reproduction de la plante de laquelle provient la fleur disséquée. Justifie ta réponse.

f) Pour empêcher la reproduction d'une plante à fleurs, il suffirait d'enlever une seule partie. Laquelle selon toi ? Justifie ton choix.

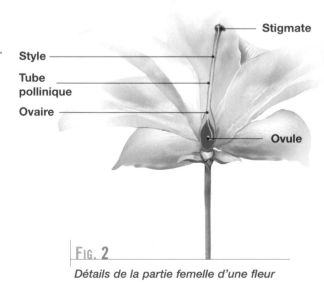

FIG. 2

Détails de la partie femelle d'une fleur

LA REPRODUCTION CHEZ LES CHAMPIGNONS

Un marais regorge de plantes sans fleurs telles que les mousses
et les fougères. Les champignons, bien que différents des plantes
sans fleurs, se reproduisent sensiblement de la même manière.
Où sont situés leurs organes reproducteurs ? Pour le découvrir,
fais l'expérience suivante, appelée sporée.

Problème à résoudre

Où se situent les organes reproducteurs du champignon ?

Matériel

» un champignon

» un verre en plastique

» un carton blanc
(10 cm × 10 cm)

» une paire de ciseaux

» de l'eau (environ 25 ml)

» un sac en plastique à fermeture
par pression et glissière

Déroulement

1. Reproduire le montage illustré dans cette page à l'aide
du matériel disponible.

2. Laisser reposer pendant une journée.

3. Retirer délicatement le champignon du carton blanc.

4. Observer les dépôts sur le carton.

5. Conserver le carton avec les dépôts dans le sac en plastique
pour une expérience ultérieure.

Analyse

a) À ton avis, quel dépôt se trouve sur le carton blanc ?

b) Où se situent les organes reproducteurs du champignon ?

c) À ton avis, le champignon possède-t-il des parties mâles et
des parties femelles comme la plante à fleurs ? Explique ta réponse.

LES ORGANES REPRODUCTEURS DES VÉGÉTAUX ET DES CHAMPIGNONS

La pollinisation ou la sporulation ?

Les plantes et les champignons ont des moyens bien à eux de se reproduire. Lis les textes suivants pour le découvrir.

Chez les plantes :

Les végétaux possèdent des parties internes et des parties externes qui assurent leur reproduction. Lorsqu'une fleur possède à la fois des étamines et un pistil, on dit que c'est une **fleur parfaite**. Le lis blanc et le nénuphar en sont des exemples.

Toutefois, les végétaux ne se reproduisent pas tous de la même façon. Chez les conifères, par exemple, les parties mâles et les parties femelles s'appellent des cônes. Les cônes mâles (voir la figure 1) sont plus petits que les cônes femelles (voir la figure 2). Chez presque tous les conifères, ces cônes sont situés sur le même arbre.

La fleur est l'**organe reproducteur** des plantes à fleurs. La partie mâle de la fleur est l'étamine qui contient le **pollen**. La partie femelle de la plante est le pistil qui part du stigmate et se prolonge jusqu'à l'ovaire. Le transfert du pollen d'une partie mâle à une partie femelle est un **mode de reproduction** qu'on appelle **pollinisation**.

Consulte la section Info-science pour en savoir plus au sujet des organes reproducteurs de la plante à fleurs.

Chez les champignons :

L'organe reproducteur des végétaux sans fleurs et des champignons se nomme le sporange. Chez le champignon, le sporange est situé sous le chapeau (voir la figure 3) et contient les gamètes appelés **spores**. Ces spores germent en terre pour donner un réseau souterrain appelé mycélium[1] (voir la figure 4).

Les champignons se reproduisent par **sporulation**, un processus de formation et de libération de spores.

---

1. mycélium : partie filamenteuse d'un champignon donnant naissance à la partie hors du sol qui contient les spores.

FIG. 1

Cônes mâles du sapin baumier

FIG. 2

Cônes femelles du sapin baumier

Sporange   Chapeau

Pied

FIG. 3

Structure d'un champignon

FIG. 4

Mycélium

FIG. 1

Accouplement d'amphibiens

FIG. 2

Accouplement d'oiseaux

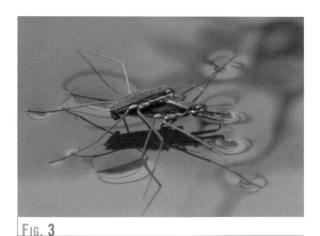

FIG. 3

Accouplement d'insectes

LES ORGANES REPRODUCTEURS DES ANIMAUX

Il n'y a pas que des plantes et des champignons dans un marais. Cet endroit regorge d'animaux tous aussi différents les uns que les autres.

La plupart des espèces animales que l'on trouve dans un marais se reproduisent de façon sexuée. Leur reproduction est assurée par la présence des organes reproducteurs.

1. Observe les figures 1, 2 et 3. Peux-tu distinguer le mâle de la femelle dans chacune des photographies ? Justifie ta réponse.

2. En général, qu'est-ce qui distingue extérieurement un mâle d'une femelle chez les mammifères ? Donne un exemple.

3. Penses-tu qu'il en est de même chez les oiseaux et les insectes ? Précise ta réponse.

4. a) Pour en savoir plus sur la reproduction de certains représentants du monde animal, consulte la section Info-science.

   b) Selon ce que tu en sais, pourquoi les organes reproducteurs de plusieurs espèces animales sont-ils enfouis à l'intérieur du corps ?

Les organes reproducteurs mâles et femelles des animaux sont des glandes sexuelles appelées **gonades**. La gonade mâle se nomme **testicule**. La gonade femelle se nomme ovaire.

> **Zoom**
>
> Certains animaux adoptent des comportements particuliers au cours de la reproduction. Ces comportements saisonniers sont des adaptations comportementales qui favorisent l'accouplement. Les périodes de reproduction sont appelées « rut » chez les mammifères et « fraie » chez les poissons.

LES GAMÈTES

Les cellules de la vie des végétaux et des animaux

Les organes reproducteurs des végétaux et des animaux peuvent être internes ou externes. Cependant, les végétaux et les animaux ne peuvent se reproduire avant d'avoir atteint leur maturité sexuelle. Dans les faits, à quoi cela correspond-il ?

1. **a)** À ton avis, quel indice révèle qu'une plante a atteint sa maturité sexuelle ?

   b) À ton avis, quels indices révèlent qu'un animal a atteint sa maturité sexuelle ?

2. Lorsqu'on remet un marais en état, il faut s'assurer de bien connaître les caractéristiques nécessaires à la reproduction des végétaux et des animaux qui y vivent.

   a) Lis le texte suivant.

   L'âge de la maturité sexuelle varie selon les espèces animales ou végétales sexuées. Chez les végétaux, lorsque les parties mâles et femelles produisent des **gamètes** *(cellules reproductrices), la maturité sexuelle est atteinte.*

   Chez les animaux, lorsque les gonades produisent des gamètes, la maturité sexuelle est atteinte.

   Chez les plantes à fleurs, le gamète mâle se nomme pollen (voir la figure 1) ; chez les animaux, le gamète mâle se nomme **spermatozoïde** *(voir la figure 2). Chez les végétaux et les animaux, le gamète femelle se nomme* **ovule**.

   b) Dans le but d'expliquer la reproduction, organise les renseignements du texte ci-dessus sous la forme d'un réseau de concepts. Pour ce faire, utilise la fiche remise en classe et réponds à toutes les questions. 📝

FIG. 1

Pollen d'une fleur

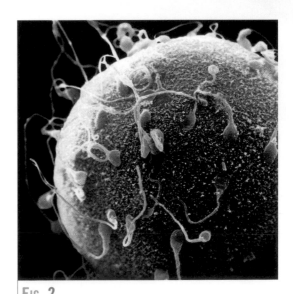

FIG. 2

Spermatozoïdes se dirigeant vers un ovule

La gamme des gamètes

Les êtres sexués produisent tous des gamètes. Saurais-tu reconnaître les gamètes de différentes espèces de plantes et de champignons?

Problème à résoudre

Comment peux-tu reconnaître un gamète mâle et un gamète femelle?

Matériel

» un petit couteau ou un scalpel ▽

» une pincette

» une loupe binoculaire

» du colorant alimentaire ⬇

» le sac contenant l'ovaire de la fleur

» le sac contenant les étamines de la fleur

» le sac contenant la sporée du champignon

Déroulement

1. Dresser un tableau des résultats dans lequel les éléments suivants seront notés pour chacune des espèces observées:

   » le nom du spécimen;

   » le sexe des gamètes, s'il y a lieu;

   » le nom des gamètes ou des cellules reproductrices;

   » le dessin des gamètes observés à la loupe binoculaire.

   » Noter toute autre information jugée pertinente. Les présenter de façon claire et soignée. 📝

2. Présenter un protocole permettant d'observer et d'extraire les gamètes de chaque espèce observée.

3. Valider le protocole auprès de l'enseignant ou l'enseignante.

4. Appliquer le protocole.

5. Remplir le tableau du numéro **1.** à l'aide des renseignements obtenus.

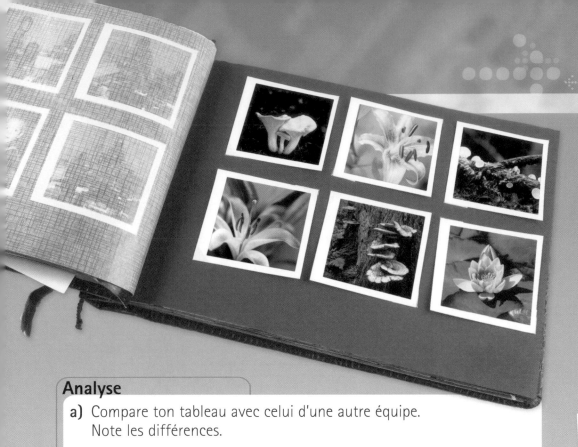

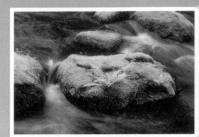

Analyse

a) Compare ton tableau avec celui d'une autre équipe. Note les différences.

b) S'il y a lieu, explique les différences observées en t'appuyant sur les résultats obtenus au cours de l'expérimentation.

c) Fais des modifications à ton tableau, s'il y a lieu. Précise les raisons qui justifient ces ajustements.

d) Identifie les éléments qui ont facilité ou compliqué le travail en équipe au cours de cette expérimentation. Propose des solutions.

LA FÉCONDATION

Une rencontre de la plus haute importance !

La rencontre du gamète mâle et du gamète femelle est le point de départ de la **fécondation**. Cette union de deux gamètes produit une première cellule appelée **zygote**.

1. En équipe, simulez les conditions nécessaires à cette rencontre importante.

   a) À l'aide du matériel disponible, reproduisez le montage illustré ci-dessous.

   b) À l'aide du compte-gouttes, déposez la solution de Lugol dans l'eau du vase de Pétri et observez le chemin qu'elle parcourt. Suivez les consignes sur la fiche remise en classe.

   c) En tenant compte de ce que vous savez sur les gamètes, quel élément du montage représente les spermatozoïdes ? Justifiez votre choix.

   d) Quel élément du montage représente l'ovule ? Justifiez votre choix.

   e) Dans la simulation, qu'est-ce qui prouve que la fécondation a eu lieu ? Justifiez votre réponse.

   f) Proposez deux moyens de favoriser la fécondation simulée. Suivez les consignes sur la fiche remise en classe.

Matériel

» un vase de Pétri

» 20 ml d'eau

» un sac à dialyse (2 cm de diamètre) avec attache

» une solution de Lugol

» un compte-gouttes

» une solution d'amidon 0,5 %

» un chronomètre

Chez les mammifères, les gamètes mâles (spermatozoïdes) baignent dans un liquide essentiel à leur survie. Le mélange formé constitue le sperme.

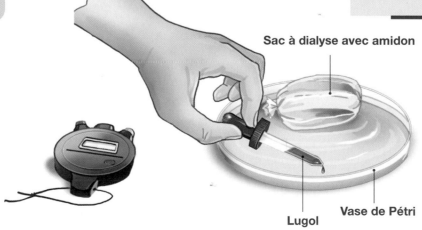

Sac à dialyse avec amidon

Lugol

Vase de Pétri

Pour un grand nombre d'organismes vivants, la fécondation se fait à l'intérieur du corps de la femelle. C'est le cas des mammifères. Toutefois, la fécondation peut également se dérouler à l'extérieur du corps des deux parents.

2. a) Lis les scènes de vie suivantes.

Scène A

La couleuvre rayée femelle garde ses œufs (ovules) non fécondés à l'intérieur de son ventre. Afin de féconder les œufs, la couleuvre mâle fait pénétrer son sperme dans la femelle par un orifice appelé **cloaque**.

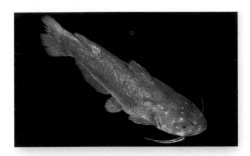

Scène B

Une barbotte brune femelle pond ses œufs (ovules) au fond de l'eau du marais. Quelques secondes plus tard, une barbotte mâle vient déposer son sperme pour féconder les œufs.

Scène C

Un grain de pollen collé aux pattes arrières d'une abeille vient en contact avec le stigmate d'une plante à fleurs avant de descendre jusqu'aux ovules placés dans l'ovaire.

b) Pour chaque scène de vie, détermine s'il s'agit d'une **fécondation interne** ou d'une **fécondation externe**.

c) Consulte la section Info-science pour en savoir plus sur les types de fécondations.

Au cours de la pollinisation, le gamète mâle issu du pollen rejoint le gamète femelle dans l'ovule par un long tube appelé **tube pollinique**. C'est le point de départ de la formation de la **graine**. Celle-ci possède tous les éléments nécessaires pour former une nouvelle plante. Il s'agit alors d'une fécondation interne.

LES MODES DE REPRODUCTION CHEZ LES VÉGÉTAUX

Plusieurs des connaissances que tu as acquises tout le long du thème 1 à propos des végétaux sont résumées dans l'organigramme suivant.

1. Observe les différents modes de reproduction des végétaux.

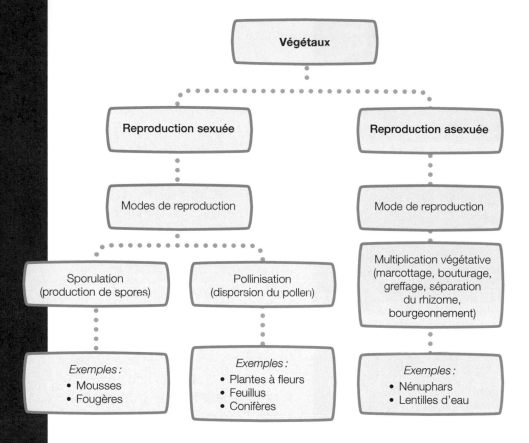

2. À ton avis, une même plante peut-elle se reproduire de façon asexuée et de façon sexuée ? Explique ta réponse.

Disamares d'un feuillu

Cônes d'un conifère

Spores d'une fougère

LES MODES DE REPRODUCTION CHEZ LES ANIMAUX

1. Observe l'organigramme illustrant les différents modes de reproduction des animaux.

2. Pour te familiariser avec les différentes espèces animales et végétales à réintégrer dans un marais, fais une activité de repérage. À cet effet, utilise la fiche remise en classe. 📝

Animaux

Reproduction sexuée

Reproduction asexuée

Modes de reproduction et de développement

Modes de reproduction et de développement

Oviparité (développement d'un embryon à l'intérieur d'un œuf pondu par la femelle)

Viviparité (développement d'un embryon à l'intérieur de la femelle en établissant un lien physique avec elle)

Ovoviviparité (développement d'un embryon à l'intérieur d'un œuf qui est conservé dans la femelle)

Bourgeonnement (développement à partir d'une excroissance qui se forme sur l'organisme parental)

Régénération (processus de reconstitution d'une partie vivante qui a été détruite, formant ainsi un nouvel organisme entier)

Fécondation interne ou externe

Fécondation interne

Fécondation interne

Exemples :
• Oiseaux
• Reptiles
• Amphibiens
• Insectes
• Poissons

Exemple :
Mammifères

Exemples :
• Certains reptiles (couleuvres)
• Certains insectes
• Certains poissons
• Certains amphibiens (salamandres)

Exemple :
Hydres d'eau douce (organismes microscopiques)

Exemples :
• Lombrics
• Planaires

Scènes de la vie humaine

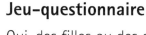

AMORCE

Dans ce thème, tu exploreras le monde de la reproduction humaine en compagnie de la famille de Laurence et Victor. De plus, tu découvriras certaines technologies de reproduction.

La maturité sexuelle est toujours un moment important dans la vie d'un jeune homme ou d'une jeune fille. Cette période est parfois heureuse et... parfois difficile ! Les mécanismes qui se déclenchent dans le corps de la fille ou du garçon sont essentiels à sa capacité de transmettre la vie.

Jeu-questionnaire

Qui, des filles ou des garçons, connaissent mieux le fonctionnement de leur propre corps ? Voici un jeu-questionnaire pour tester vos connaissances sur ce sujet. Pour répondre aux questions, une équipe de garçons affronte une équipe de filles.

a) Diviser la classe en deux équipes : une équipe de garçons et une équipe de filles.

b) L'enseignant ou l'enseignante dirige le jeu, car les questions et les réponses sont entre ses mains.

c) Déterminer au hasard l'équipe qui commence.

d) Répondre aux questions à tour de rôle. Après consultation en équipe, une seule personne est autorisée à répondre à la question.

e) Accorder à chaque équipe 30 secondes pour répondre à la question. Si le temps est écoulé, le droit de réponse est donné à l'autre équipe.

f) Attribuer un point par bonne réponse.

g) L'équipe gagnante est celle qui a accumulé le plus de points.

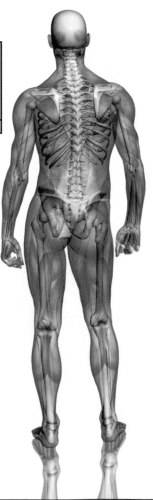

> À la naissance d'un enfant, si sa mère demandait à sa bonne fée de le doter du cadeau le plus utile pour lui, ce cadeau serait la curiosité.
>
> ELEANOR ROOSEVELT

La contraception, une affaire humaine?

Pour diverses raisons, les membres d'une famille comme celle de Laurence et Victor peuvent désirer contrôler la naissance des enfants. En groupe classe, répondez aux questions suivantes.

a) Quels sont les moyens contraceptifs que vous connaissez? Dressez une liste.

b) Selon vos connaissances, classez ces moyens du moins efficace au plus efficace.

c) À votre avis, pourquoi une personne utilise-t-elle des moyens contraceptifs? Donnez au moins deux raisons.

d) Parmi les raisons énumérées, y en a-t-il une qui vous semble plus valable?

Les relations sexuelles et leurs conséquences

Il arrive parfois qu'un rapport sexuel entre deux personnes entraîne des problèmes de santé. En équipe, répondez aux questions suivantes pour en savoir plus à ce sujet.

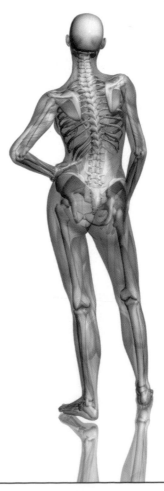

a) Quel est le nom générique des maladies ou infections généralement associées à une activité sexuelle?

b) Nommez trois maladies ou infections généralement associées à une activité sexuelle.

c) À votre avis, peut-on toujours détecter facilement ces maladies ou infections? Expliquez pourquoi.

d) Certaines d'entre elles sont-elles mortelles? Si oui, donnez des exemples.

e) Existe-t-il des moyens efficaces de se protéger contre elles? Si oui, nommez-les.

LES ORGANES REPRODUCTEURS CHEZ L'HUMAIN

Le cycle de la vie

Comme chez les animaux et les végétaux, le cycle de la vie chez les êtres humains est lié aux organes reproducteurs.

1. Les organes reproducteurs des êtres humains sont-ils à l'intérieur ou à l'extérieur du corps ? Précise ta réponse.

2. Observe les illustrations des pages 162 et 163.

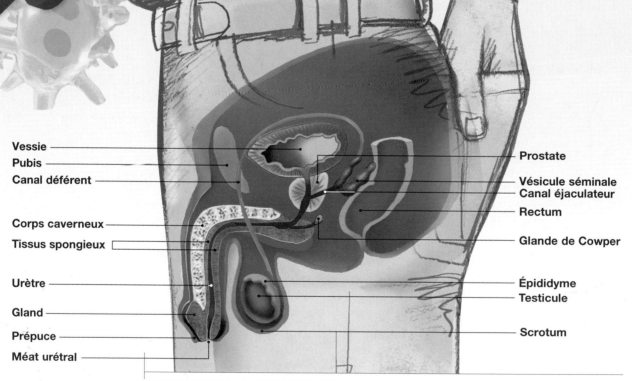

VUE INTERNE DES ORGANES REPRODUCTEURS DE L'HOMME

3. Quelles différences notes-tu entre les organes reproducteurs de l'homme et ceux de la femme ?

4. a) Dans quel organe reproducteur de l'homme sont formées les cellules reproductrices ?

   b) Selon ce que tu en sais, comment s'appellent ces cellules ?

   c) Dans quel organe reproducteur de la femme sont formées les cellules reproductrices ?

   d) Selon ce que tu en sais, comment s'appellent ces cellules ?

La **puberté** est la période au cours de laquelle les organes reproducteurs atteignent leur maturité. Elle s'accompagne de changements psychologiques et physiques qui transforment le corps de la fille et du garçon afin de les rendre capables de transmettre la vie. L'arrivée des menstruations chez la jeune fille est un signe de maturité sexuelle. À partir de ce jour, son corps sera soumis à un **cycle menstruel** d'une durée moyenne de 28 jours. La période du cycle pendant laquelle un ovule est libéré par l'un des deux ovaires se nomme l'**ovulation**.

ZOOM

Le flux menstruel qui s'écoule au cours des menstruations n'est pas uniquement constitué de sang. Il contient aussi du liquide intercellulaire dans lequel baignent les cellules, du mucus et des cellules de l'utérus. Son volume est en moyenne de 25 à 65 ml.

5. À ton avis, quels sont les signes physiques de la maturité sexuelle chez le garçon et la fille ? Compare ta réponse avec les informations sur ce sujet dans la section Info-science.

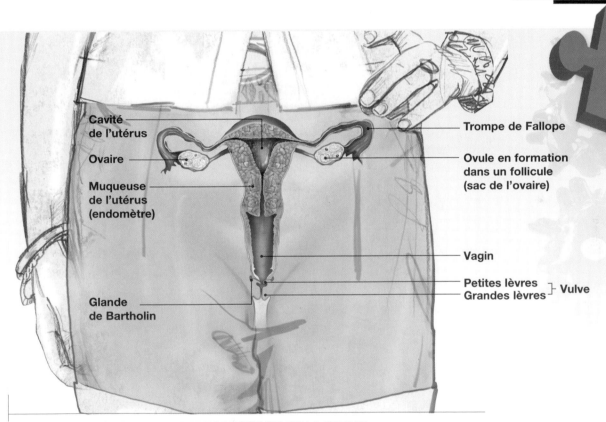

Cavité de l'utérus

Ovaire

Muqueuse de l'utérus (endomètre)

Glande de Bartholin

Trompe de Fallope

Ovule en formation dans un follicule (sac de l'ovaire)

Vagin

Petites lèvres ⎤
Grandes lèvres ⎦ Vulve

VUE INTERNE DES ORGANES REPRODUCTEURS DE LA FEMME

6. Sur le document remis en classe, réponds aux questions afin d'en savoir plus sur le cycle menstruel.

LA FÉCONDATION HUMAINE

L'apparition de la menstruation chez la fille indique que son corps a atteint la maturité sexuelle. Physiquement, la jeune fille devient donc capable de donner naissance à un bébé, mais est-elle psychologiquement prête ?

1. En équipe, lisez ce qui est arrivé à Jasmine.

> *Jasmine et son amoureux Samuel sont inquiets. Ils ont eu un rapport sexuel le 12 juin et n'ont utilisé aucun moyen de contraception. Jasmine et Samuel pensent qu'ils auraient dû faire attention. La dernière menstruation de Jasmine remonte au 28 mai dernier et son ovulation a eu lieu 14 jours plus tard. Jasmine pourrait-elle être enceinte ?*

2. Pour répondre à la question que le couple se pose, tu dois connaître certains faits au sujet de la fécondation humaine.

a) En équipe, lisez le texte ci-dessous.

> *Quatorze jours avant le début de la menstruation, l'ovaire expulse généralement un ovule qui vit deux jours tout au plus. Au cours de l'ovulation, la femme est en période de **fertilité**. Si l'ovule est fécondé par le gamète mâle (spermatozoïde), il migrera dans les **trompes de Fallope** et se fixera sur la paroi de l'**utérus** afin de se développer. S'il n'est pas fécondé, la menstruation se déclenchera.*
>
> *Au cours d'un rapport sexuel, l'homme expulse entre 3 et 5 ml de sperme au moment de l'**éjaculation**. Chaque millilitre de sperme (dont le pH se situe entre 7,2 et 7,6) qui pénètre dans le vagin de la femme contient entre 50 et 100 millions de spermatozoïdes ! Ce sont les sécrétions des glandes masculines (glandes de Cowper) qui produisent une partie du sperme et qui neutralisent l'acidité du vagin au moment du rapport sexuel. Les spermatozoïdes survivent trois jours au maximum. Après une ou deux heures, quelques centaines de spermatozoïdes seulement atteindront l'ovule et, normalement, un seul réussira à le féconder.*

b) Sur le calendrier remis en classe, tracez un **X** en rouge sur la date correspondant à la dernière menstruation de Jasmine.

c) Tracez un **X** en bleu sur la date correspondant à l'ovulation de Jasmine.

d) Encerclez en bleu les dates durant lesquelles l'ovule de Jasmine était viable.

e) Encerclez en rouge les dates durant lesquelles les spermatozoïdes de Samuel étaient viables.

f) Une fécondation était-elle possible ? Si oui, à quel moment ?

g) En vous basant sur ce que vous savez, Jasmine pourrait-elle être enceinte ? Justifiez votre réponse.

h) Pensez-vous que Samuel et Jasmine ont raison d'être inquiets ? Expliquez pourquoi.

i) Qu'est-ce que Samuel et Jasmine auraient pu faire pour éviter cette inquiétude ? Proposez des solutions.

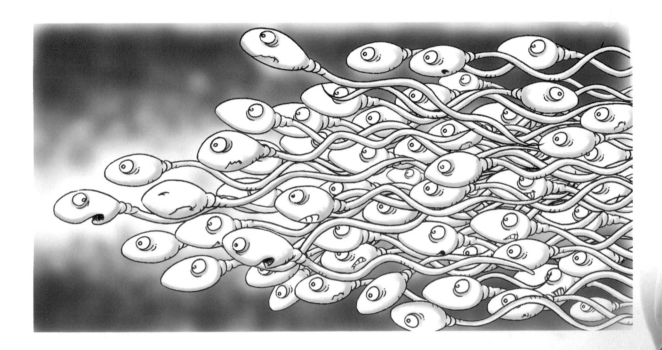

3. Les spermatozoïdes essentiels à la fécondation proviennent des organes reproducteurs de l'homme.

a) En vous fondant sur ce que vous avez appris dans cette thématique, coloriez les structures qui produisent les spermatozoïdes. Utilisez la fiche remise en classe.

b) Tracez le chemin parcouru par les spermatozoïdes en partant de la structure qui les produit jusqu'à la structure qui leur permet d'être acheminés vers l'ovule.

c) Tracez le chemin parcouru par les spermatozoïdes pour aller à la rencontre de l'ovule.

LA GROSSESSE

La **grossesse** chez l'être humain équivaut à la période de gestation dans le monde animal. La grossesse chez la femme commence dès la fixation dans l'utérus de l'ovule fécondé qu'on appelle zygote.

1. Connais-tu les principaux signes d'une grossesse ? Si oui, nommes-en quelques-uns.

2. **a)** Lis ce qui est arrivé à Béatrice et Michel.

> *Michel et Béatrice sont fous de joie, car les menstruations de Béatrice retardent de plus de 20 jours. Michel pense vraiment que Béatrice est enceinte. Depuis le temps qu'ils en rêvent de ce bébé !*

b) Que pourrait faire Michel pour s'assurer que Béatrice est enceinte ?

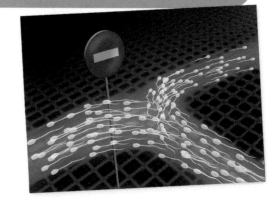

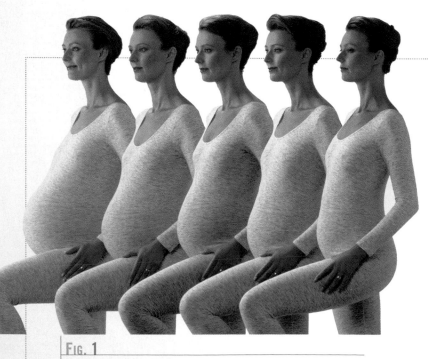

FIG. 1

Évolution de la grossesse chez la femme

Dès la huitième ou la neuvième journée après la fécondation, des messages chimiques sont envoyés à travers le corps de la future maman afin d'assurer le développement du bébé à naître. Les hormones sont des messages chimiques transportés par le sang. L'apparition de ces hormones dans le sang et dans l'urine prouve que la grossesse est commencée. Un test vendu en pharmacie permet de confirmer une grossesse en 10 minutes dès la première journée de retard des menstruations. S'il y a eu fécondation, le corps de la femme subira d'importantes transformations (voir la figure 1).

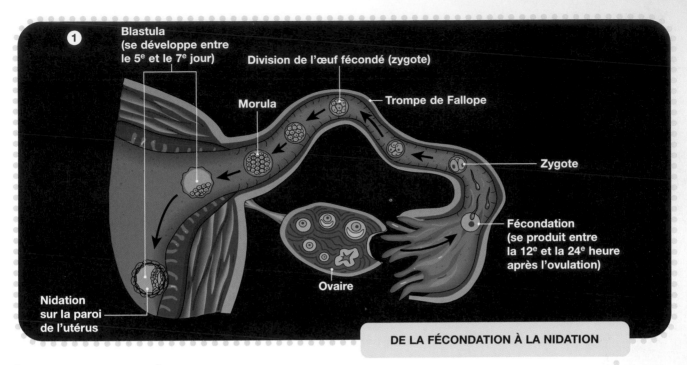

❶

Blastula
(se développe entre
le 5e et le 7e jour)

Division de l'œuf fécondé (zygote)

Morula

Trompe de Fallope

Zygote

Fécondation
(se produit entre
la 12e et la 24e heure
après l'ovulation)

Ovaire

Nidation
sur la paroi
de l'utérus

DE LA FÉCONDATION À LA NIDATION

LES STADES DU DÉVELOPPEMENT HUMAIN

Pour savoir à quel **stade du développement humain**
l'enfant à naître est rendu aux principales étapes
de la grossesse, observe les illustrations dans la page.

1er jour

Le zygote, l'union de l'ovule et
du spermatozoïde, possède les 23 paires
de chromosomes formant l'être humain.

Entre la 1re et la 8e semaine

La multiplication cellulaire se
poursuit et se spécialise pour
former les différents organes et
les membres. On parle maintenant
du développement de l'**embryon**.
Le cœur bat à partir de la 4e semaine.

De la 9e semaine à la naissance

Quand l'embryon mesure 3 cm et
pèse environ 1 g, il devient un **fœtus**.
À ce stade, il commence à prendre forme
humaine (oreilles, paupières formées mais
encore soudées, pieds et bras reconnaissables,
doigts et orteils en forme de bourgeons).
Le fœtus peut survivre hors du ventre de la mère
dès la 24e semaine avec une aide médicale.

❸

❷

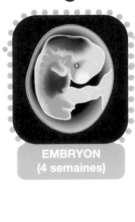

EMBRYON
(4 semaines)

EMBRYON
(3 semaines)

❹

EMBRYON
(8 semaines)

❻

❺

FŒTUS
(20 semaines)

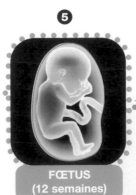

FŒTUS
(12 semaines)

LA CONTRACEPTION ET LES MOYENS EMPÊCHANT LA FIXATION DU ZYGOTE DANS L'UTÉRUS

Mettre un bébé au monde est une décision importante ! Il est donc essentiel de savoir que l'on peut adopter un comportement responsable dans la planification des naissances.

1. En équipe, lisez la suite de l'histoire de Jasmine et Samuel.

> *Ouf ! Jasmine aurait très bien pu être enceinte, mais ce n'est pas le cas cette fois-ci. Ébranlés par cette situation, Samuel et Jasmine ont décidé d'adopter un moyen de contraception efficace. Ils désirent partager cette responsabilité et se demandent quel moyen choisir.*

Autrefois, le terme **contraception** désignait seulement les moyens utilisés pour empêcher la fécondation. Aujourd'hui, ce terme désigne aussi les **moyens empêchant la fixation du zygote dans l'utérus**. Il existe divers moyens contraceptifs. Chacun de ces moyens est caractérisé par une approche différente : les barrières contraceptives, les spermicides, les contraceptifs hormonaux, la stérilisation, les méthodes naturelles et la contraception d'urgence.

2. a) Consulte le tableau de la section Info-science pour connaître quelques moyens contraceptifs.

b) Dans le tableau, relève les moyens de contraception que tu connais déjà.

c) Relève ceux qui te sont inconnus.

d) En équipe, classez les moyens de contraception dans deux catégories : ceux qui empêchent la fécondation et ceux qui empêchent la fixation du zygote dans l'utérus.

e) Jasmine et Samuel veulent partager la responsabilité de la contraception. D'après vous, quels moyens contraceptifs semblent les plus appropriés ? Justifiez votre réponse.

La contraception d'urgence est un moyen de contraception exceptionnel qui sert à éviter une grossesse après des rapports sexuels non protégés soit par négligence, soit par accident.

3. a) Dans le tableau de la section Info-science, trouve le moyen à utiliser uniquement en cas d'urgence.

b) D'après toi, ce moyen empêche-t-il la fécondation ou la fixation du zygote dans l'utérus ?

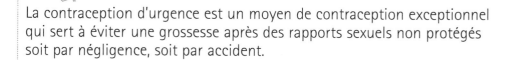

UNE CONTRACEPTION EFFICACE

La technologie est au service de la science pour trouver
des matériaux efficaces dans l'élaboration de moyens contraceptifs.

1. À ton avis, quelle est la principale propriété des matériaux
   utilisés dans les moyens de contraception ? 📝

2. **a)** En équipe, testez cette propriété pour les deux membranes
   suivantes :

   » un condom

   » un sac à dialyse

   b) À partir du matériel disponible, élaborez un protocole
   qui permet de vérifier si le glucose et l'amidon traversent
   les parois des membranes à tester.

   c) Faites valider le protocole auprès de l'enseignant
   ou l'enseignante et appliquez-le.

   d) Notez les résultats dans un tableau.

   e) Comparez vos résultats avec ceux d'une autre équipe.

3. **a)** À votre avis, quelle membrane est la plus efficace contre
   le passage des spermatozoïdes ? Justifiez votre réponse.

   b) Consultez le document remis en classe pour valider
   votre réponse.

4. Le condom est recommandé pour se protéger contre certaines
   maladies transmissibles au cours de rapports sexuels.
   Êtes-vous d'accord avec cette affirmation ?
   Justifiez votre réponse.

5. Croyez-vous que le choix d'un moyen
   contraceptif est la responsabilité
   de l'homme, de la femme ou des deux ?
   Justifiez votre réponse.

> **Matériel**
>
> » une solution de Lugol ⚠
>
> » une solution de glucose
> 10 %
>
> » une solution d'amidon
> 0,5 %
>
> » deux bâtonnets
> indicateurs de glucose
>
> » de l'eau distillée
>
> » un becher de 250 ml
>
> » deux condoms
>
> » deux sacs à dialyse

LES MALADIES TRANSMISES SEXUELLEMENT

L'adoption d'un moyen de contraception est un comportement à la fois responsable et sécuritaire. Ce comportement assure aussi une protection contre les **maladies transmises sexuellement** (MTS).

1. a) Lis l'histoire de David.

> Un soir de fête, David a eu un rapport sexuel non protégé avec une personne qu'il connaît à peine. Aujourd'hui, il le regrette, car il réalise qu'il ne sait absolument rien de l'état de santé de cette personne. Finalement, il décide de ne pas s'en faire et d'oublier cette soirée puisqu'il ne ressent aucun malaise.

b) Compte tenu de ce que tu connais sur les ITS, que penses-tu du comportement de David ?

c) David a-t-il raison de ne pas s'inquiéter ? Explique ton point de vue.

d) Étant donné qu'il ne connaît pas vraiment la personne avec qui il a eu un rapport sexuel, selon toi, que devrait faire David pour s'assurer qu'il n'a pas contracté une ITS ?

e) Nomme trois moyens que David pourrait prendre à l'avenir pour éviter de contracter une ITS.

2. Au Québec, depuis quelques années, les ITS sont en hausse. D'après toi, est-ce à cause d'un manque d'information ?

a) Pour approfondir tes connaissances sur ce sujet, lis les énoncés ci-dessous.

b) Indique si chacun des énoncés est vrai ou faux.

Énoncés sur les ITS

1) Seules les personnes ayant plusieurs partenaires risquent de contracter une ITS.
2) Une personne qui a contracté une ITS s'en aperçoit toujours.
3) Les ITS touchent seulement les personnes adultes actives sexuellement.
4) Les ITS se transmettent souvent par une simple poignée de main.
5) Le VIH se transmet uniquement par le sang.
6) Le VIH peut se transmettre par la salive.
7) Les personnes ayant des problèmes d'hygiène sont plus susceptibles de contracter une ITS.
8) Toutes les ITS se traitent à l'aide d'antibiotiques.

c) Compare tes réponses avec celles données par ton enseignant ou enseignante.

d) Qu'as-tu appris de nouveau sur les ITS ?

e) Y a-t-il des réponses qui te surprennent ? Explique pourquoi.

Les infections transmissibles sexuellement se contractent par rapports sexuels ou par contact avec du sang contaminé ou des seringues contaminées. Ces infections peuvent être causées par des virus, des parasites ou des bactéries.

Pou du pubis (morpion)

3. Pour en savoir davantage sur les ITS, consulte la section Info-science.

Tu sais à quel point le SIDA[1] ou le VIH[2] sont répandus et dévastateurs. La syphilis, la gonorrhée et la chlamydia sont aussi des infections de plus en plus répandues (voir la figure 1).

ITS	1998	2003
Syphilis	3	158
Gonorrhée	495	892
Chlamydia	7228	12 144

Fig. 1

Augmentation des cas déclarés de certaines ITS au Québec.

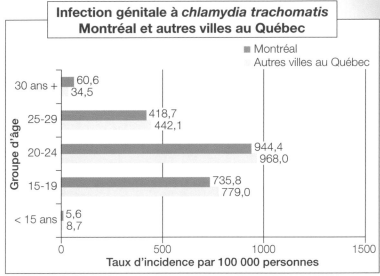

Infection génitale à *chlamydia trachomatis* Montréal et autres villes au Québec

■ Montréal
□ Autres villes au Québec

Groupe d'âge

- 30 ans + : 60,6 / 34,5
- 25-29 : 418,7 / 442,1
- 20-24 : 944,4 / 968,0
- 15-19 : 735,8 / 779,0
- < 15 ans : 5,6 / 8,7

Taux d'incidence par 100 000 personnes

Reproduction autorisée par Les Publications du Québec

4. a) Observe le diagramme ci-contre.

b) En groupe classe, proposez deux raisons qui pourraient expliquer le taux relativement élevé d'infection à chlamydia chez les jeunes de 15 à 19 ans.

Si elles sont détectées suffisamment tôt, plusieurs ITS peuvent être traitées efficacement. Les antibiotiques sont des médicaments qui peuvent soigner les infections causées par les bactéries, mais ils sont inefficaces contre les virus. Les ITS qui ne sont pas soignées peuvent entraîner la stérilité, la douleur chronique, la démence et même la mort. C'est pourquoi toutes les ITS doivent être prises au sérieux.

Virus du SIDA

5. À ton avis, pourquoi les personnes infectées tardent-elles parfois à se faire soigner?

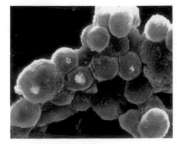

Virus de l'herpès

---

1. SIDA : syndrome immunodéficitaire acquis.
2. VIH : virus de l'immunodéficience humaine.

Entreprise

Tout le long de cette thématique, tu as communiqué tes connaissances sur les mécanismes de reproduction de la vie végétale, animale et humaine. Tu peux maintenant réaliser l'une des tâches ci-dessous.

Les deux réunions d'information prévues par le comité des citoyens et citoyennes du quartier auront bientôt lieu. En équipe, lisez les sujets à l'ordre du jour et choisissez la réunion à laquelle vous aimeriez participer.

RÉUNION 1

SUJET À L'ORDRE DU JOUR

Proposition d'un plan de remise en état du marais détruit.

RÉUNION 2

SUJET À L'ORDRE DU JOUR

L'établissement d'une clinique médicale spécialisée dans la reproduction humaine.

Préparez une affiche informative sur le sujet à l'ordre du jour que vous pourrez présenter au cours de la réunion. Votre affiche devra répondre aux critères suivants :

» le contenu doit être perceptible, pertinent et crédible ;

» la présentation doit être adaptée à la clientèle cible : les citoyens et citoyennes de la classe ;

» la présentation doit être soignée et originale.

Pour vous aider à préparer votre affiche, un dossier de recherche sera remis à votre équipe. Ce dossier vous guidera dans la collecte et la sélection des renseignements pertinents à la réalisation de l'Entreprise.

Démarche

Préparez votre affiche informative en suivant les étapes nécessaires à sa réalisation et inscrivez toutes les décisions que vous prenez dans le dossier de recherche remis en classe.

Avant de commencer, lisez les étapes suivantes. Il est important de respecter leur ordre.

ÉTAPE 1 **Questions administratives**

a) Former une équipe de recherchistes.

b) Assigner des tâches précises à chaque membre de l'équipe et les noter dans le dossier de recherche.

ÉTAPE 2 **Préparation du contenu**

Proposer un plan de restructuration du marais ou expliquer le rôle d'une clinique médicale spécialisée dans la reproduction humaine en répondant aux questions posées dans le dossier de recherche.

ÉTAPE 3 **Préparation de l'affiche**

a) Sélectionner les renseignements à inscrire sur l'affiche.

b) Préparer une affiche en tenant compte de tous les critères.

ÉTAPE 4 **Présentation de l'affiche**

a) Présenter l'affiche devant les citoyens et citoyennes de la classe.

b) S'assurer que la présentation ne dépasse pas cinq minutes.

ÉTAPE 5 **Évaluation**

Remplir les sections Mon profil et Évaluation présentées dans le dossier de recherche.

Les Marais du Nord, une scène de vie

Au cours d'une promenade en canot, tu peux remonter le cours d'eau qui alimente les chutes Kabir Kouba de la réserve huronne Wendake. En glissant silencieusement sur les eaux tranquilles, tu atteindras le lac Saint-Charles et, en suivant ses méandres, tu atteindras la zone des Marais du Nord, un site grouillant de vie animale et végétale.

Les Marais du Nord sont situés près des villes de Lac-Saint-Charles et de Lac-Delage, et de la municipalité des cantons unis de Stoneham-et-Tewkesbury. Le lac Saint-Charles est situé à une vingtaine de kilomètres au nord de la ville de Québec. Les Marais du Nord sont formés par le déversement des deux principaux affluents du lac Saint-Charles et constituent une baie marécageuse peu profonde. La zone des Marais du Nord est désignée réserve écologique et milieu sensible. C'est un milieu protégé où l'on peut pratiquer des activités de conservation et des loisirs de plein air (randonnée, observation, interprétation de la nature).

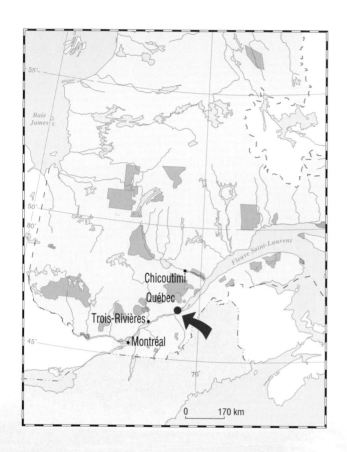

Marais du Nord

La diversité biologique des Marais du Nord permet à des centaines d'espèces de plantes et d'animaux de se reproduire, de se nourrir, de s'abriter et de croître dans un environnement protégé où l'activité humaine est surveillée. La végétation forestière est surtout composée de feuillus (aulne, saule, cornouiller, bouleau jaune, bouleau blanc, érable rouge, peuplier faux-tremble, frêne noir, etc.) et de conifères (sapin baumier, épinettes noire, rouge et blanche). Des centaines d'espèces de plantes constituent la végétation aquatique.

La faune y est représentée par des invertébrés (coccinelle, hanneton, mouche, luciole, longicorne, guêpe, fourmi, libellule, papillon, sauterelle, criquet, etc.), une douzaine d'espèces de poissons, des amphibiens (salamandre, grenouille, tortue, couleuvre, etc.). On y dénombre 142 espèces d'oiseaux (paruline, bruant, mésange, corneille, sittelle, merle, épervier, faucon, hirondelle, geai bleu, pic, etc.). De nombreux mammifères (rat musqué, loutre, vison, castor, belette, cerf de Virginie, coyote, renard, ours noir, raton laveur, lièvre, etc.) partagent les ressources des Marais du Nord.

L'Association pour la protection de l'environnement du lac Saint-Charles et des Marais du Nord propose un plan d'aménagement et de mise en valeur pour la conservation des écosystèmes et de la biodiversité. Ce plan vise à protéger la biodiversité des habitats pour permettre aux êtres humains d'admirer d'autres scènes de vie pendant de nombreuses années.

Chutes Kabir Kouba

Au fil du temps

ÉVÉNEMENTS	ANNÉES	ÉVÉNEMENTS

Vers 300 av. J.-C., le philosophe grec Aristote développe l'idée que chacune des parties (cellules) de l'embryon joue un rôle différent.

- 300

Au début du 2ᵉ siècle, le physicien et gynécologue grec Soranos met au point une méthode de contraception basée sur l'utilisation de tampons de laine permettant de fermer le col de l'utérus. Cette méthode contraceptive s'est avérée inefficace.

101-200

Au 16ᵉ siècle, le médecin italien Gabriele Fallopio découvre les trompes de Fallope, une structure anatomique importante du système reproducteur féminin.

1501-1600

En 1677, le chercheur hollandais Antonie Van Leeuwenhoek observe des spermatozoïdes au microscope pour la première fois.

1677

Au milieu du 18ᵉ siècle, l'anatomiste écossais John Hunter prouve qu'il existe une différence entre la gonorrhée et la syphilis.

1701-1800

En 1828, à partir des travaux de Caspar Friedrich Wolff, l'embryologiste allemand Karl Ernst von Baer décrit les premières phases du développement de l'embryon.

1828

Vers 1860, le biologiste allemand Oscar Hertwig observe qu'au cours de la fécondation deux noyaux se fusionnent dans l'ovule afin d'en former un seul. Il en déduit qu'un noyau provient d'un spermatozoïde et l'autre, de l'ovule.

1860

En 1920, le zoologiste américain Carl Richard Moore découvre que les gonades mâles sécrètent de l'androstérone et de la testostérone (hormones).

1920

En 1924, le médecin japonais Kyusaku Ogino met au point une méthode permettant de calculer la période de fécondité d'une femme en prouvant que l'ovulation a lieu au milieu du cycle menstruel d'une durée moyenne de 28 jours.

1924

En 1955, le généticien indonésien Joe Hin Tjio découvre que chaque cellule humaine est composée d'exactement 23 paires de chromosomes.

1955

Au début des années 60, la première pilule contraceptive est commercialisée.

1960

En 1969, les biologistes américains Robert G. Edwards, Barry Bavister et Patrick Steptoe réalisent la première fécondation in vitro chez les humains.

1969

Le 25 juillet 1978, le premier bébé-éprouvette naît en Grande-Bretagne : une petite fille nommée Louise Joy Brown.

1978

En juillet 1996, une équipe de chercheurs écossais réussit le premier clonage à partir d'un mammifère donnant ainsi naissance à la célèbre brebis Dolly.

1996

En mars 2005, l'assemblée générale des Nations Unies se prononce sur les questions éthiques liées au clonage humain.

2005

La vie en observation

À la fin de ses études secondaires, Maria Kontogonis a découvert la profession pour laquelle elle se passionne aujourd'hui : technologue en radiologie médicale spécialisée en échographie obstétricale tridimensionnelle[1] (3D). Après trois années d'études au cégep, les hôpitaux et les cliniques offrent aux nouvelles recrues la possibilité de se spécialiser. Maria a d'abord voulu se spécialiser en scanographie[2], mais elle a finalement choisi l'échographie obstétricale parce que les offres d'emploi dans ce secteur étaient nombreuses.

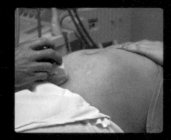

Depuis sept ans, chaque matin, Maria se rend au travail avec enthousiasme. Les regards attendris des futurs parents qu'elle côtoie tous les jours continuent à l'émouvoir. Grâce à la technologie, elle observe le développement d'un petit être dans le ventre d'une future maman. Cela constitue pour elle un moment privilégié.

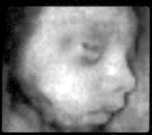

Lorsqu'on lui demande quelles sont les qualités requises pour exceller dans cette profession, Maria répond avec conviction qu'il faut avant tout se perfectionner régulièrement, car la technologie évolue rapidement. Il faut aussi faire preuve d'empathie et d'entregent, et approfondir les examens si l'échographie sème le doute. S'il y a un problème chez le fœtus, il est primordial de l'identifier. Enfin, comme le travail se fait par ordinateur, il faut être capable de l'utiliser aisément. Maria raconte que sa passion pour les jeux vidéo l'a beaucoup aidée à devenir experte de la création d'images assistées par ordinateur en ne regardant pas ses mains et en fixant attentivement un écran. La création d'une image tridimensionnelle à partir d'une image sans relief est en fait son plus grand défi. Il faut des heures de pratique et beaucoup de patience, mais Maria considère qu'elle exerce la plus belle profession qui soit. Toute petite, elle voulait devenir pédiatre, mais elle ne regrette pas son choix.

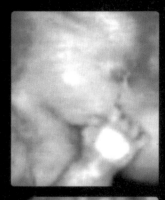

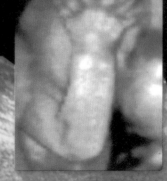

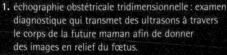

---

1. échographie obstétricale tridimensionnelle : examen diagnostique qui transmet des ultrasons à travers le corps de la future maman afin de donner des images en relief du fœtus.

2. scanographie : ensemble des connaissances et des procédés techniques qui permettent d'utiliser un scanner, un appareil de balayage électronique.

Une communication efficace !

Tu dois présenter un exposé oral devant tes camarades de classe dans une semaine. Rien que d'y penser, la tête te tourne et tu as des papillons dans le ventre. Pourtant, tu as travaillé très fort et tu éprouves de la fierté ! Quels moyens et quelles stratégies pourrais-tu utiliser pour transformer cette expérience redoutée en moment agréable ?

a) Propose deux ou trois idées.

As-tu remarqué que ta nervosité est plus grande lorsque tu dois parler d'un sujet que tu ne connais pas beaucoup ? Pour te familiariser avec ton sujet, tu pourrais, par exemple, lire ton texte à voix haute dans ta chambre à quelques reprises. Tu constateras vite un changement dans ton attitude.

b) Choisis n'importe quel texte de la section Info-science.

c) Lis-le à voix haute à plusieurs reprises. Articule bien. Parle lentement. Fais de courtes pauses entre deux idées ou deux paragraphes et souris !

Les premières secondes d'un exposé oral sont déterminantes pour attirer l'attention de ton auditoire. Comment capter l'attention de façon créative ? Il suffit parfois d'une courte anecdote sur le sujet, d'une devinette appropriée, d'une analogie intrigante, etc. Le simple fait de personnaliser ton exposé peut détendre l'atmosphère et captiver ton auditoire.

d) Choisis une scène de vie du thème 2 mettant en vedette l'un des enfants de Laurence et Victor.

e) Compose une autre mise en scène originale en changeant les circonstances et les personnages.

Si le sujet s'y prête, tu peux émettre ton opinion et exprimer tes idées. Il est important que tu le fasses de façon claire et brève pour éviter la confusion. Exprime-toi avec conviction, de façon respectueuse et sans préjugés. Bonne communication !

Des concepts branchés

À toi de jouer !

Cette activité a pour objectif de t'aider à mettre de l'ordre dans tes idées et à retenir les plus importantes. Tu dois trouver une façon d'organiser tes connaissances qui soit particulièrement significative pour toi et facile à utiliser.

a) Lis la liste de mots ci-dessous. Tu as lu ces mots au fil de la thématique et tu as découvert leur signification.

- Marais
- Cellules reproductrices
- Reproduction sexuée
- Reproduction asexuée
- Hermaphrodisme
- Organes reproducteurs
- Spores
- Mycélium
- Sporange
- Végétaux
- Animaux
- Champignons
- Êtres humains

- Gonades
- Testicules
- Ovaires
- Spermatozoïdes
- Ovules
- Gamètes
- Fécondation
- Sporulation
- Pollinisation
- Multiplication végétative
- Oviparité
- Viviparité

- Ovoviviparité
- Régénération
- Ovulation
- Puberté
- Menstruation
- Zygote
- Contraception
- Éjaculation
- ITS
- Condoms
- Syphilis

b) Pense à une façon d'organiser ces mots. Fais preuve de créativité et d'originalité. Au besoin, consulte La boîte à outils.

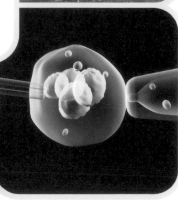

Un mâle, c'est différent !

Dans la nature, le gamète mâle présente des différences importantes
par rapport au gamète femelle :

» il est généralement plus petit que l'ovule ;

» il est mobile ;

» il est produit en très grand nombre.

a) En t'inspirant de tes connaissances sur la reproduction, présente
des arguments logiques qui permettraient d'expliquer deux des trois
différences mentionnées.

b) Communique à un ou une camarade de classe chacun de tes arguments
sous la forme de ton choix : dessin, schéma, etc.

Des statistiques qui font jaser

Une enquête menée par Santé Québec auprès des jeunes de ton âge
a permis de connaître leurs habitudes de vie en matière de sexualité
et de consommation d'alcool. Voici quelques résultats obtenus :

» Les jeunes personnes actives sexuellement
consomment deux fois plus d'alcool que celles
qui n'ont pas vécu d'expériences sexuelles.

» 9 % des jeunes qui boivent entre 0 et 13
consommations par semaine ont contracté
une ITS.

» 20 % des jeunes qui boivent 14 consommations
ou plus par semaine ont contracté une ITS.

a) À partir de ces résultats, établis deux liens
entre les habitudes en matière de vie sexuelle
et la consommation d'alcool.

b) Dresse le portrait d'une jeune personne
qui a des comportements à risque et explique
comment elle pourrait contracter une ITS.

c) Propose une question qui pourrait susciter
un échange intéressant sur les liens entre
la consommation d'alcool et les habitudes
sexuelles.

Le clonage thérapeutique

Dans le futur, une personne atteinte d'une maladie incurable pourrait être guérie grâce à une technique de reproduction de ses propres cellules, appelée clonage thérapeutique.

a) En équipe, associez les étapes ❶ à ❹ aux encadrés Ⓐ, Ⓑ, Ⓒ et Ⓓ.

CELLULES SOUCHES

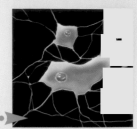

TECHNIQUE DE CLONAGE THÉRAPEUTIQUE

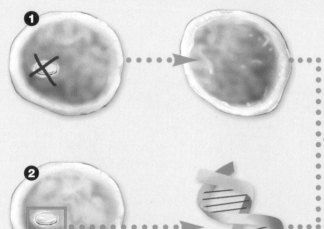

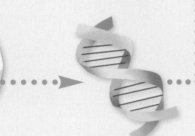

❹ **Cellules nerveuses (neurones)**

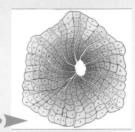

❹ **Cellules du foie (cellules hépatiques)**

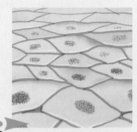

❹ **Cellules de la peau (cellules épithéliales)**

❹ **Cellules du cœur (cellules musculaires cardiaques)**

Ⓐ
On insère l'information génétique (ADN) des cellules de la personne malade dans l'ovule vide. L'œuf formé se développera pour produire des cellules souches.

Ⓑ
L'œuf s'est développé jusqu'à la formation de cellules souches. Les cellules souches sont extraites de l'œuf et sont utilisées pour produire les cellules recherchées : neurones, cellules hépatiques, etc.

Ⓒ
On prélève le noyau de l'ovule d'une femme donneuse dans le but de transformer l'ovule vide en un œuf producteur de cellules souches.

Ⓓ
On extrait l'information génétique contenue dans une cellule saine de la personne malade.

b) En équipe de deux, tentez d'expliquer entre vous la technique de clonage thérapeutique. Utilisez le vocabulaire approprié.

c) À votre avis, ce type de reproduction de cellules est-il sexué ou asexué ?

d) Quelle est la principale différence entre la technique de clonage thérapeutique et la reproduction humaine normale en vue de la conception d'un bébé ? Expliquez votre réponse.

RÉSUMÉ

LES TYPES DE REPRODUCTIONS

1. Il existe deux types de reproductions : la reproduction asexuée et la reproduction sexuée.

2. La reproduction asexuée se produit lorsque la multiplication des êtres vivants se fait sans l'intervention de cellules reproductrices mâles et femelles.

3. La rencontre d'une cellule reproductrice mâle et d'une cellule reproductrice femelle définit la reproduction sexuée.

LA REPRODUCTION CHEZ LES VÉGÉTAUX ET CHEZ LES ANIMAUX

4. La fleur est l'organe reproducteur des plantes à fleurs.

5. La partie mâle de la fleur est l'étamine, qui contient le pollen ; la partie femelle est constituée du pistil, qui contient l'ovaire.

6. Les organes reproducteurs mâles et femelles des animaux sont des glandes sexuelles appelées gonades.

7. La gonade mâle est appelée testicule alors que la gonade femelle se nomme ovaire.

LES GAMÈTES ET LA FÉCONDATION

8. Les gamètes sont les cellules sexuelles qui contiennent le bagage génétique.

9. Chez les végétaux, le gamète mâle est le pollen ou la spore alors que l'ovule est le gamète femelle.

10. Chez les animaux, le gamète mâle est le spermatozoïde et le gamète femelle, l'ovule.

11. La fécondation est la rencontre d'un gamète mâle et d'un gamète femelle.

12. Chez les animaux, la fécondation peut être interne ou externe selon qu'elle se déroule à l'intérieur ou à l'extérieur de la femelle.

LA REPRODUCTION HUMAINE ET LA CONTRACEPTION

13. Chez l'être humain, on appelle zygote le produit ou le résultat de l'union de l'ovule et du spermatozoïde.

14. Chez la femme, la durée du cycle menstruel est d'environ 28 jours.

15. L'ovulation est la libération d'un ovule produit par l'ovaire.

16. La menstruation est un écoulement sanguin qui se produit généralement 14 jours après l'ovulation si l'ovule n'est pas fécondé.

17. La grossesse est confirmée par la présence dans le sang et dans l'urine de messages chimiques transmis par les hormones.

18. La contraception englobe les moyens utilisés pour empêcher la formation du zygote ou sa fixation dans l'utérus.

LES ITS

19. Les infections transmissibles sexuellement se contractent au cours d'un rapport sexuel ou par contact avec du sang contaminé ou des seringues contaminées.

20. Les ITS sont causées par des virus, des parasites ou des bactéries.

Les types de reproductions

1. Identifie le type de reproduction associé à chacune des situations suivantes.

a) La reproduction se déclenche au cours de la libération de petits groupes de cellules ou de spores qui formeront un nouvel individu complet.

b) Le pollen se dépose sur le pistil de la fleur, qui produira une graine par l'union du pollen et de l'ovule.

c) Une pomme de terre coupée en morceaux est enfouie dans le sol et produira un plant de pommes de terre.

d) Ce type de reproduction donne des individus dont les caractères viennent à la fois de la mère et du père.

e) Les tiges d'un fraisier s'enfouissent dans le sol pour produire un nouveau plant.

La reproduction chez les végétaux

2. a) Nomme les parties de la fleur numérotées sur l'illustration ci-contre.

b) Quel numéro correspond à la structure qui contient le gamète mâle de la fleur ?

c) Quel est le nom du gamète mâle de la fleur ?

d) Quel numéro correspond à la gonade femelle de la fleur ?

e) Quel est le nom du gamète femelle de la fleur ?

Les gamètes et la fécondation chez l'être humain

3. Associe les organes de la colonne de gauche aux rôles décrits dans la colonne de droite.

Organe	Rôle
a) Trompe de Fallope	❶ Cellule sexuelle qui contient le bagage génétique.
b) Ovaire	❷ Gonade femelle
c) Utérus	❸ Capteur et lieu de transition de l'ovule
d) Testicule	❹ Gonade mâle
e) Gamète	❺ Lieu du développement de l'embryon

4. a) Identifie les structures numérotées de l'appareil reproducteur de l'homme.

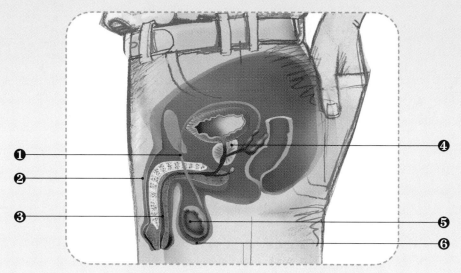

b) Identifie les structures numérotées de l'appareil reproducteur de la femme.

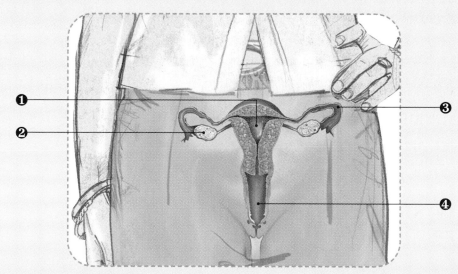

La reproduction humaine et la contraception

5. Complète le texte suivant, qui porte sur le cycle menstruel.

La cellule reproductrice femelle appelée ❶ est expulsée de l'❷ au cours de l'❸. Elle chemine dans un tube, la ❹. Un gamète femelle peut être fécondé par un gamète mâle appelé ❺. L'union du gamète mâle et du gamète femelle donne le ❻ qui possède 23 paires de ❼. L'écoulement sanguin, qui se produit lorsque l'❽ n'est pas fécondé, se nomme ❾. C'est la partie du cycle la plus évidente.

6. Le tableau ci-dessous présente quelques moyens contraceptifs. Reproduis le tableau en remplaçant les numéros par l'information appropriée.

Moyen	Nom	Effet
Contraceptifs hormonaux	❶	
	❷	❺
	❸	
	❹	
Moyens mécaniques	Stérilet	
	❻	❽
	❼	
Stérilisation	❾	Empêche la rencontre du gamète mâle et du gamète femelle.
	❿	

7. Choisis le ou les énoncés qui permettent de confirmer une grossesse de façon sûre.

   a) Le ventre s'arrondit.

   b) Il y a un arrêt des menstruations.

   c) Le zygote produit une hormone qui apparaît dans l'urine.

   d) Une hormone sécrétée dès la huitième ou la neuvième journée après la fécondation est détectée dans le sang.

   e) La femme se sent plus fatiguée et plus nerveuse.

8. La grossesse comprend trois principaux stades de développement.

   a) Nomme chacun de ces stades.

   b) Décris en quelques mots chacun des stades ou l'aspect physique de l'enfant à naître.

Les ITS

9. Donne la signification des sigles suivants.

   a) ITS   b) SIDA   c) VIH

10. Associe les symptômes de la colonne de gauche à une ITS de la colonne de droite.

Symptôme	ITS
a) Gonflement marqué des ganglions, toux persistante, diarrhée persistante, fatigue, déficience du système immunitaire, mort.	❶ Syphilis
b) Chez 20 % des femmes atteintes : pertes vaginales verdâtres, irritation de la vulve, articulations gonflées. Chez l'homme : démangeaison et écoulement au pénis, douleur lors de la miction (action d'uriner).	❷ SIDA
c) Chancre (gros bouton rouge très contagieux) au pénis ou au scrotum chez l'homme, au vagin ou au col de l'utérus chez la femme. Cécité, atteinte au cœur et au cerveau, paralysie, démence, mort.	❸ Gonorrhée

Le mouvement est facile à affoler.
L'équilibre est facile à détruire.

Jean-Marie Gustave Le Clézio

La Terre bouge. Elle bouge de différentes façons, avec une intensité parfois déconcertante. Même si le 21e siècle est encore tout jeune, il compte déjà à son actif de nombreuses catastrophes naturelles comme des inondations, des glissements de terrain, des tremblements de terre, des ouragans, des éruptions volcaniques et des tsunamis, qui entraînent parfois de lourdes pertes humaines, matérielles et écologiques.

La manifestation des forces de la nature déclenche chez les êtres humains un mouvement de solidarité et d'entraide. Une mobilisation sans précédent s'observe alors partout sur Terre.

Une Terre en mouvement

On cherche à comprendre les mouvements qui agitent notre planète, on développe une technologie préventive, on s'active à construire et rebâtir. Face aux mouvements de la planète, la coopération est de mise à l'échelle planétaire !

Entreprise

Des vents d'une force incroyable ont dévasté une petite localité et laissé de nombreuses personnes sans logement. Plusieurs édifices publics ont été durement touchés. Les responsables de la localité veulent reconstruire rapidement certains édifices liés à la santé, l'habitation, l'énergie et la communication. Ils demandent à deux firmes d'architectes de leur soumettre les plans et les maquettes des édifices à reconstruire. Coopère avec les membres de ta firme afin de concevoir une structure adaptée à l'environnement et assez solide pour résister aux grands vents. Quelle firme d'architectes obtiendra le contrat de reconstruction ?

En connexion avec...

... la vie

Contenu

... tes rêves

Orientation

Vivre-ensemble et citoyenneté

Compétence transversale

» Coopérer

Compétence disciplinaire

» Mettre à profit ses connaissances
  scientifiques et technologiques

... l'expérience

En science

... la culture

Repères culturels

En technologie

→Contact!

Il ne se passe plus une seule année sans que la télévision transmette des images de catastrophes naturelles aux conséquences souvent tragiques.

Une planète en mouvement

a) En groupe classe, dressez une liste des catastrophes naturelles dont vous vous souvenez et qui sont survenues au cours des dernières années.

b) Divisez la classe en équipes et choisissez une catastrophe à analyser.

c) Ensemble, répondez aux questions suivantes.

   1) Consultez une carte géographique pour vous aider à situer l'endroit où la catastrophe s'est produite.

   2) Indiquez si cette catastrophe est liée à la lithosphère, l'hydrosphère ou l'atmosphère.

   3) À partir de vos connaissances, proposez une brève explication scientifique à cette catastrophe.

   4) Dressez un bilan sommaire des conséquences matérielles de la catastrophe et des conséquences sur la vie humaine.

d) Certains endroits du monde sont-ils plus affectés que d'autres par les catastrophes naturelles? Expliquez pourquoi.

e) Mettez en commun tous les renseignements recueillis par les équipes.

Inondation au Saguenay en 1996

Une population en mouvement

1. On demande parfois aux populations de se préparer à une éventuelle catastrophe naturelle. L'élaboration d'une trousse de secours fait partie de ces préparatifs. Imaginez qu'une tempête de verglas vous prive d'électricité pendant une semaine.

   a) En équipe, dressez la liste des articles qu'une famille de quatre personnes devra avoir sous la main pour subsister pendant une semaine sans électricité au mois de janvier.

   b) Parmi les articles suggérés pour le contenu d'une trousse de secours, on trouve parfois des objets plutôt inusités comme un sifflet, une radio portative ou des jeux de société. À quoi ces objets peuvent-ils servir ?

2. Quand survient une catastrophe naturelle très dévastatrice, on assiste souvent à une mobilisation planétaire. Il arrive même que des pays ennemis laissent de côté leurs rivalités pour participer à l'effort mondial et venir en aide aux personnes sinistrées.

   a) En équipe, dressez la liste de ce que les pays envoient généralement pour secourir les personnes sinistrées.

   b) Parfois, on envoie des gens pour aider les victimes. Décrivez les différentes formes d'aide apportée par ces personnes.

   c) Nommez des organisations qui prennent en charge des opérations de secours.

3. Il est reconnu que les catastrophes naturelles font plus de victimes dans les pays plus pauvres.

   a) Donnez trois raisons qui expliquent pourquoi il en est ainsi.

   b) Quel est le rôle de la science et de la technologie dans la prévention des dégâts que peuvent causer les catastrophes naturelles ?

→ # Les mouvements sur la Terre

AMORCE Un petit archipel polynésien situé dans l'océan Pacifique est actuellement sur le point de disparaître : l'archipel de Tuvalu. On l'appelle déjà la future Atlantide en référence à la cité mythique engloutie sous les mers il y a très longtemps. Le premier ministre de la région lance un cri d'alarme à la Communauté internationale au nom des 12 000 personnes qui habitent Tuvalu.

Récif de corail

FIG. 1

Récif de corail qui protège l'une des îles de Tuvalu

a) Pour comprendre la situation vécue par la population de l'archipel, lis le texte suivant.

Tuvalu, situé près de l'Australie et de la Nouvelle-Zélande, est composé de neuf îles. Un récif de corail protège la population et les îles des vagues qui viennent s'y briser (voir la figure 1). Depuis quelques années, on remarque l'effritement de ces barrières de corail qui ne défendent plus efficacement le rivage contre les vagues.

Fongafale est l'île la plus importante de cet archipel. L'endroit le plus large de l'île abrite la piste d'atterrissage de l'aéroport et fait environ 400 m. L'endroit le plus haut de l'île est à 4 m à peine au-dessus du niveau de la mer (voir la figure 2). Depuis quelque temps, on constate que la partie habitable de l'île rétrécit de plus en plus au point que certaines entreprises ont dû cesser leurs activités.

FIG. 2

Île de Fongafale (12 km de long). Environ 6000 personnes y habitent.

L'effritement[1] et le blanchiment[2] des coraux sont des signes annonciateurs du réchauffement de l'eau de mer (voir la figure 3). À cela s'ajoute le fait que la population de l'île utilise des coraux à divers usages domestiques comme des matériaux de construction ou de la chaux.

La population s'inquiète, car depuis quelques décennies, les tempêtes de vent se font plus nombreuses et dévastatrices. Les arbres fragiles près du rivage se déracinent et meurent. De plus, les gens de Fongafale coupent les arbres sur l'île pour construire leurs habitations et se procurer du bois pour la cuisson de leurs aliments.

Certaines plantes comme les bananiers ont du mal à survivre près du rivage. Leurs feuilles brunissent et brûlent; les racines pourrissent et le sol dans lequel elles poussent est détrempé (voir la figure 4).

La population et le premier ministre de Tuvalu lancent un cri d'alarme à la Communauté internationale pour la sauvegarde de leur archipel. On ne comprend pas la réticence des pays qui refusent de signer le protocole de Kyoto.

En équipe, mettez vos connaissances en commun pour cerner la problématique de l'archipel de Tuvalu.

b) D'après vous, quelle menace pèse sur Tuvalu ?

c) Qui sont les principaux responsables de cette menace ?

d) Pourquoi le premier ministre de Tuvalu évoque-t-il le protocole de Kyoto ?

e) Proposez des solutions au problème de Tuvalu.

---

1. effritement : action de réduire en miettes.
2. blanchiment des coraux : processus de décoloration engendré par des changements de température et une surdose de rayons ultraviolets.

FIG. 3   **Avant**   **Après**

Blanchiment du corail

FIG. 4

Pourrissement des plantes

L'ÉROSION

Le sol de Tuvalu s'use graduellement sous l'effet de l'eau. L'usure du relief terrestre par l'action de l'eau, de la glace, du vent et de la gravité se nomme l'**érosion**. En fait, tous les éléments qui constituent le sol sont soumis à des forces de la nature, qui les dégradent, les façonnent ou les transportent sur de grandes distances.

Au Québec, les rives de l'archipel de Mingan sur la côte Nord sont un exemple d'érosion des roches par l'eau de mer au cours des marées (voir la figure 1).

FIG. 1

Roches transformées par l'érosion sur l'archipel de Mingan

FIG. 2

Digue en pierre à Tuvalu

Comme l'archipel de Mingan, les rives de l'archipel de Tuvalu s'érodent.

1. Pour en savoir plus sur l'érosion, consulte le tableau dans la section Info-science.

2. **a)** Détermine quels sont les facteurs d'érosion qui affectent l'archipel de Tuvalu.

   b) À ton avis, quel lien y a-t-il entre la végétation qui couvre le sol et la capacité d'un sol à résister à l'érosion?

La population de Tuvalu a construit des digues[1] en pierre pour freiner l'érosion du sol. Malheureusement, cette solution a échoué.

3. **a)** Observe la figure 2 et propose une explication à cet échec, car les digues se sont effondrées.

   b) Propose un autre moyen que les personnes de Tuvalu pourraient essayer pour réduire l'érosion du sol.

___
1. digue : construction destinée à contenir les eaux.

Un sol qui change

En réfléchissant à la problématique de l'archipel de Tuvalu, tu as pu constater que certains éléments de la nature affectent irréversiblement l'aspect du sol d'un endroit.

Problèmes à résoudre

» Comment peux-tu simuler l'impact de l'eau sur un sol ?

» Comment peux-tu protéger le sol contre les effets de l'eau ?

Matériel

» deux verres en styromousse

» un cure-dent

» un contenant dont le fond est percé de plusieurs trous

» un récipient pour recueillir l'eau

» un papier mouchoir (simulant un couvert végétal)

» une spatule (pour former le relief d'une montagne)

» de l'eau

» du sable

» du gravier

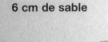

Verre en styromousse percé

Contenant percé contenant le sable et le gravier

6 cm de sable

3 cm de gravier

Récipient pour recueillir l'eau

Déroulement

1. S'inspirer du montage illustré dans cette page et du matériel disponible afin d'élaborer un protocole simulant les quatre situations suivantes :

   » une faible pluie sur une plaine sablonneuse ;

   » une forte pluie sur une plaine sablonneuse ;

   » une pluie sur une montagne sans végétation ;

   » une pluie sur une montagne couverte de végétation.

2. Dresser un tableau pour noter l'ensemble des observations relatives aux effets de l'eau sur le sol.

3. Appliquer le protocole.

4. Noter les observations.

Analyse

Réponds aux questions sur la fiche remise en classe.

LES TYPES DE SOLS

As-tu remarqué qu'au moment où certaines catastrophes naturelles se produisent, par exemple un tremblement de terre ou une inondation, certains bâtiments s'écroulent alors que d'autres tiennent bon ?

Plusieurs pays ont des normes précises en ce qui concerne la construction des bâtiments. Les immeubles doivent notamment :

» être faits de matériaux spécifiques (béton, métal, bois, etc.), selon des normes qui leur permettent de résister à des secousses sismiques d'une certaine **magnitude**[1] ;

» être érigés sur des sols appropriés.

1. Dans certains pays, lorsqu'une catastrophe naturelle se produit, les pertes de vies et les pertes matérielles sont parfois considérables. Penses-tu que tous les pays respectent les normes de construction ? Réfléchis aux catastrophes des dernières années et donne des exemples.

Le sol est la partie de la lithosphère qui se trouve directement sous tes pieds jusqu'à la croûte terrestre. Les sols sont-ils tous propres à la construction ? Non ! Même s'il existe aujourd'hui plusieurs moyens d'identifier les sols dangereux, on déplore que certaines habitations soient encore construites sur de tels sols. Savais-tu que de simples tests sur les **types de sols**, effectués par des spécialistes, peuvent éviter bien des dégâts en cas de glissements de terrain ?

2. En équipe, faites les tests suivants. Utilisez la fiche remise en classe.

Test nº 1 : Observation visuelle et tactile

a) Consultez le tableau sur les types de sols et leurs propriétés dans la section Info-science.

b) Procédez à l'observation visuelle et tactile des sols à votre disposition.

c) Dressez un tableau des résultats.

Matériel

» du sable
» du gravier
» un échantillon de sol
» un flacon laveur
» de l'eau

---

1. magnitude : mesure de la quantité d'énergie libérée.

d) Évaluez trois propriétés du sol en suivant la méthode ci-dessous. Notez les résultats dans le tableau prévu à cette fin.

ÉVALUATION DES PROPRIÉTÉS DU SOL

Propriété du sol	Méthode d'évaluation
Structure	Déposez successivement dans la main une pincée de chaque sol afin d'évaluer sommairement la distance entre les grains.
Texture	• Roulez les grains de chaque sol entre les doigts. Notez la sensation. • Répétez l'étape précédente en mouillant les grains avec un peu d'eau. Utilisez le flacon laveur.
Couleur	• Notez la couleur du sol. • Précisez s'il s'agit d'un sol pâle ou foncé.

Test n° 2 : La pente naturelle des sols

a) Sur la fiche remise en classe, tracez deux cercles ayant des rayons respectifs de 3 cm et de 5 cm.

b) Versez du sable sec au centre du cercle de 3 cm pour former un monticule conique dont la base couvre toute la surface du cercle. Faites la même chose pour le cercle de 5 cm.

c) Élaborez un protocole pour mesurer l'inclinaison de la pente naturelle de chacun des deux monticules.

d) Appliquez le protocole.

e) Répétez les étapes **a)** à **d)** en utilisant le gravier sec, non arrondi.

f) À votre avis, qu'est-ce qui explique la différence entre la pente du sable et celle du gravier ?

g) Qu'arriverait-il à un bâtiment construit près d'une montagne ou d'un ravin dont l'inclinaison de la pente est trop prononcée ?

> **Matériel**
> » une règle
> » un rapporteur d'angle
> » du sable sec
> » du gravier sec non arrondi

En résumé, un sol propice à la construction doit :

» posséder des propriétés physiques et chimiques adaptées à la construction d'infrastructures stables ;

» avoir une faible inclinaison pour éviter les glissements de terrain.

Le vent

En réfléchissant à la situation de Tuvalu, tu as remarqué que l'archipel n'est pas seulement menacé par un sol fragile qui s'érode sous l'effet de l'eau. Le **vent** est parfois si violent qu'il cause des dégâts matériels très importants.

1. **a)** Nomme les sortes de tempêtes de vent que tu connais.

   b) Quels sont les dégâts généralement causés par les tempêtes de vent ?

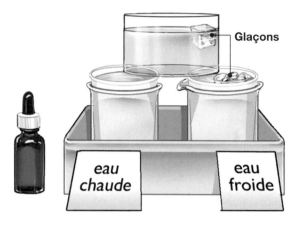

Glaçons

eau chaude

eau froide

2. En équipe, faites l'activité suivante pour comprendre la formation du vent.

   a) À l'aide du matériel disponible, préparez un montage comme celui illustré dans cette page.

   b) Identifiez les deux verres en écrivant sur des cartons : eau chaude, eau froide.

   c) Remplissez le verre devant contenir l'eau chaude. Faites de même avec le verre devant contenir l'eau froide et ajoutez-y les glaçons.

   d) Placez le plat transparent sur les verres et remplissez-le aux deux tiers d'eau tiède.

   e) Placez un glaçon dans le plat transparent juste au-dessus du verre d'eau froide.

   f) Ajoutez une goutte de colorant alimentaire sur ce glaçon.

   g) Observez le mouvement du colorant dans l'eau du plat transparent.

   h) Représentez le phénomène observé par un schéma et proposez une explication.

   i) D'après vous, en quoi cette activité peut-elle illustrer la formation du vent sur la Terre ?

Matériel

- » une assiette ou un plat transparent
- » deux bechers de 250 ml
- » deux verres en styromousse
- » du colorant alimentaire
- » de l'eau tiède (environ 40 °C)
- » de l'eau chaude
- » de l'eau froide et des glaçons

Au cours de l'expérience que tu as faite, tu as pu observer que le colorant alimentaire descend dans l'eau froide et monte dans l'eau chaude. Ce mouvement porte le nom de **cellule de convection**.

Une immense cellule de convection se produit constamment au-dessus de la surface de la Terre. Observe l'illustration suivante.

CELLULE DE CONVECTION

❷ **Alors que l'air chaud monte, l'air se refroidit et s'alourdit. Il finit par retomber au niveau du sol.**

❶ **Au départ, les surfaces terrestres plus chaudes réchauffent l'air qui s'élève en altitude en laissant un vide partiel d'air au niveau du sol.**

❸ **L'air se déplace horizontalement à la surface de la Terre pour aller combler le vide partiel créé par l'ascension de l'air chaud. C'est le vent.**

La formation du vent est attribuable au réchauffement inégal des surfaces de la Terre par le Soleil, ce qui produit une cellule de convection. Le déplacement horizontal de l'air de surface de la cellule de convection s'appelle le vent.

3. Afin de vérifier ta compréhension de la cellule de convection, réponds aux questions suivantes.

   a) L'air chaud s'élève-t-il ou retombe-t-il à la surface de la Terre ?

   b) L'air froid s'élève-t-il ou retombe-t-il à la surface de la Terre ?

   c) Comment l'air se déplace-t-il à la surface de la Terre ?

D'UNE CATASTROPHE À L'AUTRE

Les tempêtes de vent

1. Quand tu écoutes les nouvelles à la télévision ou que tu lis les journaux, remarques-tu que l'on parle parfois d'un typhon au Japon et d'un ouragan aux États-Unis? Pourquoi utilise-t-on ces deux mots différents pour désigner une tempête de vent?

   a) Émets une hypothèse.

   b) Consulte la section Info-science pour vérifier si elle est exacte.

   c) Les mots *ouragan* et *typhon* désignent-ils la même chose? Explique ta réponse.

2. a) À ton avis, quel est le nom des fortes tempêtes de vent qui se produisent dans la région de l'archipel de Tuvalu? Pour t'aider, consulte la section Info-science.

   b) Donne deux exemples pour montrer en quoi ce genre de tempête est une menace pour l'archipel de Tuvalu.

Il existe des outils pour classifier les vents selon leur intensité : l'**échelle de Beaufort** et l'**échelle de Saffir–Simpson**. L'ampleur des dégâts causés sert à classifier les vents. Pour en savoir davantage sur ces échelles, consulte la section Info-science.

3. Lis les deux situations ci-dessous et dans chaque cas :

   a) détermine s'il s'agit d'un ouragan ou d'un typhon;

   b) indique la force de la tempête en question à l'aide de l'échelle appropriée;

   c) précise les indices que tu as utilisés pour répondre.

Ⓐ Octobre 2004

Une tempête nommée Maon frappe la ville de Tokyo. Des vents de 140 km/h et de fortes précipitations entraînent d'importantes coulées de boue et font une dizaine de victimes.

Ⓑ Août 2005

La tempête nommée Katrina frappe la Louisiane aux États-Unis. Le vent atteint l'incroyable vitesse de 280 km/h. Des digues cèdent sous l'effet du vent. Une grande partie du territoire est inondée. Les pertes matérielles sont colossales. On dénombre plus de 1000 victimes.

L'infiltration d'eau dans le sol

Le problème du réchauffement climatique de la planète est tel qu'il fait monter le niveau des océans.

1. a) À ton avis, le sol de l'archipel de Tuvalu est-il en train de changer à cause de l'infiltration de l'eau de mer ? Si oui, donne des exemples des conséquences de ce changement.

   b) Le premier ministre de Tuvalu a lancé un appel à l'aide à tous les pays du monde. Pourquoi des pays aussi éloignés que le Canada ou les États-Unis devraient-ils se sentir concernés par cet appel à l'aide ?

2. En équipe, faites l'activité suivante pour comprendre la structure du sol et sa capacité à garder une certaine cohésion[1] en présence de l'eau lorsqu'il est soumis à une charge.

   a) Placez un contenant cylindrique vide debout sur l'assiette en aluminium.

   b) Remplissez le contenant avec 250 ml de sable fin et laissez un espace dans le haut. Assurez-vous de ne pas mettre de sable dans l'assiette. Il est important de niveler le sable sans le compacter.

   c) Posez une masse de 100 g sur le sable.

   d) Formulez une hypothèse quant à ce qui arrivera à la masse de 100 g si l'on ajoute de l'eau au fond de l'assiette. Utilisez la fiche remise en classe.

   e) Vérifiez votre hypothèse en versant délicatement, à l'aide du cylindre gradué, 125 ml d'eau dans le fond de l'assiette en aluminum.

   f) Répétez l'expérience avec la masse de 200 g.

En résumé, la quantité d'eau présente dans le sol est un facteur essentiel à prendre en considération, car elle affecte la cohésion du sol et la stabilité des infrastructures[2].

---

1. cohésion : ensemble des forces qui maintiennent associés les éléments d'un même corps.
2. infrastructure : construction permettant de répondre aux besoins d'une communauté (édifice, route, pont, tunnel, échangeur, port, etc.).

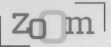

Des démarches politiques et économiques sont entreprises afin que toutes les personnes habitant l'archipel de Tuvalu puissent s'installer définitivement en Australie et en Nouvelle-Zélande d'ici quelques décennies.

Matériel

» 500 ml de sable fin dans un becher
» deux assiettes en aluminium
» deux contenants cylindriques, sans fond, en plastique transparent
» deux masses marquées 100 g et 200 g
» 250 ml d'eau
» un cylindre gradué de 250 ml

LA STABILITÉ ET LA SOLIDITÉ D'UNE STRUCTURE

Lorsqu'une catastrophe naturelle se produit, il arrive souvent que des constructions s'effondrent, plient, s'inclinent ou se renversent sous l'effet de la gravité et des diverses forces en action. Il est donc essentiel que les spécialistes en génie civil et les architectes s'assurent de la stabilité et de la solidité d'une construction.

» **Stabilité d'une structure :** capacité de revenir à sa position d'origine après avoir été ébranlée par des forces.

» **Solidité d'une structure :** capacité de résister à un affaissement ou à un effondrement, les matériaux ou les liaisons tiennent bon sous l'action des forces subies.

Découvre les formes et les principes qui permettent à une structure d'être stable et solide en relevant le défi suivant.

Problème à résoudre

Comment peux-tu ériger la structure en paille la plus haute possible tout en conservant un maximum de solidité et de stabilité ?

Matériel

» une planche rugueuse avec butoir (30 cm × 15 cm)

» 15 pailles

» 50 trombones

» une balance

» 7 masses marquées

» des ciseaux

» un mètre

» 1 m de ficelle

Zoom

En génie civil, on mesure l'efficacité d'une structure en divisant la masse supportée par la masse de la structure.

Déroulement

1. Avant de commencer la construction, réfléchir aux questions suivantes.

   » Quelle condition faut-il respecter pour qu'une structure reste stable lorsqu'une force tend à la renverser ?

   » Quelles formes géométriques permettent d'obtenir une structure solide dans l'agencement des matériaux ?

2. Sur la fiche remise en classe, faire le croquis de la structure en indiquant sa hauteur maximale.

3. Construire la structure, utiliser des trombones pour attacher les pailles. (Voir la figure 1).

4. Mesurer la masse de la structure.

5. Soumettre la structure aux tests de stabilité et de solidité.

6. Répondre à toutes les questions sur la fiche remise en classe.

Fig. 1

TEST DE STABILITÉ

Soulever la planche sur laquelle est déposée la structure jusqu'à ce que la structure se renverse. Il ne s'agit pas de faire glisser la structure sur la planche, mais bien de la renverser (voir la figure 2).

TEST DE SOLIDITÉ

Suspendre une masse de plus en plus lourde au sommet de la structure en utilisant un trombone ou de la ficelle.

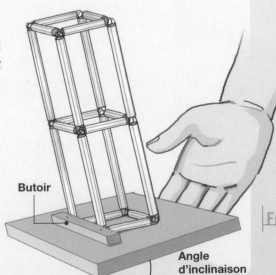

Butoir

Fixer un des côtés de la base de la stucture afin qu'elle ne glisse pas sur la planche.

Fig. 2

Angle d'inclinaison

THÈME 2

→ Les mouvements dans la Terre

AMORCE Les mouvements qui s'effectuent à l'intérieur de la Terre sont impressionnants. Certaines populations habitant dans la région de l'océan Indien en savent quelque chose.

Des îles mouvementées

a) Lis le texte suivant pour découvrir ce qui s'est passé sur l'île de Simeulue et la ville de Meulaboh.

Fig. 2

Racines de palétuviers

Fig. 1

Simeulue

Simeulue est une île de l'océan Indien, entourée d'un récif de corail (voir la figure 1). Les côtes de Simeulue sont bordées par une forêt de palétuviers essentielle au maintien de l'équilibre entre l'eau de mer et l'eau douce de l'île. Les racines des palétuviers poussent hors du sol. Les arbres sont donc surélevés et créent une forêt impénétrable que l'on appelle aussi **mangrove** *(voir la figure 2).*

Le 26 décembre 2004, l'un des plus violents tremblements de terre s'est produit dans l'océan Indien au nord de l'île de Sumatra. La magnitude était d'environ 9,0 sur l'échelle de Richter[1]. Quelques minutes plus tard, un immense tsunami a frappé l'île de Simeulue, l'Indonésie, les côtes du Sri Lanka et du sud de l'Inde, entraînant la mort ou la disparition d'environ 270 000 personnes. Le dernier séisme important dans cette région remontait à 1998.

Au même moment, il s'est produit un événement incroyable : l'île de Simeulue s'est élevée d'environ 5 m au-dessus de l'océan. Une partie du sol sous-marin et du récif de corail entourant l'île s'est retrouvée brusquement à découvert (voir la figure 3).

Fig. 3

Récif de corail à découvert

---

1. échelle de Richter : méthode de classement de la magnitude d'un séisme basée sur l'amplitude des ondes sismiques.

Il faut créer l'action, parce que l'action crée le mouvement, et que le mouvement entraîne des individus.

CHRISTIAN LE GUILLOCHET

Le tsunami a frappé également la ville de Meulaboh (voir la figure 1) sur l'île de Sumatra située non loin de l'île de Simeulue. Les côtes de Meulaboh sont bordées de cocotiers, qui ont remplacé peu à peu les palétuviers qui ceinturaient le rivage à l'origine.

On a déploré des pertes de vies humaines et des pertes matérielles à Meulaboh et à Simeulue. Le tableau suivant montre les pertes de vies humaines subies.

TABLEAU COMPARATIF DES PERTES DE VIES HUMAINES

Lieu	Population	Pertes de vies humaines
Ville de Meulaboh	50 000	10 000
Île de Simeulue	75 000	100

b) Lis les questions suivantes.

1) Comment une île peut-elle se soulever de 5 m en plein milieu de l'océan ?

2) Comment expliquer la différence entre le nombre de pertes de vies humaines à Meulaboh et à Simeulue ?

c) Joins-toi à trois camarades de classe et analysez la situation vécue dans cette région en choisissant l'une des deux questions ci-dessus.

d) Proposez un scénario explicatif au moyen d'un texte ou d'un schéma descriptif en utilisant le langage scientifique approprié.

e) Discutez avec une autre équipe ayant traité la même question pour partager vos connaissances sur le sujet.

f) Faites un consensus afin d'arriver à une explication satisfaisante.

g) En groupe classe, faites une mise en commun de vos réponses afin d'avoir un portrait global de la situation.

ZOOM

La population de Simeulue transmet, de génération en génération, l'horreur du tsunami qui a dévasté l'île en 1907. Depuis, les gens connaissent les signes annonciateurs d'un tsunami :

» tremblement de terre ou série de secousses sismiques ;

» retrait soudain des eaux de mer (et non pas formation d'un mur d'eau comme beaucoup de gens le croient).

Rivage de Meulaboh après le tsunami

LA STRUCTURE INTERNE DE LA TERRE

Et si la Terre était comme un œuf?

Qu'est-ce qui est à l'origine du mouvement de l'île de Simeulue ?
Pour répondre à cette question, il faut connaître
la **structure interne de la Terre**.

**Alfred Wegener
(1880-1930)**

FIG. 1

Pangée

1. Au début du siècle dernier, le climatologue allemand Alfred Wegener croyait qu'à l'origine tous les continents étaient réunis en un seul supercontinent : la Pangée[1] (voir la figure 1). Il pensait que, d'une certaine façon, les continents bougeaient en s'éloignant les uns des autres.

   a) Découpe les différents continents illustrés sur la fiche remise en classe.

   b) Reproduis le supercontinent dont parlait Wegener.

   c) As-tu été capable de reproduire la Pangée ? Explique pourquoi.

   d) Pour faire cette activité, tu as déplacé des continents comme si c'était des radeaux qui flottaient sur l'eau. Penses-tu qu'il en est ainsi ? Propose une explication.

Les scientifiques ne connaissent de la croûte terrestre que les premiers 12 km de profondeur. En fait, il est encore technologiquement très difficile de creuser plus profondément la Terre à cause des coûts et des conditions extrêmes de température et de pression. Le partage de données scientifiques issues d'autres champs de connaissances permet cependant d'imaginer à quoi ressemble la structure interne de la Terre. L'activité suivante t'aidera à mieux la visualiser.

Matériel

» un œuf cuit dur
» un couteau
» une règle
» un pois sec

2. Imagine que la Terre est représentée par un œuf cuit dur dans sa coquille. Réponds aux questions sur la fiche remise en classe.

---

1. Pangée : mot composé des mots grecs *pan*, qui signifie «tout» et *geos*, qui signifie «terre».

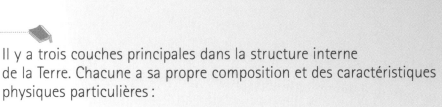

Il y a trois couches principales dans la structure interne de la Terre. Chacune a sa propre composition et des caractéristiques physiques particulières :

» le noyau interne (solide) et externe (liquide) : couche composée essentiellement de fer et de nickel ;

» le manteau (inférieur et supérieur) : couche chaude, plus fluide dans laquelle des changements de température provoquent des mouvements de convection lents et réguliers du magma en fusion ;

» la croûte : couche superficielle froide et solide de la Terre, qui laisse parfois échapper le magma.

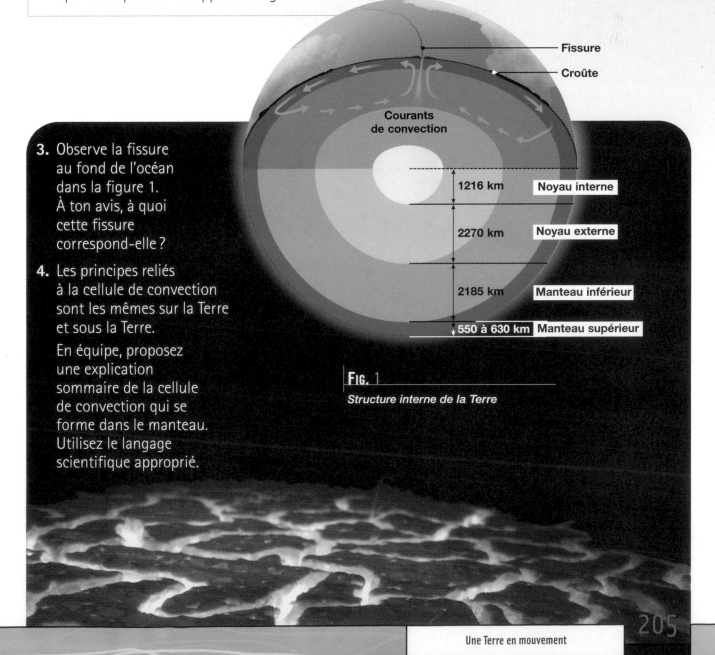

3. Observe la fissure au fond de l'océan dans la figure 1. À ton avis, à quoi cette fissure correspond-elle ?

4. Les principes reliés à la cellule de convection sont les mêmes sur la Terre et sous la Terre.

   En équipe, proposez une explication sommaire de la cellule de convection qui se forme dans le manteau. Utilisez le langage scientifique approprié.

Fissure

Croûte

Courants de convection

1216 km — Noyau interne

2270 km — Noyau externe

2185 km — Manteau inférieur

550 à 630 km — Manteau supérieur

Fig. 1

Structure interne de la Terre

LES PLAQUES TECTONIQUES

Quand les plaques bougent

On pourrait comparer le relief de la Terre à un gigantesque casse-tête composé de plusieurs morceaux dont la forme et l'épaisseur sont variables. Les continents sont les parties hors de l'eau de certains de ces morceaux qu'on appelle des **plaques tectoniques**.

1. Consulte la carte des plaques tectoniques dans la section Info-science. Elle représente les plaques océaniques et continentales qui composent la surface terrestre.

La technologie mise au point pour les besoins de la Seconde Guerre mondiale (sous-marins, sondes, sonars, etc.) a permis à la science de faire des pas de géant. On sait maintenant que les fissures que l'on trouve au fond des océans correspondent à l'espace entre deux plaques océaniques. On sait également que ce ne sont pas les continents eux-mêmes qui bougent comme le croyait Wegener, mais bien les plaques tectoniques sur lesquelles ils se trouvent.

En utilisant un navire équipé de sonars très perfectionnés, le géologue américain Harry Hess a pu cartographier le relief sous-marin et énoncer l'hypothèse des plaques tectoniques.

2. **a)** En compagnie d'un ou une camarade, lisez l'hypothèse proposée par Hess en 1960 pour expliquer le mouvement des plaques océaniques.

   « *Je vois que du magma sort de l'écorce et fabrique une nouvelle croûte au fond des océans. Je crois que l'étalement ou l'expansion des fonds océaniques par le magma pourrait contribuer à écarter les plaques tectoniques les unes des autres.* »

   b) Ensemble, faites un dessin pour montrer votre compréhension de l'hypothèse de Harry Hess.

> ### Zo⬤m
>
> Grâce aux observations de Harry Hess, on sait que les plaques océaniques sont beaucoup plus récentes, plus minces et plus compactes que les plaques continentales.

Tu as vu que les cellules de convection causées par le réchauffement inégal de la surface de la Terre par le Soleil permettent d'expliquer le mouvement de l'air (le vent). De la même façon, les cellules de convection présentes dans le magma permettent d'expliquer le mouvement des plaques tectoniques.

Les cellules de convection sont présentes dans les parties très chaudes du manteau de la Terre. Il arrive parfois qu'il y ait expulsion du magma par les dorsales océaniques. Ce sont les mouvements de convection dans le manteau qui déplacent les plaques tectoniques les unes par rapport aux autres. Les plaques tectoniques continentales et océaniques subissent différents types de mouvements.

Zoom

Sais-tu que les plaques bougent à la même vitesse que poussent tes ongles, soit de quelques centimètres par année ?

3. L'activité suivante te permettra d'explorer les types de mouvements que subissent les plaques tectoniques.

 a) En t'inspirant de ce que tu connais, détermine les différents types de mouvements subis par les plaques tectoniques les unes par rapport aux autres. Utilise la fiche remise en classe.

 b) Reproduis le mouvement des plaques en suivant les consignes sur la fiche remise en classe. Utilise le matériel mis à ta disposition.

 c) Reproduis le soulèvement de l'île de Simeulue.

Matériel

» deux éponges sèches, épaisses et souples

» deux éponges sèches, minces et compactes

Les mouvements des plaques tectoniques

Il existe différents types de mouvements des plaques tectoniques.

a) Lis les descriptions sur la fiche remise en classe.

b) Associe chacune des descriptions sur la fiche à l'une des illustrations ci-dessous qui illustrent les types de mouvements des plaques tectoniques.

c) Quel type de mouvement explique le soulèvement de l'île de Simeuluc ? Justifie ta réponse.

d) Quel type de mouvement est associé à la formation des montagnes ? Justifie ta réponse.

e) Consulte la section Info-science pour en savoir plus sur les plaques tectoniques et leurs mouvements.

La connaissance des mouvements qui agitent notre planète et le développement d'outils de détection tels que les sismographes et les satellites permettent de plus en plus de prévoir l'arrivée d'une catastrophe. On peut ainsi avertir les populations concernées et sauver de nombreuses personnes en les évacuant des zones à risque.

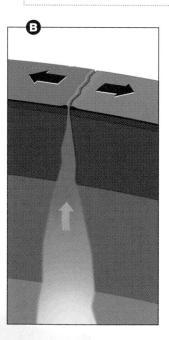

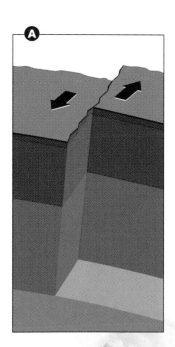

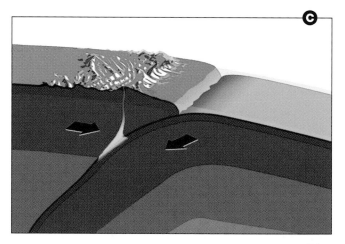

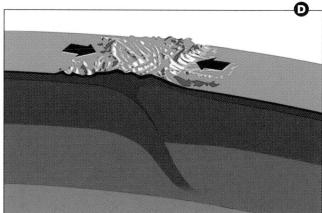

L'OROGENÈSE

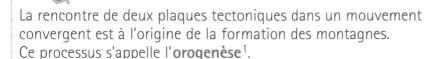

La rencontre de deux plaques tectoniques dans un mouvement convergent est à l'origine de la formation des montagnes. Ce processus s'appelle l'**orogenèse**[1].

Sous l'action des collisions entre les plaques tectoniques, la croûte terrestre s'épaissit et se déforme en provoquant une augmentation du relief. Il se forme alors deux types de chaînes de montagnes :

» Les cordillères formées par l'enfoncement d'une plaque océanique sous une plaque continentale. Cette situation représente un mouvement convergent avec une **zone de subduction**. *Exemples :* Les Rocheuses (Amérique du Nord), la cordillère des Andes (Amérique du Sud).

» Les chaînes de montagnes formées par la collision de deux plaques continentales. Il s'agit d'un mouvement convergent sans subduction. *Exemples :* Les Alpes (Europe), l'Himalaya (Asie).

La formation des montagnes est parfois liée à la poussée du magma sous la surface de la Terre. Au Québec, le mont Royal et les autres Montérégiennes proviennent de la poussée du magma. Ces montagnes sont-elles des volcans ?

a) Pour le savoir, consulte la section En connexion avec la culture à la page 220.

b) Observe les figures 1 et 2. L'une présente une chaîne de montagnes hautes et découpées et l'autre, une chaîne de montagnes aux sommets arrondis.

c) À ton avis, quelle chaîne de montagnes est la plus vieille ? Explique ton raisonnement.

FIG. 1

Alpes en Suisse

FIG. 2

Monts Chic-Chocs en Gaspésie

---

1. orogenèse vient de deux mots : *oros* qui signifie « montagne » et *genesis* qui signifie « naissance ».

LES EFFETS D'UNE FORCE

Aux pages 200 et 201, tu as vu que l'un des **effets d'une force** est la production de mouvement. Cependant, il existe d'autres effets. Ils se manifestent dans la résistance des matériaux. La connaissance de ces effets permet de construire des structures qui supportent efficacement les forces exercées sur elles.

TYPES DE FORCES ET LEURS EFFETS

Type de force	Effet produit sur le matériau	Représentation symbolique
Compression	Écrasement	
Tension	Étirement	
Cisaillement	Coupure	
Torsion	Torsion	

Entreprise

Tu devras trouver un moyen de consolider ta structure afin de la rendre résistante aux effets des forces exercées sur elle.

Matériel

» deux longs bâtonnets en bois

» deux linguinis

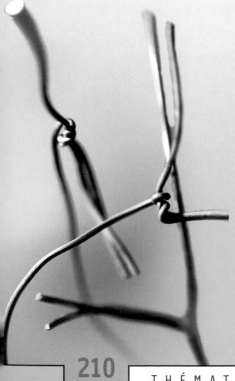

Les forces et les matériaux

L'activité suivante permet de visualiser les effets produits par des forces qui agissent sur un matériau.

a) Soumets un bâtonnet en bois et un linguini aux trois conditions suivantes :
   » plier le matériau sans le casser en le tenant par les extrémités ;
   » tordre le matériau sans le casser en le tenant par les extrémités ;
   » appuyer une des extrémités sur un coin de table et exercer une pression jusqu'à ce qu'il casse.

b) Pour chacune des conditions ci-dessus, nomme les types de forces qui s'exercent sur le matériau et détermine l'effet produit.

c) Les deux matériaux réagissent-ils de façon similaire ou de façon différente sous la contrainte des forces ? Explique ta réponse.

d) Au cours d'une cassure, à quel endroit le matériau est-il le plus fragile ?

e) Que pourrais-tu faire pour renforcer les points fragiles d'une structure ?

f) À ton avis, trouve-t-on les quatre types de forces dans les plaques tectoniques ? Explique ta réponse.

L'ÉTUDE ET LA FABRICATION DE RESSORTS

En équipe, familiarisez-vous avec
les différentes forces que l'on peut
observer dans la fabrication des ressorts.

a) De quel matériau les ressorts
sont-ils faits le plus souvent ?
Expliquez pourquoi.

b) Nommez trois objets qui ont des ressorts.

c) Pour chacun d'eux, expliquez l'utilité
des ressorts.

d) En les manipulant délicatement, identifiez
les types de ressorts (tension, torsion
ou compression) mis à votre disposition.

Pour fabriquer ton propre ressort, consulte la gamme
de fabrication sur le document remis en classe. 📄

Matériel

» un ressort de tension
» un ressort
de compression
» un ressort de torsion

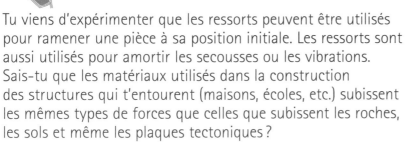

Série **A**

Série **B**

Série **C**

Tu viens d'expérimenter que les ressorts peuvent être utilisés
pour ramener une pièce à sa position initiale. Les ressorts sont
aussi utilisés pour amortir les secousses ou les vibrations.
Sais-tu que les matériaux utilisés dans la construction
des structures qui t'entourent (maisons, écoles, etc.) subissent
les mêmes types de forces que celles que subissent les roches,
les sols et même les plaques tectoniques ?

Au cours d'un tremblement de terre, l'énorme pression exercée
par le magma sur les plaques tectoniques se transmet
au sol et à toutes les infrastructures des villes. Les plaques
tectoniques, le sol, les édifices, les ponts et les routes
subissent des forces. Ces forces peuvent
produire des effondrements, des cassures,
des déformations, des renversements, etc.
Savais-tu que la technologie actuelle
permet de construire des édifices reposant
sur des bases munies de ressorts ?
C'est ainsi que l'on arrive à diminuer
l'effet destructeur des forces produites
par les tremblements de terre.

LA SIMULATION D'UNE ACTIVITÉ VOLCANIQUE

Certaines populations vivent à proximité d'un volcan. L'utilisation d'un modèle permet parfois de mieux comprendre des phénomènes naturels tels que les éruptions volcaniques.

Problème à résoudre

Comment un modèle peut-il t'aider à comprendre la formation des volcans ?

Matériel

» un becher de 250 ml

» 25 ml d'huile dans un petit contenant

» du soudan IV (colorant rouge) 🔻

» 100 ml de vinaigre blanc pur (5 %)

» 75 ml d'alcool éthylique dénaturé

» 25 ml de solution de bicarbonate de sodium 0,1 M

» une pipette de transfert jetable (5 ml)

Déroulement

1. Verser 100 ml de vinaigre dans le becher de 250 ml.

2. Colorer 25 ml d'huile en y ajoutant quelques gouttes de soudan IV.

3. Verser l'huile colorée dans le becher.

4. Ajouter 75 ml d'alcool éthylique dans le becher.

5. À l'aide de la pipette de transfert, injecter une première dose de 5 ml de la solution de bicarbonate de sodium au fond du becher, là où se trouve le vinaigre. 🔻

6. Noter les observations. 📋

7. Au besoin, injecter une nouvelle dose de 5 ml de bicarbonate de sodium pour réactiver le phénomène observé.

Analyse

a) Dans cette simulation, qu'est-ce qui représente le magma ? Explique ta réponse.

b) Qu'est-ce qui représente la pression provoquant l'éruption ? Explique ta réponse.

c) À l'aide d'un texte ou d'un schéma, explique en quoi ce modèle pourrait illustrer une activité volcanique. Utilise les mots suivants : *pression, magma, manteau, croûte terrestre, volcan.*

LES VOLCANS

La structure interne d'un volcan

Sais-tu qu'il y a plus d'un millier de volcans actifs à la surface des continents et qu'ils projettent des milliards de tonnes de gaz à la surface de la Terre ? Comme tu as pu le constater grâce aux travaux de Harry Hess, de nombreux volcans sont également actifs au fond des océans.

a) Observe la structure interne du volcan illustré ci-dessous et suis le chemin parcouru par le magma pour atteindre la surface de la Terre.

b) Quelles sont les similitudes entre l'expérience que tu viens de faire et cette illustration ?

Voici certains risques associés à une éruption volcanique :

» les retombées de cendres ;

» les gaz volcaniques ;

» les coulées pyroclastiques[1] et les coulées de boue ou de lave ;

» les glissements de terrain ou les écroulements de pentes ;

» les catastrophes comme les tremblements de terre ou les tsunamis.

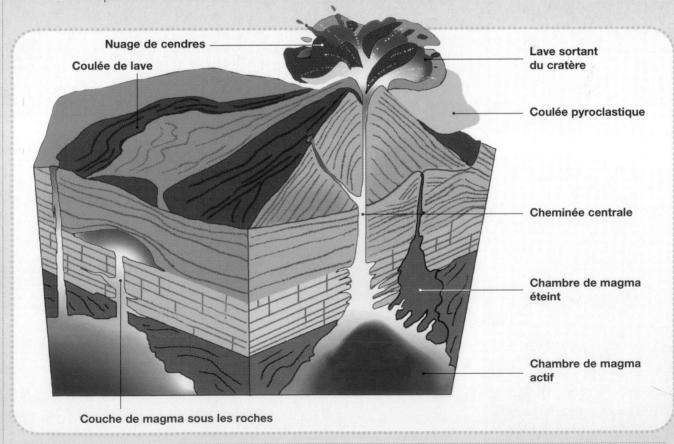

Nuage de cendres

Coulée de lave

Lave sortant du cratère

Coulée pyroclastique

Cheminée centrale

Chambre de magma éteint

Chambre de magma actif

Couche de magma sous les roches

---

1. coulée pyroclastique : mélange de lave, de cendres, de blocs de diverses tailles et de gaz très chauds s'écoulant à grande vitesse sur le flanc d'un volcan.

Les conséquences des éruptions volcaniques

Les conséquences des éruptions volcaniques sont diversifiées.

a) Observe le tableau ci-dessous.

b) En équipe, répondez aux questions du Carnet Connexion.

DÉCÈS CAUSÉS PAR LES PRINCIPAUX VOLCANS DE 1600 À 1999

Risque consécutif à une éruption volcanique	Nombre de décès selon les siècles				Total
	17e siècle (1600-1699)	18e siècle (1700-1799)	19e siècle (1800-1899)	20e siècle (1900-1999)	
Coulée pyroclastique	> 7000	4766	19 732	41 981	> 73 479
Coulée de boue	> 1000	3400	8300	28 610	> 41 310
Glissement de terrain	0	2960	0	0	2960
Tsunami	0	16 481	34 417	0	50 898
Gaz nocif	0	0	0	1700	1700
Famine	0	9340	80 000	0	89 340
Total	> 8000	36 947	142 449	72 291	> 259 687

1. sociologue : personne qui étudie la formation et le fonctionnement des sociétés humaines.

CARNET CONNEXION

QUESTIONS D'OBSERVATION

1) Quel siècle a été le plus dévastateur quant au nombre de décès ?

2) Quels risques ont subi les variations les plus importantes au fil des siècles ?

QUESTIONS DE RÉFLEXION

3) Quelle hypothèse vous permettrait d'expliquer la variation de l'un des risques sélectionnés à la question 2 ?

4) Selon ce que vous en savez, dites en quoi le développement de la science et de la technologie a eu une influence sur le nombre de décès causés par les éruptions volcaniques.

QUESTION DE MÉTHODE

5) Des colloques internationaux réunissent des volcanologues, des sociologues[1], des autorités gouvernementales et des médias. Pourquoi est-il important que ces intervenants discutent entre eux, coopèrent et travaillent en équipe ?

Dans le feu de l'action

Lorsque Maurice et Katia Krafft ont produit
un film expliquant les dangers liés à l'éruption
imminente du volcan Pinatubo aux Philippines,
ils ne se doutaient pas qu'ils sauveraient
la vie de 200 000 personnes. En effet,
ces personnes en danger ont accepté
d'évacuer leur résidence après
avoir visionné leur film.

Ces deux volcanologues passionnés,
originaires de l'Alsace en France, savaient
que plus un volcan est inactif, plus il est
dangereux pour les populations environnantes.
En effet, après une longue période d'inactivité
(ou dormance), l'éruption soudaine
d'un volcan qui se réveille peut libérer
en un instant une quantité phénoménale
de matière et d'énergie. À l'inverse,
un volcan actif laisse régulièrement
échapper une certaine quantité
de matière et d'énergie.

Pourquoi les populations à risque hésitent-elles
à évacuer leur résidence ? Parce que
les volcans sont également source
de bienfaits pour plusieurs populations
du globe. En effet, les cendres volcaniques
sont riches en éléments minéraux et rendent
les sols très fertiles en servant d'engrais.
Dans le magma refroidi, on trouve même
parfois des pierres précieuses.

Désirant faire connaître aux autorités
et aux populations à risque les dangers
d'une éruption, Maurice et Katia Krafft
ont produit de nombreux ouvrages
documentaires sur les volcans
du monde entier. Ironie du sort,
ils sont eux-mêmes décédés
des suites des coulées pyroclastiques
du volcan Unzen au Japon,
deux semaines à peine avant
l'éruption du Pinatubo.

Maurice Krafft (1946-1991) et Katia Krafft née Conrad
(1942-1991) devant le volcan Kilauea à Hawaii

Coulée de lave

Coulée pyroclastique

LES TREMBLEMENTS DE TERRE

Chaque fois que les plaques tectoniques se rencontrent, il se produit des mouvements plus ou moins perceptibles par les êtres humains. En fait, on enregistre plus d'un million de mouvements par année à l'échelle de la planète. À certains moments, les plaques se heurtent violemment provoquant des **tremblements de terre** (ou séismes) qui entraînent des conséquences souvent désastreuses.

1. **a)** Consulte la section Info-science pour connaître les zones de risques sismiques dans le monde.

   b) Que remarques-tu au sujet des endroits où il y a le plus de risques de séismes ?

FIG. 1

Faille de San Andreas en Californie

Certains endroits du globe sont propices à une intense activité sismique. Les plus gros séismes ont lieu généralement là où les plaques se déplacent le plus vite. La Californie est le siège de séismes fréquents parce qu'elle est située près de la **faille** de San Andreas (voir la figure 1), à la frontière de la plaque du Pacifique et de l'Amérique du Nord. La population californienne craint le fameux *Big One*, le tremblement de terre d'une intensité sans précédent qui, selon certains, pourrait faire disparaître la Californie.

D'autres raisons peuvent expliquer un tremblement de terre.

» L'accumulation de magma à l'intérieur d'un volcan.

» Certaines activités humaines comme le dynamitage, le forage, l'extraction minière, les essais nucléaires, etc.

2. Contrairement à d'autres endroits du monde, il y a peu de séismes au Québec. Donne deux raisons pour expliquer cette situation.

3. La technologie permet aujourd'hui de prévoir et de mesurer l'activité sismique.

   a) Quel est le nom de l'appareil qui mesure l'amplitude des tremblements de terre ?

   b) Quelle est l'utilité de ce genre d'appareil ?

Comme pour les ouragans, il existe des outils qui permettent de mesurer la magnitude et l'intensité d'un séisme. Ce sont les échelles de Richter et de Mercalli.

4. a) Pour en connaître plus sur ces échelles, consulte la section Info-science.

   b) Quelle différence notes-tu entre ces échelles ?

5. Dans une zone à risque, est-il préférable de construire les habitations sur un sol mou ou dur ? En équipe, faites l'activité suivante afin de voir l'effet d'un tremblement de terre sur des habitations construites sur deux types de sols.

   a) Placez une maisonnette au centre du contenant rempli de cire solide et l'autre au centre du contenant rempli de cire en gelée.

   b) Donnez de petits coups réguliers sur le côté du contenant rempli de cire en gelée. Observez les vibrations provoquées sur la maisonnette.

   c) Notez vos observations dans un tableau de résultats.

   d) Faites de même avec le contenant rempli de cire solide. Observez les effets des vibrations provoquées sur la maisonnette et notez-les.

   e) À quel type de sol associez-vous la cire solide ? la cire en gelée ?

   f) Comment expliquez-vous le phénomène observé ?

   g) D'après vos observations, quel type de sol (dur ou mou) s'avère le plus approprié pour la construction d'habitations en zone sismique ?

En 1988, un séisme de magnitude 7 dans le nord de l'Arménie a entraîné l'effondrement de tous les bâtiments de plus de sept étages. Les règles de construction parasismiques n'avaient pas été respectées.

Matériel

» un contenant rempli de cire solide

» un contenant rempli de cire en gelée

» deux maisonnettes en plastique (1 cm × 1 cm)

ACTIONS PRIORITAIRES !

Après une catastrophe naturelle particulièrement dévastatrice, les responsables de la municipalité touchée cherchent tout d'abord :

» à reloger les personnes sans logement ;

» à remettre en état les infrastructures liées à la santé, l'habitation, l'énergie et la communication.

C'est une question de survie !

Les vents ont lourdement endommagé quatre édifices essentiels et laissé plusieurs personnes sans logement dans une petite localité près de chez toi. Un plan de reconstruction a immédiatement été mis sur pied. Les firmes d'architectes A et B (composées de quatre équipes chacune) décident de soumissionner pour obtenir le contrat de reconstruction des quatre structures suivantes :

» un immeuble d'habitation ;

» une éolienne ;

» une tour de transmission pour les communications ;

» un réservoir d'eau potable.

Afin de déterminer quelle firme d'architectes obtiendra le contrat, les quatre structures devront subir ensemble la simulation de grands vents. Chaque équipe devra :

» soumettre le plan et la maquette de l'une des quatre structures à reconstruire ;

» utiliser uniquement les matériaux fournis et respecter les dimensions indiquées ;

» s'assurer que la maquette est adaptée à un type de sol particulier ;

» construire une maquette qui pourra résister le plus possible à de grands vents ;

» utiliser le matériel assigné à sa firme pour effectuer les simulations.

Mets tes connaissances à profit et coopère avec les membres de ton équipe afin que ta firme puisse obtenir le contrat.

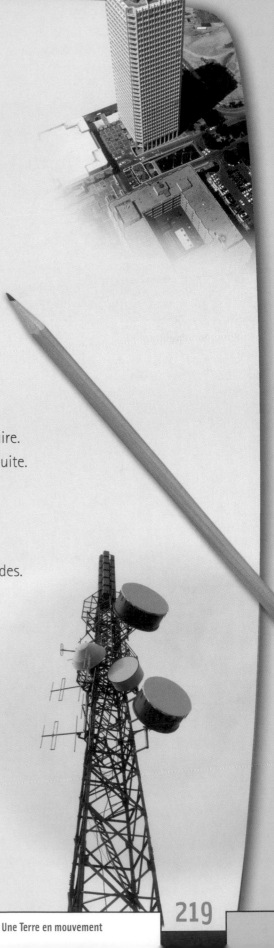

Démarche

Préparez votre soumission en suivant les étapes nécessaires
à la construction des maquettes et inscrivez toutes les décisions
que vous prendrez dans le rapport remis en classe. 📝

Avant de commencer, lisez les étapes suivantes. Il est important
de respecter leur ordre.

ÉTAPE 1 **QUESTIONS ADMINISTRATIVES**

a) Former une équipe d'architectes.

b) Assigner des tâches précises à chacun et chacune,
   et les noter dans le rapport.

ÉTAPE 2 **ATTRIBUTION DES CONDITIONS DE TRAVAIL**

a) Récupérer le bac de travail remis à chaque équipe d'architectes.

b) Tirer au hasard un papier indiquant le type de maquette à construire.

c) Déterminer le type de sol sur lequel la maquette devra être construite.

ÉTAPE 3 **ÉLABORATION DE LA MAQUETTE**

a) Prendre connaissance des contraintes à respecter
   dans le cahier des charges.

b) Énoncer les principes de construction de structures stables et solides.

c) Planifier le déroulement de la construction de la maquette.

d) Faire le croquis de la maquette.

e) Valider le croquis auprès de l'enseignant ou l'enseignante.

f) Construire la maquette.

ÉTAPE 4 **MISE À L'ESSAI DE LA MAQUETTE**

a) Remplir les tableaux de contraintes communes et spécifiques.

b) Prendre connaissance du tableau de pointage.

c) Mettre à l'essai la maquette.

ÉTAPE 5 **ÉVALUATION**

Remplir les sections Mon profil et Évaluation présentées
dans le rapport de soumission.

Collines Montérégiennes

Mont-Royal (Montréal)

Mont Saint-Hilaire (Ville Mont-Saint-Hilaire)

Les collines Montérégiennes

À certains endroits du manteau de la Terre, il existe des zones fixes de magma appelées points chauds. Au-dessus d'un point chaud, la poussée du magma peut soulever la croûte sans l'ouvrir. Les Montérégiennes sont des montagnes formées de cette manière. Il ne s'agit donc pas d'anciens volcans. Les monts Mégantic, Brome, Shefford, Yamaska, Saint-Hilaire, Rougemont, Saint-Grégoire, Royal, Saint-Bruno et les collines d'Oka font partie des collines Montérégiennes.

En 1903, le géologue canadien Frank Dawson Adams utilise le nom du mont Royal pour nommer les collines de la plaine du Saint-Laurent les Montérégiennes. Elles ont une caractéristique commune : elles sont formées surtout de roches ignées (intrusives et alcalines).

Ces collines ont l'apparence de montagnes parce qu'elles sont situées dans une plaine, mais leur altitude ne se compare pas avec celle des montagnes Rocheuses. Ainsi, le mont Robson dans les Rocheuses culmine à 3954 m alors que dans les Montérégiennes, le mont Mégantic s'élève à 1105 m, le mont Saint-Hilaire à 408 m et le mont Saint-Bruno à 213 m seulement.

Les collines Montérégiennes ont été formées par la remontée du magma qui a refroidi avant d'atteindre la croûte terrestre. Le refroidissement a provoqué la cristallisation de roches ignées intrusives. Au fil des siècles, l'érosion a permis à ces roches de percer la croûte terrestre. Contrairement à la croyance populaire, le mont Royal et les autres collines Montérégiennes ne sont pas d'anciens volcans : elles ont été formées par la poussée du magma dans des fissures du manteau supérieur de la Terre. Les Montérégiennes comme le mont Saint-Hilaire renferment des minéraux rares et recherchés comme la dawsonite ou la thaumasite.

Les tremblements de terre au Québec

Le séisme du 28 février 1925 d'une magnitude de 6,5 sur l'échelle de Richter et celui du 25 novembre 1988 d'une magnitude de 6,2 ont semé la peur dans la population québécoise. Ces séismes n'ont entraîné aucune perte de vie humaine, mais ils ont causé des dégâts estimés à plusieurs millions de dollars. Rien de comparable avec le séisme du 8 octobre 2005, qui a frappé le Pakistan et l'Inde ; près de 90 000 personnes ont perdu la vie, plusieurs villages ont été entièrement détruits et des millions de personnes se sont retrouvées sans abri.

Chaque année, 300 tremblements de terre secouent la région de l'est du Canada. Les séismes ne causent pas de pertes de vies humaines et les dégâts sont relativement peu élevés. Au Québec, c'est la région de Charlevoix qui est la plus susceptible de subir des secousses sismiques, mais les spécialistes en géophysique sont incapables d'en expliquer la cause directe. Quelques hypothèses font toujours l'objet de débats entre les scientifiques : la faille Logan, la chute d'une météorite il y a 350 millions d'années et les failles du Bouclier canadien.

Selon certains géophysiciens et certaines géophysiciennes, l'hypothèse de la faille Logan qui longe le fleuve Saint-Laurent doit être rejetée, car cette faille n'est pas assez profonde pour être à l'origine des secousses sismiques : l'effet de son déplacement ne touche que la couche superficielle de la croûte terrestre de cette région. D'autres scientifiques croient que les effets de la chute d'une météorite se feraient sentir encore aujourd'hui ; en effet, les mouvements tendant à stabiliser la croûte terrestre dans la zone d'impact provoqueraient des tremblements de terre dans cette région. Cette hypothèse doit aussi être rejetée, car les épicentres de plusieurs séismes, comme celui de Cap-Rouge (région de Québec) en 1997, sont situés en dehors de la zone d'influence de l'impact météoritique. L'hypothèse des failles du Bouclier canadien serait la plus plausible : même si ces failles sont très anciennes, certains géophysiciens et certaines géophysiciennes pensent que les mouvements du magma du manteau de la Terre pourraient les ranimer.

Parc national des Hautes-Gorges-de-la-Rivière-Malbaie (région de Charlevoix)

Au fil du temps

ÉVÉNEMENTS	ANNÉES	ÉVÉNEMENTS

Vers –360, le philosophe grec Aristote explique que les tremblements de terre sont causés par des vents (*pneuma*) qui s'accumulent à l'intérieur de la Terre.

– 360

79

Le 24 août 79, les villes de Pompéi et d'Herculanum sont ensevelies sous un déluge de cendres provenant de l'éruption du Vésuve, un volcan situé près de la ville de Naples, en Italie.

Vers 600, utilisation de moulins à vent en Perse (aujourd'hui l'Iran)

600

En 1644, le philosophe, physicien et mathématicien français René Descartes imagine que le centre de la Terre est un noyau de matière solaire entouré de couches concentriques successives de roches, d'eau, d'air et d'une croûte extérieure pierreuse. La fissuration de cette croûte aurait provoqué l'effondrement des premières couches et la formation du relief terrestre.

En 1779, un Français, l'abbé Pierre Bertholon, prétend que les tremblements de terre sont des tonnerres souterrains causés par des phénomènes électriques.

1644

1779

En 1858, l'ingénieur et géologue irlandais Robert Mallet publie la première carte sismique du monde.

Le 18 avril 1906, un séisme d'une magnitude de 7,8 sur l'échelle de Richter provoque un gigantesque incendie qui détruit presque complètement la ville de San Francisco aux États-Unis.

1858

1906

Le 22 mai 1960, un séisme de 9,5 sur l'échelle de Richter engendre la formation d'un tsunami près des côtes du Chili. Des vagues de 10 m traversent l'océan Pacifique et atteignent les côtes d'Hawaii, 15 heures plus tard.

En 1962, le professeur de géologie américain Harry Hess émet l'hypothèse du mouvement d'étalement des fonds océaniques et de la dérive de la croûte continentale.

1960

1962

Le 18 mai 1980, le mont Saint Helens dans l'État de Washington aux États-Unis entre en éruption. Une avalanche de débris et de boue cause la mort de 57 personnes et rase 38 000 hectares de forêt.

En 1989, pendant la construction du tunnel sous la Manche, des géologues découvrent des traces d'un tremblement de terre survenu dans cette région en 1580.

1980

1989

Le 26 décembre 2004, un violent tremblement de terre engendre un gigantesque tsunami au large de l'île de Sumatra en Indonésie, faisant près de 300 000 victimes.

2004

Le 8 octobre 2005, un séisme de 7,6 sur l'échelle de Richter fauche la vie de 73 000 personnes au Cachemire indien et pakistanais.

2005

Le génie de David

Aimerais-tu travailler dans une équipe multidisciplinaire réunissant des architectes, des géologues, des arpenteurs, des ingénieurs de tous les domaines et prendre des décisions importantes pour construire un pont, situer l'endroit où creuser un tunnel, approuver les plans de construction d'une autoroute, assurer la stabilité des fondations d'un édifice ? David Giguère a répondu oui à toutes ces questions : il veut devenir ingénieur civil. À l'âge de 7 ans, fasciné par les personnes qui portaient un casque de sécurité blanc, David avait dit à sa mère qu'il serait ingénieur. Aujourd'hui, ce jeune homme est inscrit en 3e année du baccalauréat en génie civil de l'Université de Sherbrooke. Encore un an et demi et son rêve deviendra réalité.

David met à profit les connaissances acquises en mathématiques et en science physique pendant ses études secondaires. Son assiduité et ses efforts lui ont ouvert les portes du cégep : il a choisi les sciences de la nature. Il affirme que le cours de physique mécanique et certains cours de mathématiques l'ont bien préparé à entreprendre des études universitaires. Les types de sols et leurs comportements, la résistance des matériaux, l'emplacement géographique des travaux et le développement durable font partie des concepts qui aideront David à exercer sa profession d'ingénieur civil. David met aussi à profit les outils informatiques qu'il a développés pendant ses études secondaires et collégiales : il utilise un logiciel de dessin pour tracer des plans, un logiciel de traitement de texte pour écrire des rapports ou présenter des études de faisabilité, un tableur pour tracer la courbe de la résistance en compression du béton ou celle de la granulométrie d'un sol.

L'ingénieur utilise des instruments sur son lieu de travail, par exemple un nucléodensimètre pour déterminer la densité d'un sol ou un airmètre pour connaître le pourcentage d'air du béton. Les stages en entreprise permettent au futur ingénieur de se préparer concrètement à exercer sa profession. David a particulièrement aimé travailler dans un laboratoire de béton où il devait tester un produit fini pour déterminer s'il fallait le mettre en marché ou non. Dans un autre stage, il devait accepter la compaction des différentes couches d'un projet routier. Il a apprécié ce travail à la fois théorique et pratique.

Un mouvement de solidarité

Même si ce n'est pas toujours facile, le travail en équipe permet de développer tes habiletés et tes compétences. Il te donne l'occasion notamment :

» de préciser ta pensée sur un sujet ;

» d'exprimer ton opinion ;

» de réfléchir à d'autres façons de voir ou de faire les choses.

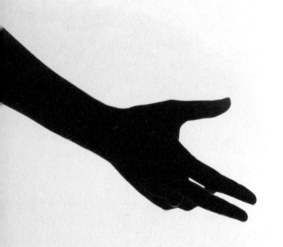

Cette thématique t'a permis de coopérer avec tes camarades de classe à plusieurs reprises et de différentes manières.

a) Prends le temps de feuilleter les pages de la thématique et repère trois situations au cours desquelles tu as coopéré avec tes camarades de classe. Choisis des situations que tu considères comme significatives.

b) Parmi ces situations, laquelle t'a permis de mettre à contribution tes connaissances, tes habiletés et ta créativité d'une façon valorisante ? Donne un exemple.

c) Le travail d'équipe permet un enrichissement mutuel des connaissances. Au cours de ces expériences de travail en équipe, nomme une personne qui a contribué à ton enrichissement grâce à ses idées, ses opinions ou sa créativité. Précise ta réponse.

d) Le travail d'équipe exige également une ouverture d'esprit aux idées et opinions des autres. Parmi les situations que tu as repérées, pense à un moment où tu as eu à remettre en question tes propres idées à cause des interactions avec les membres de ton équipe. En quoi cela a-t-il été bénéfique pour toi ? Précise ta réponse.

Des concepts branchés !

En équipe de deux, organisez les concepts appris au cours de cette thématique en faisant l'activité suivante.

a) Lisez les banques de mots ci-dessous. Elles correspondent aux concepts de base vus au fil de la thématique.

Banque de mots ❶

» Érosion

» Vent

» Type de sol

» Effet d'une force

Banque de mots ❷

» Structure interne de la Terre

» Plaque tectonique

» Orogenèse

» Volcan

» Tremblement de terre

» Effet d'une force

b) Assignez une banque de mots à chaque membre de l'équipe. Chaque élève doit travailler uniquement sur la banque qui lui a été assignée.

c) Feuilletez les pages de la thématique et cherchez au moins cinq autres mots qui pourraient compléter chacune des banques.

d) Organisez les mots sous la forme d'un réseau de concepts.

e) Présentez votre travail à votre coéquipier ou coéquipière en lui demandant son avis et ses suggestions. Faites preuve d'ouverture !

f) Discutez et faites des ajustements, s'il y a lieu.

g) Trouvez une façon de fusionner les deux réseaux de concepts.

Le sismographe

Le sismographe est un appareil qui mesure et enregistre l'amplitude des mouvements des tremblements de terre. Il existe deux types de sismographes : celui qui mesure le mouvement vertical du sol et celui qui enregistre le mouvement horizontal.

Le principe de mesure du sismographe consiste à fixer le bâti de l'appareil au sol tandis qu'une lourde masse reste immobile et trace le mouvement sur du papier fixé à un tambour en rotation. C'est un peu comme si tu bougeais la feuille et que tu maintenais le crayon fixe pour écrire un mot.

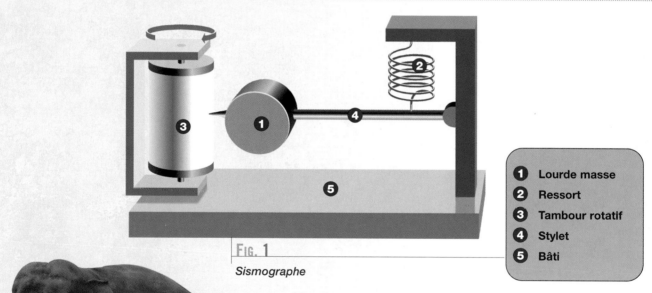

FIG. 1

Sismographe

1. **Lourde masse**
2. **Ressort**
3. **Tambour rotatif**
4. **Stylet**
5. **Bâti**

Observe la figure 1 et réponds aux questions suivantes.

a) Définis le rôle des cinq pièces illustrées.

b) À ton avis, le sismographe de la figure 1 enregistre-t-il un mouvement du sol horizontal ou vertical ? Explique ton raisonnement.

c) Quels types de forces (compression, tension, cisaillement, torsion) agissent dans le ressort lorsque le sismographe enregistre une mesure sismique ?

d) Fais le schéma de principe d'un sismographe qui mesure un type de mouvement du sol différent de celui enregistré par le sismographe de la figure 1. Inspire-toi du schéma de la figure 1 pour concevoir ton sismographe.

Le protocole de Kyoto et la prévention

Le protocole de Kyoto est un accord international qui vise à réduire l'émission des gaz à effet de serre. Les pays signataires sont conscients que le réchauffement de la planète a une influence directe sur le climat et le niveau des océans.

Voici l'exemple d'un phénomène récent dont la portée est encore inconnue, mais qui suscite des inquiétudes au sein de la communauté scientifique internationale.

Le dégel du pergélisol

Le pergélisol est un sol gelé en permanence dans les régions arctiques et subarctiques. On observe actuellement une fonte du pergélisol, qui pourrait modifier l'écosystème nordique (érosion, affaissement des sols) en plus d'affecter les infrastructures (maisons, routes) et d'avoir des répercussions sur la vie des peuples autochtones.

En outre, les gaz emprisonnés dans le pergélisol tels que le méthane (CH_4), le dioxyde de carbone (CO_2) et la vapeur d'eau (H_2O) se répandent dans l'atmosphère et contribuent à l'augmentation de l'effet de serre.

a) Lis les situations suivantes.

> **Situation ❶**
>
> La fréquence et la force des ouragans sont en hausse dans les zones tropicales.

> **Situation ❷**
>
> L'augmentation du niveau des océans menace l'archipel de Tuvalu.

b) Explique en quoi ces deux situations sont liées au protocole de Kyoto.

c) Quel lien peux-tu établir entre le dégel du pergélisol et les situations proposées ?

d) Quel rôle la science et la technologie peuvent-elles jouer pour réduire les effets catastrophiques de ces situations ?

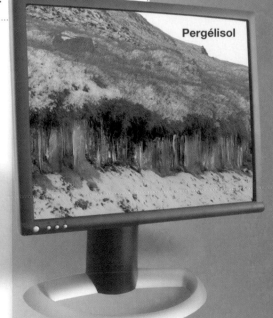

Pergélisol

RÉSUMÉ

L'ÉROSION ET LES TYPES DE SOLS

1. L'érosion est l'usure du relief terrestre sous l'action de l'eau, de la glace, du vent et de la gravité.

2. Le sol est la partie à la surface de la lithosphère terrestre.

3. Les types de sols sont classés selon certaines propriétés dont la structure, la texture et la couleur.

LE VENT

4. L'air chaud monte en altitude, car il est moins dense : la valeur de sa masse volumique est plus petite que celle de l'air froid. Les particules d'air chaud ont plus d'énergie.

5. L'air froid descend vers le sol, car il est plus dense : la valeur de sa masse volumique est plus grande que celle de l'air chaud. Les particules d'air froid ont moins d'énergie.

6. Les mouvements verticaux de l'air chaud qui monte et de l'air froid qui descend produisent une cellule de convection.

7. Le vent est le déplacement horizontal de l'air à la surface de la Terre.

8. Le vent est attribuable au réchauffement inégal des surfaces de la Terre par le Soleil.

9. L'échelle de Beaufort et l'échelle de Saffir-Simpson sont des outils qui permettent de classifier l'intensité des vents selon leur vitesse et l'ampleur des dégâts causés.

LA STABILITÉ ET LA SOLIDITÉ D'UNE STRUCTURE

10. La stabilité d'une structure est sa capacité à revenir à sa position d'origine.

11. La solidité d'une structure est sa capacité à résister à un affaissement ou un effondrement.

LA STRUCTURE INTERNE ET LES MOUVEMENTS DE LA TERRE

12. La structure interne de la Terre se divise en trois couches : le noyau (interne et externe), le manteau (inférieur et supérieur) et la croûte terrestre.

13. La croûte terrestre est composée de gigantesques morceaux appelés plaques tectoniques, qui se trouvent sous les continents et les océans.

14. Le mouvement des plaques tectoniques s'explique par la présence des cellules de convection dans le magma du manteau.

15. Le mouvement des plaques tectoniques qui glissent l'une contre l'autre provoque une faille.

16. Une zone de subduction se forme lorsque deux plaques se superposent ; la plaque océanique plus dense s'enfonce sous la plaque continentale moins dense.

17. La collision de deux plaques tectoniques entraîne la formation des montagnes (ou orogenèse), qui se classent dans deux catégories : les cordillères et les chaînes de collision.

18. Quatre types de forces expliquent les mouvements de la Terre : la force de compression, la force de tension, la force de cisaillement et la force de torsion.

19. Les volcans, les tremblements de terre et les tsunamis sont causés par des mouvements à l'intérieur de la Terre.

20. L'échelle de Richter et l'échelle de Mercalli sont des outils qui permettent de mesurer la magnitude et l'intensité d'un tremblement de terre.

L'érosion et les types de sols

1. Quel type d'érosion explique la forme particulière du relief des îles Mingan ?

2. Des agriculteurs et agricultrices ont planté deux rangées d'arbres au creux d'une vallée dont les versants sont inclinés. Quel phénomène tentent-ils de contrôler par ce moyen ?

3. a) Établis la distinction entre lithosphère, croûte terrestre et sol.

    b) De quelle propriété du sol est-il question si tu évalues la distance entre les grains ?

    c) De quelle propriété du sol est-il question si tu notes la sensation des grains secs et des grains mouillés entre tes doigts ?

Le vent

4. Complète les phrases suivantes, qui portent sur la formation des vents.

    a) Le Soleil réchauffe l'air au-dessus du sable. Cet air chaud s'   en altitude.

    b) L'air au-dessus de la mer est plus froid, il a tendance à   vers le sol.

    c) Pour combler le   d'air créé par le mouvement vertical de l'air chaud, l'air à la surface de la Terre se déplace. Ce déplacement horizontal de l'air est le   .

    d) Le vent est causé par le réchauffement   des surfaces de la Terre par le   .

5. Sur des fiches, des élèves ont noté de l'information sur les vents. Associe chacune des fiches à l'un des phénomènes atmosphériques ci-dessous.

> (Ouragan)   (Tempête de vent (de force 10 sur l'échelle de Beaufort))   (Tornade)   (Typhon)

Fiche 1
Ce phénomène se produit à l'échelle locale.
Il est toujours associé à du temps chaud et humide.
Il a la forme d'un entonnoir qui s'étire sous le nuage où il se forme et rejoint parfois le sol.

Fiche 3
Les vents soulèvent sur l'océan des vagues si énormes qu'elles peuvent faire chavirer un navire.
Ils détruisent les maisons, les ponts, les routes.
Les inondations et les pluies torrentielles sont à craindre dans cette partie de l'océan Pacifique et au Japon.

Fiche 2
Ce phénomène est dévastateur, car il couvre une vaste étendue.
On observe souvent ses dégâts dans les régions du sud des États-Unis.
Une masse d'air chaud et humide s'élève au-dessus de l'océan.
La vitesse des vents tournoyants peut atteindre 350 km/h.

Fiche 4
Arbres déracinés, toitures endommagées ou arrachées, volets des fenêtres arrachés par la force des vents.
Les vents soufflent à plus de 88 km/h.

La structure interne et les mouvements de la Terre

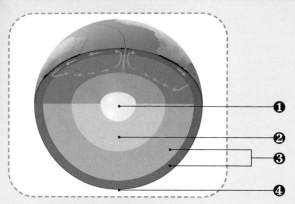

6. Identifie les parties numérotées de la structure interne de la Terre illustrée ci-contre.

7. a) Quel est le nom du supercontinent illustré ci-contre?

b) Quel scientifique a imaginé ce supercontinent?

c) Explique comment les pays ont pu se déplacer pour occuper leur position actuelle.

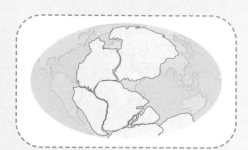

8. a) Quels mouvements ont causé le relief observable sur les schémas ❶ et ❷?

b) Nomme la force associée au mouvement qui a causé le relief observable sur le schéma ❷.

c) Nomme le phénomène illustré sur le schéma ❸.

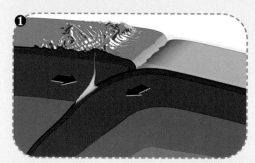

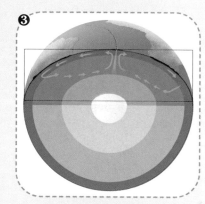

9. Les plaques tectoniques sont mobiles les unes par rapport aux autres. Associe les mouvements de la colonne de gauche aux descriptions de la colonne de droite.

Mouvement	Description
a) Mouvement divergent	❶ Deux plaques glissent l'une contre l'autre.
b) Mouvement transformant	❷ Deux plaques s'écartent l'une de l'autre.
c) Mouvement convergent sans subduction	❸ Deux plaques se rapprochent, entrent en collision et forment un plissement.

10. a) Observe les schémas ci-dessous.

b) Indique quel schéma peut être associé à une orogenèse et explique les mouvements de la Terre qui entraînent cette situation.

c) Indique quel schéma peut être associé au volcanisme et aux séismes observés au Japon, et explique les mouvements de la Terre qui produisent cette situation.

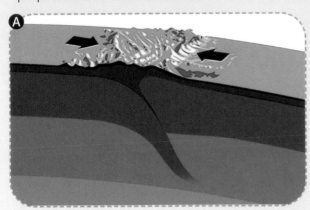

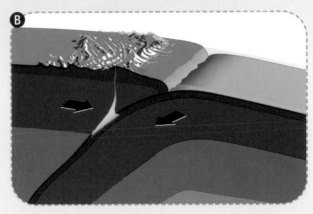

11. Identifie les parties numérotées de la structure interne d'un volcan illustrée ci-dessous.

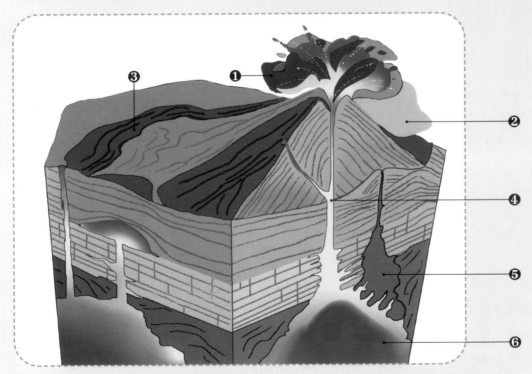

L'esprit qui invente est toujours mécontent
de ses progrès, parce qu'il voit au-delà.

JEAN LE ROND D'ALEMBERT

12

Si les inventeurs et inventrices pouvaient te raconter les circonstances dans lesquelles leurs inventions ont pris forme, tu apprendrais certainement des choses surprenantes. Une observation minutieuse du règne animal ou végétal et un questionnement persistant et approprié suffisent à provoquer chez certaines personnes une formidable poussée d'adrénaline, qui leur permet de canaliser leur énergie afin de trouver une idée géniale et de tout mettre en œuvre pour la réaliser.

Dans cette thématique, tu verras que, plus que jamais, la science et la technologie s'unissent pour améliorer la qualité de vie des êtres humains en leur proposant

Il fallait y penser !

des objets technologiques de plus en plus performants. Tu découvriras des personnes qui exercent diverses professions et, devant leur génie créatif, tu pourras t'exclamer comme tant d'autres : Il fallait y penser !

Entreprise

Une équipe de spécialistes en robotique est à la recherche de nouvelles idées pour la conception de mains de robots. Avec les membres de ton équipe, tu devras créer un dispositif articulé et actionné, directement inspiré de l'étude de la main humaine. Pour relever ce défi, tu devras d'abord observer et analyser la main humaine selon une démarche scientifique. Ensuite, pour répondre aux besoins des spécialistes en robotique, tu appliqueras une démarche de conception technologique pour créer un dispositif capable, tout comme la main humaine, de prendre et de soulever un objet. Ce sera l'occasion de faire preuve de créativité, d'originalité et d'ingéniosité !

En connexion avec...

... la vie

Contenu

... tes rêves

Orientation

Orientation et entrepreneuriat

Compétence transversale

» Mettre en œuvre sa pensée créatrice

Compétences disciplinaires

» Chercher des réponses ou des solutions
à des problèmes d'ordre scientifique
ou technologique

» Mettre à profit ses connaissances
scientifiques ou technologiques

» Communiquer à l'aide de langages
utilisés en science et technologie

... la culture

Repères culturels

... l'expérience

En science

En technologie

→Contact!

Connais-tu la **bionique** ? C'est une science qui a été officiellement reconnue vers 1960. Pourtant, elle existe depuis très longtemps. En effet, le célèbre Léonard de Vinci s'y adonnait déjà au 15e siècle !

1. Le mot *bionique* est formé de deux mots. Quels sont-ils à ton avis ? Découvre-les en lisant le texte suivant.

Le champ d'études de la bionique est particulier, car il vise à tirer profit de la nature et de l'observation des organismes vivants pour créer des objets techniques qui nous facilitent la vie et répondent à des besoins précis.

Imagine une chercheuse en biologie en train d'examiner à la loupe un organisme vivant comme une feuille de lotus. Cette feuille possède une propriété qui fait que la saleté n'y adhère pas. La chercheuse travaille sans relâche à identifier cette propriété afin de pouvoir inventer un matériau autonettoyant. Voilà un exemple de recherche en bionique, dont l'objectif est de combler un besoin précis.

2. Connais-tu d'autres inventions tirées de la recherche en bionique ? Si oui, donne un exemple et indique quel besoin a été comblé par cette invention.

La bionique est très populaire dans le monde du cinéma et de la littérature fantastique. Plusieurs héros et héroïnes sont des personnages de mondes futuristes, qui présentent à la fois des caractéristiques propres aux organismes vivants et des caractéristiques technologiques.

3. Nomme des personnages, qui ont à la fois des caractéristiques de l'humain et de la machine.

> Une idée, c'est comme un pain au chocolat. Il faut la laisser refroidir pour voir si elle est vraiment bonne.
>
> Serge Uzzan

Que ce soit dans le domaine de l'architecture, de l'aviation, des communications ou du transport, l'être humain s'inspire du monde végétal et animal pour trouver des solutions technologiques qui lui permettent de résoudre des problèmes ou de répondre à ses besoins.

4. a) Observe les photographies ci-dessous. Elles représentent des organismes vivants qui ont inspiré la fabrication de certains objets technologiques.

b) Cite des exemples d'objets technologiques qui semblent être inspirés de chacun de ces organismes vivants.

Pinces du crabe

Trompe du moustique

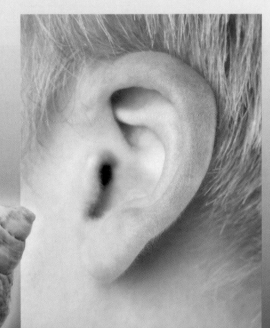

Forme de l'oreille humaine

**Forme spiralée
d'une coquille de mollusque**

Graines du pissenlit

Technique de chasse de la chauve-souris

Il fallait y penser !

→ ## L'étude du monde animal et végétal

AMORCE Malgré son apparente fragilité, la toile d'araignée est une structure très résistante et très efficace pour attraper des proies. L'araignée passe habituellement entre une demi-heure et deux heures pour tisser sa toile. Le tissage de la toile se fait en plusieurs étapes.

1. **a)** En équipe, observez la photographie de la toile d'araignée ci-dessous. Remarquez la précision de cet ouvrage.

   b) Selon vos observations, expliquez les différentes étapes nécessaires au tissage de cette toile.

   c) Illustrez une toile d'araignée en prenant soin d'identifier et de numéroter les étapes nécessaires à sa fabrication.

   d) Nommez au moins deux objets technologiques qui semblent inspirés de l'étude d'une toile d'araignée. Justifiez vos choix.

2. Imagine que tu es un ou une architecte. On te demande de dessiner le toit d'un stade en prévision des prochains Jeux olympiques. À quoi ce toit ressemblera-t-il ? Laisse aller ton imagination et exerce-toi à dessiner un toit pour le stade ci-dessous. Utilise la fiche remise en classe. 📝

On a fait appel aux services de l'architecte allemand Frei Otto pour la construction du toit du stade olympique de Munich en 1972. Il a relevé ce défi en concevant un toit particulièrement original en forme de toile d'araignée ! Il a d'ailleurs exploité cette forme à plusieurs reprises pour d'autres structures.

3. Consulte la rubrique En connexion avec la culture pour en apprendre davantage au sujet de Frei Otto.

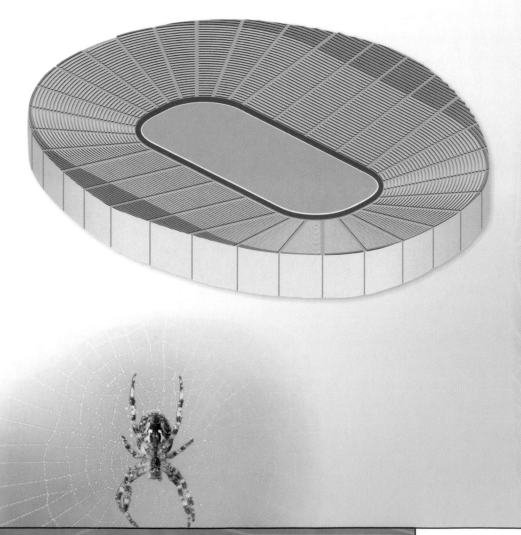

L'INVESTIGATION SCIENTIFIQUE ET LA CONCEPTION TECHNOLOGIQUE

Une super coquille

Si tu enlèves l'étiquette d'une boîte de conserve, tu verras des ondulations sur la boîte. Pourquoi est-ce ainsi à ton avis ? Pour le découvrir, joins-toi à un ou une camarade de classe et faites l'activité suivante.

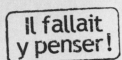

1. a) À l'aide de la loupe, observez les caractéristiques de la coquille Saint-Jacques. Notez vos observations.

b) Placez une feuille de papier sur deux crayons et déposez une coquille Saint-Jacques sur la feuille (voir la figure 1). Qu'observez-vous ?

Matériel

» deux crayons
» deux feuilles blanches
» une coquille Saint-Jacques (de 8 à 10 cm de longueur)
» une loupe

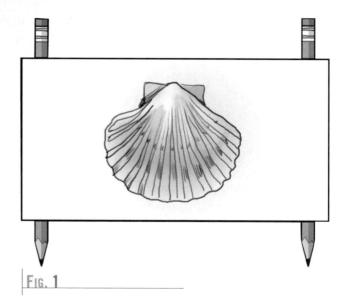

Fig. 1

Variété de coquille Saint-Jacques
(*Lyropecten subdonosus*)

c) En vous inspirant de l'étude des caractéristiques de la coquille, trouvez une façon de renforcer votre feuille de papier pour lui permettre de supporter une charge plus lourde.

d) Testez votre méthode à l'aide de la coquille Saint-Jacques en la posant sur votre feuille de papier. Qu'observez-vous ?

e) Proposez une explication à la suite de vos observations.

f) Utilisez deux feuilles et trouvez une manière de les disposer sur les crayons afin de supporter une charge plus lourde. Ajouter des objets sur la coquille Saint-Jacques (trombone, gomme à effacer, etc.) pour tester la résistance des deux feuilles.

2. Toujours en équipe, lisez le texte suivant et déterminez ce qui explique la grande solidité de la coquille Saint-Jacques.

La coquille Saint-Jacques est un mollusque qui aime vivre en solitaire bien à l'abri dans sa coquille au fond de l'océan. Comme la plupart des mollusques, il est protégé par sa coquille, une enveloppe calcaire. La forme de la coquille Saint-Jacques est particulièrement résistante aux forces qui pourraient l'écraser ou la perforer. Dans les années 1930, un ingénieur français du nom de Robert Le Ricolais a découvert le secret de la résistance de la coquille en étudiant minutieusement sa forme.

3. Comme vous avez pu le constater, l'observation d'un organisme vivant a permis de développer la technologie d'une façon créative. De nos jours, l'utilisation des ondulations sur des objets ou des structures répond à un besoin précis.

a) À votre avis, à quel besoin les ondulations sur les boîtes de conserve répondent-elles ?

b) Trouvez d'autres exemples d'applications technologiques utilisant les ondulations.

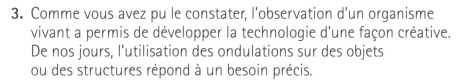

Entreprise

Grâce à l'observation, tu découvriras certains principes qui expliquent le fonctionnement de la main humaine. Tu devras les appliquer dans ta démarche de conception technologique.

De la bardane au velcro

Tu possèdes certainement un objet sur lequel on trouve
l'une des applications les plus célèbres de la bionique : le velcro.
Voilà un exemple classique d'une invention qui allie l'investigation
scientifique à partir de l'observation d'un organisme vivant
à une démarche de conception technologique. En équipe, faites l'activité
suivante pour découvrir les étapes de la fabrication du velcro.

1. Consultez La boîte à outils pour connaître les étapes d'une investigation
   scientifique et d'une conception technologique.

2. a) Lisez le texte suivant, qui parle de l'invention du velcro.

   *Le Suisse Georges de Mestral aimait aller à la chasse avec
   son chien. Toutefois, lorsqu'il revenait à la maison, il détestait
   enlever les dizaines de bardanes qui étaient accrochées à son pantalon
   ou à la fourrure de son animal. Georges de Mestral était un ingénieur
   doté d'un esprit curieux. Il a donc décidé d'étudier les propriétés
   de cette plante si « attachante ».*

   b) À votre avis, quelle caractéristique de la bardane Mestral
   a-t-il remarquée (voir la figure 1) ?

Fig. 1

Bardane (Arctium minus)

Mestral se demandait comment la bardane pouvait adhérer si solidement
au tissu et au poil. En examinant attentivement la plante au microscope,
il s'est aperçu que les aiguilles de la bardane avaient
une forme particulière. En poursuivant ses observations,
il a compris que la bardane était munie de petits crochets
qui s'accrochaient aux fibres des tissus. Mestral s'est alors
demandé s'il serait possible de recréer ce système adhésif.
Il s'est mis en tête de fabriquer un dispositif adhésif
qui pourrait remplacer la fermeture éclair.

Velcro

Mestral a travaillé sans relâche à ce projet de 1948 à 1955, faisant plusieurs essais et erreurs, et utilisant différents textiles, dont le velours. Les premiers prototypes étaient inefficaces et coûteux.

C'est finalement la découverte d'un matériau aux propriétés étonnantes qui a résolu son problème. Grâce au nylon, Mestral a réussi à former des crochets très résistants reproduisant ceux de la bardane et à confectionner des boucles sur la bande de tissu (voir la figure 1). C'est ainsi qu'est né le velcro[1] en 1955.

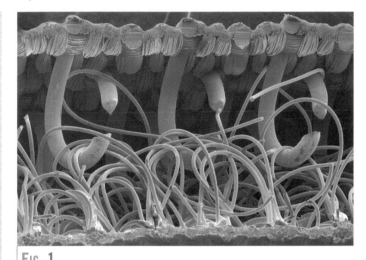

Fig. 1

Grossissement d'une bande velcro

3. a) Trouvez la séquence des étapes d'investigation scientifique et de conception technologique suivies par Georges de Mestral. Consultez La boîte à outils pour vous aider.

b) Nommez deux qualités que Georges de Mestral devait posséder en tant que chercheur et inventeur.

c) Déterminez en quoi le velcro est un exemple de bionique.

Comme tu viens de le découvrir, l'application de la bionique résulte :

» d'une démarche d'investigation scientifique dont le point de départ est l'observation d'un phénomène dans le but de le comprendre pour le représenter sous forme de modèles, de principes ou de lois ;

» d'une démarche de conception technologique dont le point de départ est l'identification d'un besoin. Un ensemble de principes et de connaissances techniques et graphiques seront mis à profit pour construire un prototype qui répond convenablement au besoin à combler.

Il fallait y penser !

----
1. velcro (mot composé des mots *velours* et *crochet*) : invention brevetée et commercialisée.

Un tourbillon de disamares

Les **disamares** tourbillonnent et tombent souvent loin de l'érable qui les porte afin de prendre racine dans un sol qui leur permettra de pousser. Plus la graine met du temps à descendre, plus le vent l'éloigne de l'arbre. L'expérience suivante te permettra de comprendre le phénomène de tourbillon des disamares.

Zoom

Le mouvement de rotation de la disamare est une adaptation physique de la graine d'érable. Certaines de nos forêts sont remplies de cet arbre devenu l'emblème du Canada.

Problème à résoudre

Par quel moyen peux-tu ralentir le temps de chute d'un objet ?

Matériel

- deux bandes de papier (10 cm × 3 cm)
- trois trombones
- une paire de ciseaux
- un ruban à mesurer
- un chronomètre

Déroulement

1. Élaborer un court protocole décrivant la démarche de fabrication d'un prototype qui ralentit le temps de chute d'un trombone à l'aide d'une bande de papier.

2. Dessiner un croquis de deux prototypes différents en suivant les consignes de la fiche remise en classe.

3. Appliquer le protocole en mettant à l'épreuve les prototypes. Faire les ajustements nécessaires.

4. Mesurer le temps de chute des trois trombones à partir d'une hauteur de 2 m. Calculer la moyenne de leur temps de chute respectif après quatre essais.

5. Remplir le tableau des résultats.

Disamares
(*Acer saccharum*)

Analyse

a) Compare ta solution et le temps de chute de tes prototypes avec ceux des autres équipes.

b) Émets une hypothèse pour expliquer les résultats obtenus.

c) As-tu pensé à exploiter la bionique pour ralentir le temps de chute de tes prototypes ? Explique ta réponse.

d) Trouve des applications technologiques comme un objet, une idée, une forme ou une structure qui rappellent la forme de la disamare.

De la disamare à l'hélice

L'observation du tourbillonnement de certains organismes vivants semble avoir été une source d'inspiration pour un grand nombre de personnes qui éprouvaient un irrésistible besoin de voler. Déjà en 1500, Léonard de Vinci avait pressenti la possibilité de créer une machine volante munie d'une hélice en forme de vis (voir la figure 1). Malheureusement, son invention n'a pas permis de créer des machines volantes à cette époque.

En 1808, l'Anglais George Cayley a eu l'idée d'une hélice à pales en observant des disamares tournoyer pendant leur chute.

a) Propose une explication scientifique au fait que la chute de la disamare est ralentie à cause de sa forme. Utilise les mots *rotation*, *force* et *gravité*.

b) Que se passerait-il si l'on augmentait la vitesse de rotation de la disamare grâce à un mécanisme quelconque ? Explique ton raisonnement.

c) Compare le principe de fonctionnement d'un hélicoptère et celui de la disamare.

   1) En quoi est-il semblable ?

   2) En quoi est-il différent ?

Dans le domaine de l'aviation, des hommes et des femmes se sont ingéniés à construire des moteurs pouvant atteindre la vitesse de rotation nécessaire au soulèvement d'un appareil. C'est ainsi que l'être humain a vaincu la gravité, qui le maintenait au sol.

Sir George Cayley (1773-1857)

Hélicoptère

FIG. 1

Croquis d'une machine volante

Des machines qui volent

Pour s'élancer dans le vide du haut d'une colline en 1855, le jeune Clément Ader avait revêtu un costume d'oiseau de sa confection. L'histoire ne dit pas comment sa chute s'est terminée, mais on sait qu'il a poursuivi ses recherches pour assouvir son désir de voler un jour comme un oiseau. Même s'il n'avait que 14 ans, il était clair que ce jeune homme avait l'étoffe d'un inventeur, au grand désespoir de son père qui espérait le voir devenir menuisier comme lui.

Afin de mieux réfléchir à ses projets de machines volantes, Clément Ader a fait des études d'ingénieur et s'est particulièrement intéressé aux ailes de la roussette, une chauve-souris géante originaire de l'Inde, dont les ailes déployées peuvent atteindre jusqu'à 1,70 m.

Clément Ader a élaboré trois prototypes de sa célèbre machine volante qu'il a appelée avion[1].

Ces trois prototypes sont :

» l'avion I nommé *Éole*, en l'honneur du dieu grec des Vents ;

» l'avion II nommé *Zéphyr*, mot désignant un vent doux et agréable ;

» l'avion III nommé *Aquilon*, mot désignant un vent du nord froid et violent.

Clément Ader (1841-1925)

Roussette
(***Pteropus seychellensis***)

---

1. avion : du mot latin *avis*, qui signifie « oiseau ».

a) Observe l'appareil ci-dessous. C'est une reproduction du premier prototype d'avion de Clément Ader. L'ingénieur a même pris le temps de calculer le rapport masse-surface de la roussette et l'a appliqué à *Éole*.

b) En quoi la construction d'*Éole* est-elle un exemple de bionique ?

c) À l'aide de l'information que tu connais, détermine les éléments de la démarche scientifique appliqués par Clément Ader dans la construction d'*Éole*.

d) Fais de même avec les éléments de la conception technologique.

Les hélices en bambou sont actionnées par un moteur à vapeur de 20 chevaux ne pesant que 18 kg.

Les ailes ont une structure en bois articulée et sont recouvertes de soie fixée par 6500 boutons.

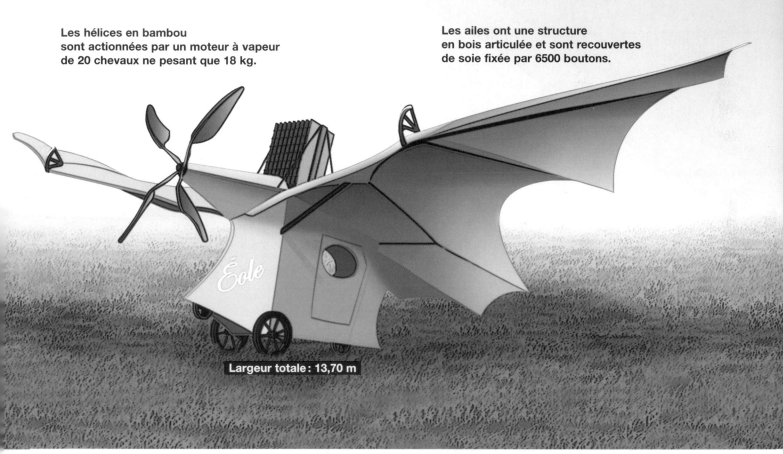

Largeur totale : 13,70 m

REPRODUCTION DE L'AVION *ÉOLE* DE CLÉMENT ADER

Le premier vol d'*Éole* s'est déroulé le 9 octobre 1890. L'avion s'est élevé à 20 cm au-dessus du sol sur une distance de 50 m. Par ses nombreuses recherches et inventions, Clément Ader a contribué à l'avancement de la science et de la technologie. C'est pourquoi on le reconnaît comme le père de l'aviation moderne.

ON MONTE OU ON DESCEND ?

Les poissons peuvent monter et descendre dans l'eau grâce à un sac appelé vessie natatoire ou vessie gazeuse, contenu dans leur abdomen. Cet organe peut se remplir ou se vider de gaz (oxygène, dioxyde de carbone, azote). La vessie natatoire fait augmenter le volume de gaz lorsque le poisson veut monter et elle le fait diminuer lorsqu'il veut descendre. L'activité suivante te permettra d'observer le phénomène.

Vessie natatoire

Fig. 1

Problème à résoudre

Comment peux-tu expliquer le principe qui permet à un objet de monter et descendre dans l'eau ?

Matériel

>> un stylo en plastique transparent

>> un trombone

>> une bouteille (2 L) en plastique transparent avec un bouchon

>> de l'eau

>> du colorant rouge ou bleu

Déroulement

1. Remplir une bouteille à ras bord d'eau colorée.

2. Enlever le capuchon à la base d'un stylo et y insérer un trombone (voir la figure 1).

3. Mettre le stylo (trombone vers le bas) à l'intérieur de la bouteille et visser le bouchon.

4. Exercer une forte pression avec les deux mains en tenant la bouteille à peu près en son milieu.

5. Observer le comportement du stylo.

6. Noter les observations pertinentes qui expliquent le phénomène.

Analyse

a) Propose une hypothèse pour expliquer le comportement du stylo dans la bouteille.

b) Trouve des applications technologiques qui fonctionnent sur le même principe.

DE LA VESSIE NATATOIRE AU SOUS-MARIN

L'observation et l'étude de diverses populations de poissons ou
de mammifères marins ont permis de faire de grandes découvertes
scientifiques et technologiques. Pour explorer les profondeurs
des fonds marins, les entreprises qui fabriquent des sous-marins
ont mis à profit ces découvertes pour développer un objet technique
appelé ballast[1].

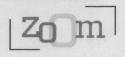

Si la masse volumique
d'un objet est inférieure
à celle de l'eau,
l'objet flottera.

a) Observe le schéma ci-dessous qui illustre le fonctionnement d'un ballast.

b) Compare les principes technologiques qui expliquent la montée
et la descente du poisson, du stylo dans la bouteille et du sous-marin.
Remplis la fiche remise en classe.

c) Explique pourquoi le fonctionnement du ballast est un exemple
de bionique.

BALLAST D'UN SOUS-MARIN (VUE DE FACE)

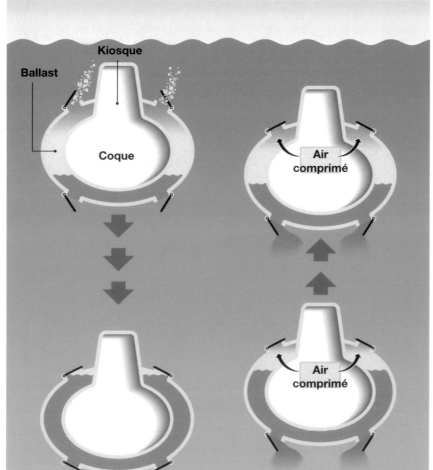

Lorsque
le sous-marin
doit descendre
au fond de l'eau,
l'eau de mer
pénètre dans
le ballast.

Lorsque
le sous-marin
doit remonter,
l'eau de mer
est rejetée.

Légende
☐ Air
■ Eau de mer

---

1. ballast : compartiment d'un sous-marin qui se remplit
ou se vide selon que le sous-marin descend ou remonte.

THÈME 2

→ **L'étude de l'être humain**

··· AMORCE Le corps humain est fascinant. Pense à tous les mouvements que tu peux faire, à toute l'information que tes sens peuvent décoder, à toutes les pensées qui habitent ton cerveau ou encore à la lutte incessante que livre ton corps contre les virus ou les microbes. Pour fonctionner normalement, ton organisme doit :

» absorber quotidiennement une grande variété d'intrants ;

» rejeter des extrants.

a) Observe l'illustration ci-dessous.

b) Dans cette illustration, quels sont les intrants et les extrants qui sont absorbés ou rejetés par le corps humain ?

> Disséquer le corps humain, c'est détruire sa beauté ; et pourtant, par cette dissection, la science arrive à y reconnaître une beauté d'un ordre bien supérieur et que la vue superficielle n'aurait pas soupçonnée.
>
> ERNEST RENAN

L'étude des organismes vivants en vue de développer des applications technologiques a toujours captivé les êtres humains. Les personnes qui travaillent en chirurgie s'appuient sur la précision du travail des chercheurs et chercheuses qui décortiquent la plus infime partie du corps humain afin d'en comprendre le fonctionnement.

Certaines personnes naissent avec une malformation d'un membre ou d'un organe : un bras, une main, le cœur ou un rein, par exemple. D'autres doivent subir l'amputation d'un membre. La recherche et le développement technologique en bionique peuvent être d'un grand secours pour ces personnes. Les membres artificiels permettent d'effectuer certains mouvements, et les **prothèses** pallient le dysfonctionnement de certains organes. Grâce à la bionique, on peut fabriquer des appareils qui reproduisent assez fidèlement certains comportements du corps humain.

Appareil auditif

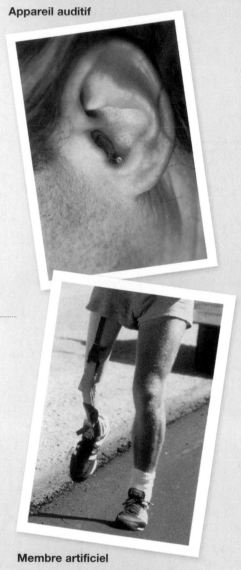

» Certains appareils remplacent des membres qui se trouvent à l'extérieur du corps humain. C'est le cas des membres artificiels.

» Certains appareils sont implantés à l'intérieur du corps et ne sont pas visibles extérieurement. C'est le cas d'un stimulateur cardiaque.

» Certains appareils qui sont implantés dans l'organisme ont une composante extérieure. C'est le cas des implants cochléaires[1] dont une partie se trouve dans l'oreille interne et l'autre, fixée sur le crâne, derrière l'oreille.

a) Sur une illustration semblable à celle ci-dessous, écris le nom de différents appareils apparents qui peuvent remplacer un membre de l'organisme. 📋

b) Écris le nom des différents appareils qui peuvent être implantés dans l'organisme.

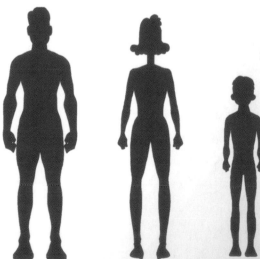

Membre artificiel

---

1. implant cochléaire : appareil qui capte les renseignements sonores ambiants et les transforme en impulsions électriques qui sont diffusées par une ou plusieurs électrodes placées à l'intérieur de la cochlée, dans l'oreille interne.

Zo◯m

Le corps humain possède plusieurs systèmes. Chacun sert à une fonction précise.

••• APPRENTISSAGE

LE CORPS HUMAIN, TOUT UN SYSTÈME !

Pense au fonctionnement de ton corps dans son ensemble. Tu peux notamment lire, parler, manger, respirer, marcher, penser ou bouger. Derrière chacune de ces actions se cache un mode de fonctionnement très complexe.

Le simple fait de lire ces lignes nécessite un travail de coordination très élaboré. Grâce à ton système nerveux, ton cerveau transmet à tes mains la commande de prendre ton manuel et de tourner les pages. Il indique aussi à tes yeux quoi lire et comment le faire. Ce paragraphe est composé d'une suite de mots dont tu connais le sens. Tu peux donc décoder l'information présentée. Ton système musculaire te permet de t'asseoir pour lire. Tu pourrais aussi écouter de la musique ou boire de l'eau en même temps. En fait, ton corps est composé de plusieurs systèmes[1], qui fonctionnent généralement en harmonie les uns avec les autres.

Ces systèmes sont eux-mêmes composés de plusieurs organes tels que l'œil, l'oreille, l'estomac, le cerveau, le poumon, le foie ou le rein, entre autres. Ton corps est une machine extrêmement complexe !

a) Consulte le tableau ci-dessous dans lequel on trouve quelques-uns des principaux systèmes du corps humain et leurs fonctions.

b) Associe chacun des systèmes de la colonne de gauche à une fonction de la colonne de droite.

Système	Fonction
Ⓐ Digestif	**❶** Achemine l'oxygène dans le sang et rejette le gaz carbonique.
Ⓑ Respiratoire	**❷** Défend le corps contre les maladies et les infections.
Ⓒ Excréteur	**❸** Transforme les aliments en nutriments absorbés dans le sang.
Ⓓ Immunitaire	**❹** Contrôle l'ensemble des systèmes du corps.
Ⓔ Nerveux	**❺** Élimine les déchets du corps.

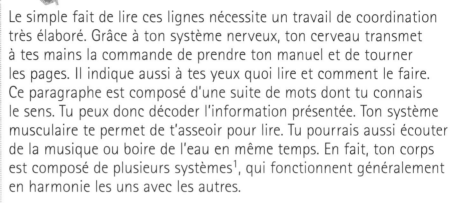

---

1. système : mot tiré du grec *sustêma*, qui signifie « ensemble ».

L'ŒIL, UN SYSTÈME EN LUI-MÊME

L'œil est un organe tellement complexe qu'il possède à lui seul toutes les caractéristiques d'un système. L'étude du système optique fascine l'être humain depuis toujours! En équipe, faites l'activité suivante pour :

» mieux comprendre les réactions de l'œil aux stimulations extérieures ;

» découvrir comment se forment les images.

1. À tour de rôle, observez la réaction de l'œil dans les situations suivantes :

   a) Observez la réaction de la pupille lorsqu'on approche ou qu'on éloigne une source de lumière (lampe de poche). N'approchez pas trop la lampe de poche de l'œil pour éviter l'éblouissement.

   b) Décrivez la réaction de la pupille en fonction de la variation de l'intensité lumineuse. Proposez une explication.

   c) Décrivez le comportement de l'œil lorsque vous soufflez délicatement sur l'œil de votre camarade. Proposez une explication.

   d) Décrivez la réaction de l'œil lorsque vous déplacez votre doigt lentement de gauche à droite. Il faut tenir la tête immobile ; seul l'œil doit suivre le doigt en mouvement.

   e) À votre avis, qu'est-ce qui permet à l'œil de suivre le mouvement du doigt alors que la tête reste immobile ? Proposez une explication.

2. Illustrez un œil et indiquez les composantes que vous connaissez. Proposez une fonction pour chacune d'elles. Inspirez-vous du tableau de la page 250.

La formation des images

Comment les images se forment-elles dans le système optique de l'œil ?
Pour le savoir, fais l'activité suivante avec un ou une camarade de classe.

1. **a)** Ton ou ta camarade de classe doit se tenir à une distance
d'au moins 4 m de toi dans un endroit très éclairé.

   b) En approchant la loupe de la feuille, tu dois trouver une façon
   de faire apparaître une image nette de ton ou ta camarade
   sur la feuille blanche.

   c) Décris l'image qui apparaît sur la feuille.

   d) Ensemble, trouvez une explication à l'apparition de l'image
   sur la feuille.

2. **a)** Observez le schéma de l'œil à la page 253 et lisez l'information
qui l'accompagne.

   b) Comparez l'expérience que vous venez de faire avec le schéma.
   Quelle similitude observez-vous ?

   c) À quelles composantes de l'œil associez-vous la loupe ?
   la feuille blanche ?

3. Décrivez en une phrase la fonction de l'œil. Utilisez un langage
scientifique précis.

Source lumineuse

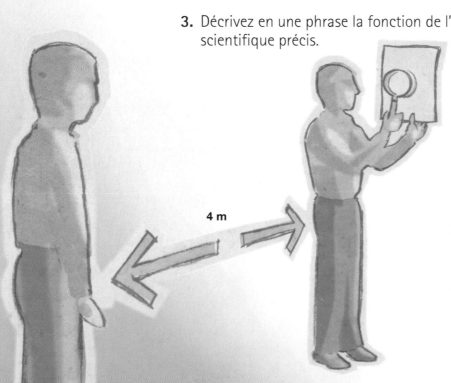

4 m

> Matériel
>
> » une feuille blanche
> » une loupe
>   (lentille convergente)

Les composantes de l'œil

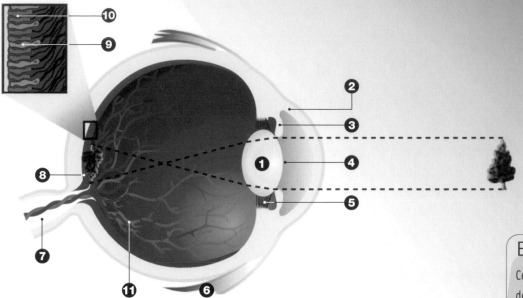

VUE EN COUPE DE L'ŒIL

Composante de l'œil	Description et rôle
1 Cristallin	Lentille qui concentre la lumière pour former les images sur la rétine.
2 Cornée	Partie transparente du globe oculaire qui se trouve sous les paupières.
3 Iris	Muscle circulaire qui contrôle la quantité de lumière qui entre dans la pupille.
4 Pupille	Ouverture centrale de l'iris qui laisse entrer la lumière dans l'œil.
5 Muscle ciliaire	Muscle qui change la forme du cristallin (en l'étirant ou en le bombant) pour obtenir une image nette sur la rétine.
6 Muscle droit	Muscle qui contrôle le mouvement du globe oculaire.
7 Nerf optique	Nerf au fond de l'œil, qui transmet les images de la rétine au cerveau.
8 Rétine	Membrane interne de l'œil sensible à la lumière sur laquelle les images sont captées.
9 Cône	Récepteur visuel responsable de la vision en couleur.
10 Bâtonnet	Récepteur visuel responsable de la vision en noir et blanc.
11 Vaisseau sanguin	Réseau qui permet au sang de nourrir les différentes parties de l'œil.

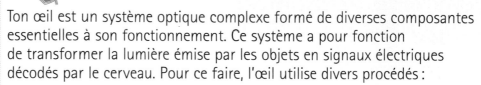
UN SYSTÈME ET SES COMPOSANTES

De l'œil à l'appareil photographique

Ton œil est un système optique complexe formé de diverses composantes essentielles à son fonctionnement. Ce système a pour fonction de transformer la lumière émise par les objets en signaux électriques décodés par le cerveau. Pour ce faire, l'œil utilise divers procédés :

» le cristallin concentre la lumière sur la rétine, mais comme c'est une lentille convergente, les images formées sont à l'envers sur la rétine ;

» les images sont ensuite transformées en signaux électriques et acheminées au cerveau par le nerf optique ;

» le cerveau décode les signaux électriques et place l'image à l'endroit.

Comme tu as pu l'expérimenter, divers mécanismes contrôlent le système de l'œil et le protègent notamment contre les agressions d'une lumière trop vive, du vent ou de la poussière.

Le monde du cinéma et de l'audiovisuel profite des retombées des recherches sur le fonctionnement de l'œil. Ainsi, l'appareil photographique à pellicule est un autre exemple des possibilités de la bionique. Comme l'œil, l'appareil photographique est un **système** qui possède ses propres caractéristiques. Ce sont les **composantes d'un système** technologique qui lui permettent de remplir sa fonction.

1. **a)** Observe l'appareil photographique à pellicule à la page 255 et lis l'information qui l'accompagne.

   b) Compare les composantes de l'appareil photographique à pellicule avec celles de l'œil, illustrées à la page 253. Nomme trois composantes ayant un rôle similaire.

Les composantes d'un appareil photographique à pellicule

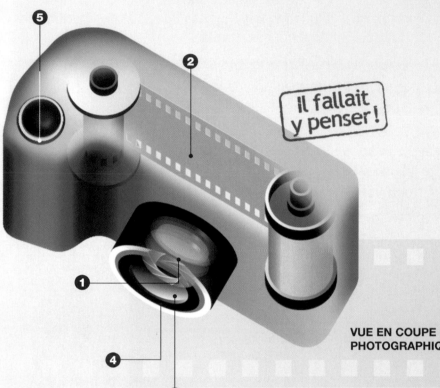

VUE EN COUPE D'UN APPAREIL
PHOTOGRAPHIQUE À PELLICULE

Composante d'un appareil photographique à pellicule	Description et rôle
❶ Lentilles	Dispositif permettant de concentrer la lumière sur la pellicule pour y former les images
❷ Pellicule photographique	Bande sensible à la lumière sur laquelle les images sont imprimées ou enregistrées
❸ Diaphragme	Ouverture contrôlant la quantité de lumière qui entre dans l'appareil photographique
❹ Objectif	Partie de l'appareil dirigée vers l'objet à photographier et qui fait entrer la lumière
❺ Déclencheur	Dispositif qui commande l'entrée de la lumière sur la pellicule lorsque la mise au point est ajustée

**Appareil à plaque et à soufflet
(vers 1850)**

**Appareil à pellicule 35 mm
(vers 1920)**

2. Comme ton œil, un appareil photographique est un système complexe qui possède plusieurs caractéristiques. Il a une fonction et utilise certains procédés pour la remplir. De plus, il possède des mécanismes de contrôle, des intrants et des extrants.

a) Lis les éléments d'information suivants.

1) Les images se forment au moyen d'un ensemble de lentilles.

2) Transformer la lumière émise par les objets en images imprimées sur une pellicule.

3) Pellicule vierge, lumière, pile électrique.

4) Les images sont transformées chimiquement et laissent une trace visible sur la pellicule.

5) Pour éviter une surexposition de la pellicule, la quantité de lumière est contrôlée par le diaphragme.

6) Lorsque la mise au point est faite, on appuie sur le déclencheur pour permettre à la lumière d'atteindre la pellicule et d'y imprimer une image.

7) Pellicule avec les images captées, indication du nombre de poses prises.

b) Associe ces éléments d'information aux caractéristiques d'un système. Utilise un tableau semblable à celui ci-dessous.

c) Dans la dernière colonne de droite, trace un **X** vis-à-vis des descriptions qui te semblent inspirées du fonctionnement de l'œil.

Caractéristique et description d'un système	Élément d'information	
Fonction globale Rôle du système pour répondre convenablement au besoin		
Procédé Technique employée pour faire fonctionner le système		
Contrôle Contrainte dans le fonctionnement du système		
Intrant Toute matière, énergie ou information entrant dans le système		
Extrant Toute matière, énergie ou information sortant du système		

Une trop grande quantité de lumière brûle la pellicule. On dit alors que la pellicule est surexposée. Contrairement à la pellicule, l'œil humain est équipé pour être exposé en permanence à la lumière. Cependant, il peut parfois être ébloui et endommagé.

3. Dans quelle circonstance l'éblouissement peut-il se produire ? Donne un exemple.

Polaroïd noir et blanc (vers 1950)
Polaroïd couleur (vers 1960)

De l'ère des photos en noir et blanc sur plaque de métal ou sur verre à usage unique, à celui des photos à développement instantané de type polaroïd, en passant par les appareils jetables, les appareils photographiques ont beaucoup évolué au fil du temps. Il en est de même de la qualité des images produites.

Les appareils numériques n'ont pas de pellicule. Les images ne sont pas traitées par un procédé d'impression, mais elles sont transformées en fichiers numériques emmagasinés dans une mémoire.

La fonction première de ces appareils reste la même, mais les procédés pour les faire fonctionner sont très différents les uns des autres. Il en est de même des contrôles, des intrants et des extrants.

ZOOM

D'après toi, quelle sorte de système technologique utiliserons-nous dans l'avenir pour conserver nos souvenirs ?

Appareil numérique (vers 1990)

Appareil reflex (vers 1970)

LA BIONIQUE ET LA ROBOTIQUE

Un peu d'histoire

La robotique (science des robots[1]) est l'une des retombées de la bionique. Parfois, la robotique vise à fournir des connaissances essentielles à l'élaboration de robots qui reproduisent les mouvements de l'être humain ou qui s'inspirent du fonctionnement des systèmes du corps humain.

Savais-tu qu'un chevalier mécanique ayant la capacité de se lever, de balancer les bras et de bouger la tête et la mâchoire a été imaginé par Léonard de Vinci en 1495 ?

De Vinci a fait plusieurs croquis de mécanismes devant servir à la construction d'un tel robot (voir la figure 1).

Ses études anatomiques incluaient des modèles de membres articulés et actionnés au moyen de ficelles pour simuler les muscles et les tendons humains.

Ses recherches anatomiques sur l'être humain semblent l'avoir grandement inspiré (voir la figure 2).

Entreprise

Tu devras faire le croquis d'une main humaine avant de fabriquer ton système technologique.

a) Observe la précision des croquis de la figure 2 à la page 259.

b) Réfléchis au lien entre la bionique et la robotique en répondant aux questions du Carnet Connexion à la page 259.

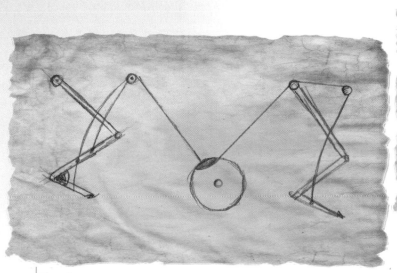

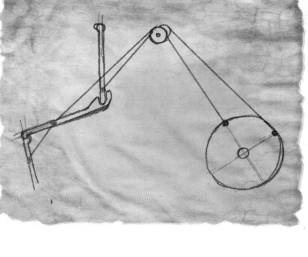

Fig. 1

Croquis des mécanismes du chevalier mécanique

---

1. robot : mot tiré du tchèque *robota*, qui signifie « corvée ».

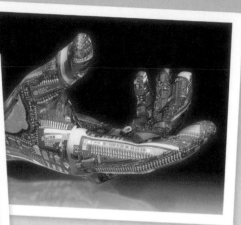

FIG. 2

*Croquis de Léonard de Vinci,
qui représente une étude
du mouvement de l'épaule
et du bras.*

CARNET CONNEXION

QUESTION D'OBSERVATION

a) Nomme une machine simple représentée sur le croquis
du chevalier mécanique (voir la figure 1).

QUESTIONS DE RÉFLEXION

b) Selon toi, quels types de forces (tension, compression, torsion,
cisaillement) se manifestent dans les muscles de ton bras
lorsque tu le plies ? Précise ta réponse.

c) À ton avis, quel type de mouvement trouve-t-on dans l'articulation
d'une épaule ?

d) Selon toi, comment Léonard de Vinci a-t-il fait pour dessiner
l'intérieur du corps humain avec autant de précision ?
Suggère un moyen.

QUESTION DE MÉTHODE

e) D'après toi, quelles habiletés une personne désireuse
de travailler dans le domaine de la bionique ou de la robotique
doit-elle développer ?

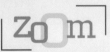

Consulte la section
Info-science
pour revoir les types
de mouvements.

Les applications aujourd'hui

Zo◯m

Savais-tu qu'on appelle les robots d'apparence humaine des androïdes ou des humanoïdes ?

La robotique actuelle développe une génération de robots capables de réagir à l'environnement de façon autonome. Ces robots sont programmés pour collecter et analyser les données provenant de l'environnement immédiat, sans contrôle humain ! Les recherches sur l'intelligence artificielle sont directement liées au développement de l'autonomie des robots. Imagine un robot capable de danser, de jouer au football ou même de passer inaperçu.

Actroïd est une jeune Japonaise qui a accueilli plus de 5 millions de visiteurs à l'Exposition internationale d'Aichi au Japon en 2005. Toujours souriante, elle répondait aux questions des visiteurs en japonais, en anglais, en coréen et en chinois. Une super employée ? Non, un super robot. Actroïd (voir la figure 1) est un humanoïde capable de comprendre plus de 40 000 questions en différentes langues et de donner 2000 réponses accompagnées de l'expression faciale appropriée.

Un robot peut traiter et exécuter rapidement des opérations pour lesquelles il a été programmé. Toutefois, il devient lent et inefficace si l'information nécessite une vue d'ensemble. C'est là la supériorité de l'être humain sur la machine.

Crois-tu que l'intelligence artificielle pourra un jour égaler ou dépasser celle des êtres humains ? Si oui, est-ce une bonne chose, à ton avis ? Si tu réponds non, explique pourquoi cela te semble impossible.

Robot capable de reproduire des mouvements humains précis

Fɪɢ. 1

Actroïd

Les retombées les plus prometteuses de la bionique se trouvent dans le domaine de la médecine. Les recherches faites dans ce domaine visent à :

» perfectionner et développer des **orthèses** et des prothèses (hanche, genou, bras, jambe, etc.) pour remplacer des membres ou en corriger le fonctionnement ;

» développer des capteurs (visuels, auditifs, musculaires, thermiques, etc.), des modules d'intelligence artificielle et des stimulateurs qui peuvent exciter le système nerveux et mesurer précisément les signaux électriques ;

» découvrir des biomatériaux (titane, acier, zircone, polyester, cellulose, silicone, etc.) utilisables pour réparer les structures endommagées de certains systèmes du corps humain.

Le développement et la conception de tels systèmes technologiques sont possibles grâce à l'étroite collaboration entre des spécialistes du domaine médical, et des spécialistes en sciences naturelles, en biologie et en technologie.

Jambe bionique

Main bionique

UN COUP DE MAIN

Dans cette thématique, tu as exploré le monde de la bionique. Tu as vu que l'observation attentive d'organismes vivants, autant chez les végétaux que chez les animaux ou les êtres humains, peut inspirer de nombreuses idées et conduire à des conceptions technologiques très utiles.

Avec ton équipe de concepteurs et conceptrices, mets en application tes connaissances et tes compétences dans le domaine de la bionique pour offrir à une équipe de spécialistes en robotique un dispositif articulé (qui possède des articulations) et actionné (mis en mouvement) directement inspiré de l'étude de la main humaine.

La main humaine, tout comme l'œil, est un système aux multiples composantes. Pour relever ce défi, il faut d'abord suivre une démarche scientifique qui consiste en une étude des mouvements de la main humaine.

Pour répondre au besoin spécifique des spécialistes en robotique, il faut ensuite appliquer une démarche technologique qui consiste à fabriquer un dispositif articulé et actionné, capable de prendre et de soulever un objet.

Utilise le document de travail mis à ta disposition pour t'aider dans toutes les étapes.

Investigation scientifique basée sur l'observation d'un organisme vivant	Besoin à combler	Conception technologique pour répondre au besoin à combler
Exemple : Observation de la bardane	*Exemple :* Trouver une nouvelle façon d'attacher deux pièces de tissus	*Exemple :* Velcro

Démarche

Préparez votre prototype en suivant les étapes nécessaires à sa réalisation et inscrivez toutes les décisions prises dans le document de travail remis en classe.

ÉTAPE 1   QUESTIONS ADMINISTRATIVES

a) Former une équipe de travail.

b) Assigner des tâches précises à chaque membre de l'équipe.

ÉTAPE 2   PLANIFICATION DU TRAVAIL

a) Planifier le travail en fonction du nombre de périodes prévues pour le projet.

b) Utiliser le tableau de planification du document de travail.

ÉTAPE 3   INVESTIGATION SCIENTIFIQUE

a) Étudier la main humaine afin de découvrir les principes permettant de produire des mouvements en suivant les étapes de l'investigation scientifique du document de travail.

b) Tirer des conclusions afin de transposer les connaissances acquises dans la conception et la fabrication du prototype.

ÉTAPE 4   DÉMARCHE DE CONCEPTION TECHNOLOGIQUE

a) Prendre connaissance des contraintes du cahier des charges à la page 264.

b) Suivre les étapes de conception technologique présentées dans le document de travail.

c) Fabriquer le prototype.

d) Procéder à la mise à l'essai du prototype et faire les ajustements nécessaires.

e) Utiliser le tableau d'évaluation du document de travail pour évaluer le prototype et proposer des améliorations.

ÉTAPE 5   ÉVALUATION

Remplir les sections Mon profil et Évaluation présentées dans le document de travail.

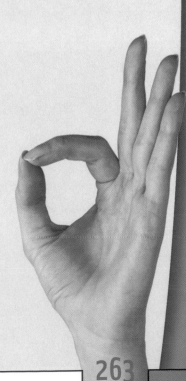

Un coup de main *(suite)*

Avant de commencer, lisez les pages 264 et 265 qui présentent :

» les contraintes du cahier des charges ;

» un tableau récapitulatif des étapes de l'Entreprise.

Les contraintes du cahier des charges

Le prototype doit :

1. être constitué d'un dispositif à l'échelle 1 : 1 ;

2. se plier (flexion) et se déplier (extension) ;

3. être capable de prendre et de soulever une charge ;

4. respecter les exigences des milieux impliqués tel qu'il est expliqué dans le schéma ci-dessous.

Milieu technique
doit être actionné
et articulé.

Milieu humain
doit être esthétique,
fonctionnel et sécuritaire.

Milieu industriel
doit être construit
en classe avec le matériel
et les outils disponibles.

Prototype

Milieu économique
doit être fait à partir
de divers matériaux
recyclés.

Milieu physique
doit être fabriqué
de matériaux résistants
aux conditions normales
d'utilisation.

TABLEAU RÉCAPITULATIF

Étape	Description	À faire
Planification	Planification du travail à accomplir	• Former une équipe de travail et assigner des tâches précises à chaque membre • Remplir un tableau de planification
Démarche d'investigation scientifique	Observation	Observer le fonctionnement de la main humaine
	Interrogation	Se poser des questions sur le fonctionnement des doigts de la main humaine
	Hypothèse	• Formuler, en une phrase, une hypothèse sur le mécanisme qui permet d'actionner les doigts de la main • Illustrer l'hypothèse à l'aide d'un croquis
	Expérimentation	Faire une expérience ou consulter diverses sources d'information pour vérifier l'hypothèse
	Analyse des résultats	Faire un croquis ou un tableau présentant les résultats obtenus
	Conclusion	• Comparer le mécanisme découvert avec celui de l'hypothèse • Nommer les renseignements utiles recueillis pour la conception et la fabrication du dispositif de préhension
Démarche de conception technologique	Perception d'un besoin	Identifier le besoin technologique à combler
	Formulation du besoin	Formuler, en une phrase, le besoin à satisfaire
	Analyse et choix d'un scénario de conception	**a)** Étude de principe • Trouver les principes nécessaires pour combler le besoin technologique • Relire les contraintes du cahier des charges • Envisager plusieurs scénarios de conception • Illustrer les scénarios retenus à l'aide de schémas de principe • Au besoin, construire une maquette sommaire pour tester certains principes
		b) Choix du scénario • Choisir le meilleur scénario parmi ceux qui ont été élaborés • Faire un schéma de principe définitif du dispositif de préhension • Faire un croquis définitif du dispositif de préhension
	Fabrication d'un prototype	Construire le prototype à l'aide du matériel et des outils disponibles
	Essai du prototype	• Faire fonctionner le prototype • Faire les ajustements nécessaires
	Évaluation du prototype	• Évaluer le prototype • Proposer ou apporter des améliorations

Il fallait y penser !

Léonard de Vinci

Léonard de Vinci (Leonardo da Vinci) est né en Italie dans la petite ville de Vinci près de Florence. Il a vécu à l'époque de la Renaissance, une période de l'histoire favorable au développement des arts et des sciences. Pendant cette période, l'expérimentation et l'exploration favorisent l'exercice de la pensée créatrice des intellectuels, des artistes et des scientifiques. La Renaissance donne un élan à la découverte de la nature et de l'être humain.

À 16 ans, Léonard de Vinci apprend des techniques de dessin, de peinture et de sculpture. Passionné de lecture, il dévore les livres qui traitent de botanique, de géologie et de l'anatomie humaine. En 1482, il travaille à Milan comme décorateur, sculpteur, peintre, dessinateur, ingénieur, architecte et urbaniste. Sa curiosité et son intérêt pour l'anatomie et la physiologie l'amènent à disséquer une trentaine de cadavres humains.

Entre 1469 et 1516, il peint une vingtaine de toiles représentant surtout des personnages religieux. En 1516, le roi de France, François 1er, lui offre de s'installer au château de Cloux pour exercer les fonctions de peintre, d'ingénieur et d'architecte.

LÉONARD DE VINCI (1452-1519)

Les manuscrits de Léonard de Vinci témoignent de sa passion pour les sciences expérimentales : il dessine des machines de guerre étonnantes, des inventions imaginées à la suite de l'observation de l'eau (flotteurs pour marcher sur l'eau), de l'air (vis aérienne) et des oiseaux (machine volante, aile d'oiseau). Ses dessins représentent notamment des escaliers, des villes, des engrenages, des moteurs, des machines pour exécuter des travaux de la vie quotidienne, des machines hydrauliques et des machines marines.

Son grand intérêt autant pour les arts que pour les sciences et ses nombreuses occupations l'empêchent d'achever plusieurs de ses œuvres. Il meurt en France à l'âge de 67 ans.

Le génie de Frei Otto

Lors de l'Exposition universelle de 1967 à Montréal, les commissaires ont demandé aux architectes choisis de faire preuve de créativité dans la conception des pavillons des différents pays.

Frei Otto

Un architecte et ingénieur allemand, Frei Otto, a travaillé pendant plusieurs années à la conception du pavillon de l'Allemagne de l'Ouest ; les ouvriers n'ont mis que six semaines à le construire. Le pavillon regroupait huit tentes réunies sous un seul toit. Les ouvriers ont érigé une immense structure constituée d'une membrane de plastique reposant sur un filet d'acier relié à des mâts soutenus par des câbles d'acier. Le toit pesait 150 tonnes et il était de 3 à 5 fois plus léger que s'il avait été construit avec des matériaux traditionnels.

Stade olympique de Munich construit en 1972

Frei Otto est un spécialiste de renommée internationale, reconnu pour créer des structures tendues légères ; il utilise des matériaux légers et résistants comme le textile, l'aluminium et le câble d'acier. C'est lui qui a conçu le toit des installations olympiques des Jeux de Munich en 1972.

Installations olympiques de Munich en Allemagne

Il fallait y penser !

Pavillon de l'Allemagne de l'Ouest à l'Exposition universelle de Montréal en 1967

Au fil du temps

ÉVÉNEMENTS	ANNÉES	ÉVÉNEMENTS

En 1783, les industriels français Jacques-Étienne et Joseph de Montgolfier inventent et construisent une montgolfière, qui leur permet de voler.

1783

En 1810, l'inventeur français Nicolas Appert met au point le procédé de conservation des aliments par leur stérilisation dans des contenants fermés hermétiquement.

1810

En 1876, l'inventeur et physicien américain Alexander Graham Bell invente le téléphone.

1876

En 1884, l'ingénieur allemand Maurice Koechlin calcule la répartition des charges pendant la construction de la tour Eiffel en s'inspirant des travaux du professeur d'anatomie allemand Hermann Von Meyer sur l'organisation des structures osseuses humaines.

1884

En 1888, le vétérinaire écossais John Boyd Dunlop invente le pneu en caoutchouc gonflé à l'air.

1888

En 1937, le chimiste américain Wallace Hume Carother découvre le nylon, une fibre synthétique. Le nylon remplacera, entre autres, les poils de porc sur les brosses à dents.

1937

En 1959, l'océanographe français, le commandant Jacques Cousteau et Jean Mollard s'inspirent du système de propulsion des animaux aquatiques tels que le nautile et la seiche pour mettre au point la soucoupe plongeante pour atteindre des profondeurs plus reculées.

1959

En 2005, le robot humanoïde japonais Asimo décroche son premier emploi de réceptionniste chez un concessionnaire de voitures.

2005

Un inventeur en connexion avec son rêve

« L'imagination est plus importante que le savoir », disait Einstein. Denis St-François est de cet avis. Les témoignages de personnes savantes et de nombreux inventeurs et inventrices montrent que ce n'est pas seulement en lisant des livres que l'on trouve une idée géniale. Il faut aussi une bonne dose d'imagination, d'intuition, de logique et de créativité. Enseignant à Repentigny, Denis St-François s'intéresse particulièrement à l'électricité et au magnétisme. Depuis plusieurs années, il caresse un rêve : mettre au point un dispositif qui permettrait de contrôler la gravité. Ce dispositif produirait une force capable de diminuer à volonté la gravité exercée par notre planète sur des personnes, des objets et des moyens de transport. Denis travaille en collaboration avec un ingénieur, qui le conseille sur les aspects technologique et mathématique de son projet.

Une invention est un produit issu d'un acte de créativité. Le mot *créer* vient du mot latin *creare* ; ce mot, employé autrefois dans le domaine agricole, signifie « faire pousser, produire ou faire naître ». Les personnes créatives comme Denis St-François ont une immense curiosité et une grande détermination dans le développement et la réalisation de leurs idées. Elles se fient à leur intuition, leur capacité de raisonnement et leurs ressources personnelles. En plus d'avoir de l'imagination et des compétences, les personnes créatives ont beaucoup d'enthousiasme : elles croient fermement que l'idée géniale viendra en temps et lieu.

Denis St-François utilise la relaxation et la visualisation ; selon lui, il est important de faire le vide mentalement pour permettre au cerveau de produire des idées nouvelles sans contraintes. De plus, pour permettre au cerveau de traiter l'information, il faut mettre les émotions en veilleuse ; la relaxation aide à y parvenir.

Denis St-François est convaincu de pouvoir réaliser son rêve. Il désire présenter bientôt à la société un dispositif antigravité dont les applications seront impressionnantes.

Thomas Edison (1847-1931)

Une idée brillante

Chaque fois que Stéphanie entend son enseignant donner des consignes qui demandent d'explorer diverses possibilités ou de faire preuve de créativité ou d'originalité, elle devient nerveuse. Ses idées créatives s'échappent brusquement de sa tête et elle ne sait plus comment répondre aux attentes de son enseignant. Pourtant, Stéphanie ne manque ni d'imagination ni de créativité. Que se passe-t-il donc ?

Comme d'autres camarades de classe, Stéphanie perd ses moyens tellement elle veut bien faire les choses. Elle ne veut pas se tromper, perdre son temps ou prendre des chemins qui ne mènent nulle part. Elle devient nerveuse parce que son perfectionnisme bloque sa créativité. Stéphanie oublie que les essais, et surtout les erreurs, font normalement partie du processus de créativité.

Thomas Edison, le célèbre inventeur de l'ampoule électrique, en aurait long à raconter sur le sujet. Il a travaillé pendant des années pour développer son invention. Il a fait des milliers d'essais et autant d'erreurs. Un jour, une personne lui a demandé quel effet cela lui faisait d'avoir échoué si souvent avant de finalement réussir. Il a répondu : « Je n'ai pas échoué. J'ai simplement trouvé 10 000 solutions qui ne fonctionnent pas. »

De toute évidence, Thomas Edison avait une façon originale et positive de voir les choses.

En procédant par essais et erreurs, Thomas Edison a développé :

» sa capacité d'accepter le risque et l'inconnu ;

» sa persistance à explorer diverses avenues ;

» sa réceptivité à de nouvelles idées.

a) Aimes-tu faire preuve de créativité ? Explique ta réponse.

b) Comment te sens-tu quand tu procèdes par essais et erreurs ? Précise ta réponse en donnant des exemples de situations vécues au cours de cette thématique.

Il fallait y penser !

Les quatre premiers modèles d'ampoule électrique

➡ Des concepts branchés !

Dans cette thématique, tu as eu l'occasion de dessiner des croquis d'inventions imaginaires.

» Tes croquis sont-ils satisfaisants ? Explique pourquoi.

» As-tu fait preuve de persévérance ou d'audace ?

Dans cette thématique, tu as étudié les systèmes et les composantes d'un système. Joins-toi à un ou une camarade de classe et laissez aller votre créativité en faisant une activité qui vous permettra de réinvestir vos connaissances sur ces sujets.

a) Lisez les domaines de connaissances ci-dessous :

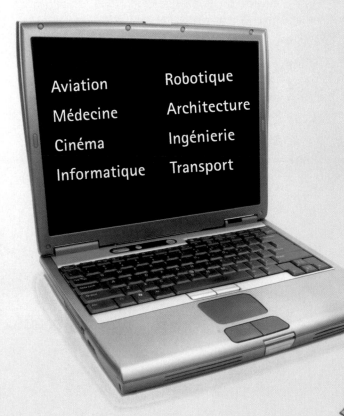

Aviation   Robotique
Médecine   Architecture
Cinéma   Ingénierie
Informatique   Transport

b) Choisissez un domaine que vous aimeriez exploiter.

c) Imaginez une invention liée à ce domaine et dessinez un croquis. Il est important que cette invention soit un système.

d) Précisez la fonction de votre système.

e) Identifiez ses composantes.

Fort comme une feuille de nénuphar

La feuille du nénuphar géant *Victoria regia* résiste particulièrement bien aux forces qui pourraient la faire plier. En fait, une personne peut s'asseoir sur la feuille de nénuphar dans un étang sans que celle-ci ne plie ou ne s'enfonce dans l'eau.

a) Observe la structure de la feuille sur la figure 1. Cette structure te semble-t-elle familière ? Précise ta réponse.

b) Émets une hypothèse permettant d'expliquer la résistance étonnante de cette structure vivante.

c) Propose une expérience pour évaluer la résistance de la feuille de nénuphar.

d) Propose deux applications technologiques tirées de l'étude de la structure de la feuille du nénuphar géant.

Fig. 1

Feuille du nénuphar géant (Victoria regia)

Économe comme un manchot

En observant des manchots royaux de l'Antarctique, des scientifiques d'origine allemande ont découvert que cet oiseau marin dépense très peu d'énergie pour lutter contre la friction de l'eau lorsqu'il nage. Par comparaison, l'énergie contenue dans un litre de carburant à moteur diesel permettrait à un manchot royal de parcourir plus de 1500 km à la nage dans l'Antarctique.

a) En équipe, observez la silhouette du manchot royal (voir la figure 1).

b) Formulez une hypothèse permettant d'expliquer la faible dépense énergétique du manchot royal quand il nage. 📝

c) Proposez une expérience pour tester votre hypothèse.

d) Faites le croquis d'un système de navigation sous-marine tiré de l'étude du manchot royal.

e) Identifiez les composantes de votre système sur votre croquis.

f) Dans un tableau semblable à celui ci-dessous, décrivez les caractéristiques de votre système.

Fig. 1

Manchot royal (Aptenodytes patagonica)

Caractéristique d'un système	Description
Fonction globale	
Procédé	
Contrôle	
Intrants	
Extrants	

RÉSUMÉ

LA BIONIQUE

1. La bionique est la science qui s'inspire des modèles fournis par les organismes vivants pour concevoir des applications technologiques.

2. La démarche d'investigation scientifique s'inspire de l'observation d'un phénomène dans le but de le représenter sous forme de modèles, de principes ou de lois.

3. La démarche de conception technologique consiste à mettre à profit un ensemble de principes et de connaissances techniques et graphiques pour construire un objet technique qui répond à un besoin à combler.

4. Un prototype est le premier exemplaire d'un objet technique construit.

LES SYSTÈMES ET LEURS COMPOSANTES

5. Le corps humain est composé de plusieurs systèmes tels que le système digestif, le système respiratoire, le système excréteur, le système immunitaire, le système circulatoire et le système nerveux.

6. Les différents systèmes sont composés de plusieurs organes ayant chacun leur fonction.

7. Un procédé est une technique employée pour faire fonctionner un système.

8. Une contrainte imposée au fonctionnement d'un système est un contrôle.

9. Les intrants sont constitués de toute matière, énergie ou information entrant dans un système.

10. Les extrants sont constitués de toute matière, énergie ou information sortant d'un système.

L'ŒIL HUMAIN

11. La cornée, une des membranes protectrices de l'œil, est la partie transparente antérieure du globe oculaire.

12. Le cristallin est une lentille qui concentre la lumière sur la rétine.

13. La rétine est la membrane interne de l'œil ; elle est constituée de milliers de cellules : les cônes et les bâtonnets transmettent l'information au cerveau.

14. Le nerf optique transmet l'information jusqu'au cerveau.

15. L'iris, le cercle coloré, est un muscle qui contrôle la quantité de lumière qui entre par la pupille, le petit cercle noir au centre de l'iris.

16. Les muscles ciliaires contrôlent la forme du cristallin alors que les muscles droits contrôlent les mouvements du globe oculaire.

LA ROBOTIQUE

17. La robotique est la science qui étudie les robots.

18. La robotique reproduit les mouvements humains et s'inspire du fonctionnement des systèmes du corps humain.

La bionique

1. Associe les énoncés ci-dessous aux étapes (❶, ❷ ou ❸) de la création d'un prototype.

   a) Se déplacer dans les airs.

   b) Observer les mouvements de la chauve-souris.

   c) Tracer les plans d'un avion.

   d) Observer les propriétés des lentilles.

   e) Regarder les étoiles de plus près.

   f) Construire un télescope.

   g) Fabriquer un crayon à mine.

   h) Observer les propriétés des minéraux.

   i) Avoir des dents blanches.

❶ Investigation scientifique

❷ Besoin à combler

❸ Conception technologique

2. Indique si l'information notée ci-dessous se rapporte à la démarche d'investigation scientifique ou à la démarche de conception technologique.

A Une forme creuse et elliptique a été choisie pour la construction d'un nouvel amphithéâtre.

C L'observation de la cellule de convection de l'air chaud qui monte et de l'air froid qui descend.

B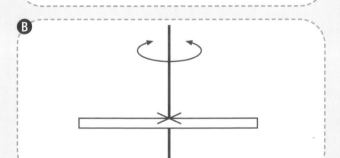

D L'observation des pavillons des oreilles d'un lièvre.

Les systèmes et leurs composantes

3. Chaque système a une fonction spécifique. Associe les fonctions décrites dans la colonne de gauche aux systèmes de la colonne de droite.

Fonction		Système
a)	Transporte le sang dans un réseau de vaisseaux sanguins afin de fournir de l'oxygène et des nutriments aux cellules.	❶ Système circulatoire
b)	Permet de voir des objets minuscules en les grossissant.	❷ Système immunitaire
c)	Améliore la vision des êtres humains.	❸ Microscope
d)	Fournit l'oxygène au corps et le débarrasse de son principal déchet.	❹ Lentille cornéenne
e)	Protège le corps des infections et des maladies.	❺ Système respiratoire

4. Nomme les intrants et les extrants des systèmes suivants.

   a) Un grille-pain.   b) Une imprimante.   c) Un raton laveur.

L'œil humain

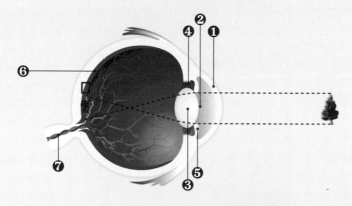

5. Identifie les structures de l'œil numérotées sur le schéma ci-contre.

6. Le tableau ci-dessous établit un parallèle entre l'œil et l'appareil photographique. Reproduis ce tableau en remplaçant les numéros par l'information appropriée.

Fonction	Structure de l'œil	Structure de l'appareil photographique
Concentrer la lumière	❶	Lentilles
Former les images	❷	❸
Laisser entrer la lumière	❹	❺

La robotique

7. Indique à quelles inventions a mené l'observation des propriétés :

a) de la bardane ;

b) de la disamare ;

c) du pied du canard ou de la grenouille ;

d) de la vessie natatoire des poissons.

8. Replace dans le bon ordre les étapes de la démarche de conception technologique.

a) Faire fonctionner le prototype.

b) Élaborer un schéma de principe.

c) Évaluer le prototype.

d) Construire le prototype.

e) Identifier le besoin technologique à combler.

9. Associe chacune des inventions de la colonne de gauche à un inventeur de la colonne de droite.

Invention	Inventeur
a) Thermomètre	❶ Pascal
b) Ampoule électrique	❷ Les frères Montgolfier
c) Pneu en caoutchouc	❸ Fahrenheit
d) Nylon	❹ Baird
e) Télévision	❺ Ader
f) Ballon à air chaud	❻ Carothers
g) Machine à calculer	❼ Lumière
h) Cinéma	❽ Edison
i) Avion	❾ Dunlop

10. Construis un réseau de connaissances à partir des mots suivants.

Androïde   Bionique   Humanoïde   Robot   Robotique

LE DIABÈTE, un nouveau fléau ?

On estime que plus de 2 millions de Canadiens et Canadiennes en sont atteints. L'Organisation mondiale de la Santé (OMS) s'inquiète ; elle prévoit que 300 millions de personnes seront affectées d'ici 2025.

Le diabète est une maladie grave qui touche des personnes de tous âges. On constate une augmentation de cas chez les jeunes. En quoi consiste donc cette maladie ? Lorsque nous mangeons, notre pancréas sécrète une hormone, appelée insuline, qui transforme le sucre des aliments en énergie. Chez un diabétique, le pancréas ne peut plus produire d'insuline, ou encore l'organisme ne peut plus utiliser correctement l'insuline produite.

Type de diabète	Caractéristique
Diabète juvénile (type 1)	• Se manifeste surtout à la puberté. • Environ 10 % des cas sont diagnostiqués. • Lié à des facteurs génétiques et environnementaux. • Le pancréas ne produit pas d'insuline. • Environ 0,3 % de la population est touchée.
Diabète de l'adulte (type 2)	• Se manifeste surtout vers l'âge de 40 ans, mais tendance à la hausse chez les plus jeunes. • Environ 90 % des cas sont diagnostiqués. • Lié à une combinaison de facteurs : facteurs génétiques, surplus de poids et mode de vie sédentaire. • Le pancréas produit de l'insuline, mais l'organisme ne peut plus l'utiliser correctement. • Environ 5 % de la population est touchée.
Diabète de grossesse	• Se manifeste par une augmentation du taux de sucre dans le sang à la fin du 2e trimestre de la grossesse ou au début du 3e. • De 2 à 4 % des femmes enceintes sont touchées. • Temporaire, disparaît habituellement après l'accouchement.

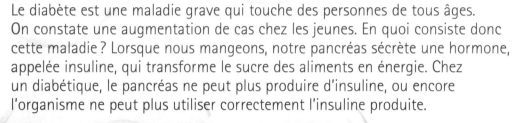

Les symptômes du diabète au début de la maladie peuvent se présenter sous diverses formes : fatigue, difficulté de concentration, vision embrouillée, soif intense, fréquentes envies d'uriner, faim insatiable, perte de poids et faiblesse musculaire possibles. Dans tous les cas, les personnes atteintes de diabète doivent avoir une alimentation équilibrée, faire de l'activité physique et bien gérer le stress. Certaines personnes diabétiques doivent s'administrer des injections d'insuline quotidiennement ; d'autres doivent prendre des comprimés antidiabétiques.

LE *chocolat*
SOUS TOUTES SES FORMES

Fabrication du chocolat

Cabosse

▲ **Fèves de cacao**

La fabrication du chocolat est un long processus. Il faut d'abord récolter le cacao dans les régions qui en produisent. Plus de 60% de la production mondiale vient du continent africain. Seul le commerce équitable donne l'assurance que les personnes qui cueillent les fruits du cacaoyer reçoivent un salaire juste et que le cacao ne provient pas du travail forcé ou de l'exploitation des enfants.

Au début du processus de transformation du cacao en chocolat, le produit a un goût très amer et une texture particulièrement gélatineuse. Lorsque les fèves de cacao sont retirées du fruit du cacaoyer (cabosse), elles sont soumises à une série de manipulations complexes permettant d'obtenir une pâte de cacao qui sera mélangée avec du sucre. Cette pâte sera ensuite étirée et malaxée, puis on ajoutera le beurre de cacao. Pour donner au chocolat sa texture définitive, il y aura des réchauffements et des refroidissements successifs. Le chocolat sera ensuite mis dans des moules avant de passer au refroidisseur. L'opération de démoulage sera l'une des dernières étapes avant la dégustation.

Comme tous les aliments, le chocolat contient des nutriments. Le chocolat doit être consommé avec modération parce qu'il contient beaucoup de glucides et de lipides. Toutefois, le chocolat noir (qui contient plus de 70% de cacao) constitue une excellente source d'antioxydants, qui protègent contre les maladies cardiovasculaires, certains cancers, le mauvais cholestérol et l'athérosclérose[1]. Enfin, on dit que les produits riches en cacao stimulent la production de sérotonine, substance qui stimule le système nerveux central et qui permet de lutter contre le stress et les états dépressifs.

---

1. athérosclérose : épaississement des artères dû au cholestérol.

LE *miel* : UNE PURE GÂTERIE

Par Marie Sylvie Legault

On savoure le miel depuis plus de 7000 ans. Les Égyptiens ont été les premiers à découvrir son goût exquis et ses propriétés médicinales. On raconte même que Cléopâtre prenait des bains de lait et de miel pour conserver sa jeunesse.

Au fil du temps, le miel est devenu un aliment très populaire que l'on déguste avec plaisir. En Europe, depuis longtemps on utilise le miel comme ingrédient de base dans la fabrication de bonbons et de sirops, et dans la production de charcuterie. En Grèce, le miel est utilisé dans les baklavas, un dessert sucré très apprécié, et en Orient, le miel donne toute leur saveur au poulet et au canard.

Fabriqué à partir du nectar des fleurs, le miel présente une couleur, une saveur et une texture différentes selon le type de fleurs butinées par les abeilles, mais il est toujours très sucré.

Apicultrice

Abeilles ouvrières

Abeille qui butine

Cette friandise naturelle est constituée de glucides (79,6 %), d'eau (17,2 %), de substances aromatiques (2,2 %), de protéines (0,26 %), de sels minéraux (0,17 %) et de divers acides (0,57 %). Le miel est l'un des rares produits purs et naturels à 100 %, qui ne subit aucune transformation avant d'arriver sur le marché. La participation de l'apiculteur ou l'apicultrice consiste à choisir l'emplacement des ruches selon l'abondance et la qualité des plantes environnantes, puis de récolter et d'extraire le miel avant de le mettre en pot. Parfois, le miel est pasteurisé afin d'éviter la fermentation[1].

LES ABEILLES AU TRAVAIL

La fabrication du miel est un travail d'équipe. L'abeille ouvrière aspire le nectar de la fleur, l'emmagasine dans un sac (le jabot) et y ajoute des enzymes pour transformer les molécules de sucrose contenues dans le nectar en glucose et en fructose. Ensuite, elle apporte le nectar à la ruche et le confie à l'abeille nourricière. Celle-ci le dépose dans une alvéole et effectue les opérations nécessaires pour le convertir en miel. Dès que le miel atteint la consistance recherchée, les abeilles le scellent dans une alvéole à l'aide de cire.

---

1. fermentation : transformation d'une substance organique sous l'action d'un ferment ou d'une bactérie.

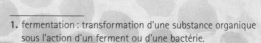

▲ **Alvéoles (certaines sont scellées par la cire)**

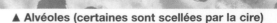

Une **alimentation**
À LA MESURE DES BESOINS

La quantité et la qualité de nutriments dont le corps humain a besoin varient selon plusieurs facteurs. Pour manger sainement, certaines personnes telles que les femmes enceintes ou celles qui allaitent, les adolescents et les gens très actifs ont besoin de consommer plus de nourriture que les quantités minimales suggérées par le *Guide alimentaire canadien pour manger sainement*. Les adolescents et adolescentes, en pleine croissance, ont besoin d'énergie ; ils doivent donc consommer plus d'aliments et équilibrer leur menu.

L'alimentation quotidienne des garçons et des filles devrait généralement comporter les portions[1] suivantes :

Garçon	Fille
3 ou 4 portions de produits laitiers ;	3 ou 4 portions de produits laitiers ;
3 portions de viandes et substituts ;	3 portions de viandes et substituts ;
9 portions de légumes et de fruits ;	7 portions de légumes et de fruits ;
11 portions de produits céréaliers.	9 portions de produits céréaliers.

Les garçons et les filles doivent aussi choisir des aliments riches en vitamines et minéraux, et boire beaucoup d'eau. Le tableau suivant donne un aperçu de quelques aliments à consommer quotidiennement.

VITAMINE	ALIMENTS
A : rétinol	Huile de foie de morue, huile d'olive, épinard, carotte, brocoli, lait entier, œuf, fromage
B_1 : thiamine	Germe de blé, arachide, lentille, noix, avoine, lait, jaune d'œuf, céréales
B_2 : riboflavine	Foie de poulet, de veau, de porc et d'agneau, amande, lait, œuf, céréales
B_6 : pyridoxine	Viande rouge, pomme de terre, patate douce, tomate, épinard
B_{12} : cyanocobalamine	Foie, viande rouge, saumon, thon, œuf, lait entier
C : acide ascorbique	Kiwi, poivron, brocoli, citron, fraise, épinard, pamplemousse, orange, tomate
D : calciférol	Saumon, thon, sardine, huile de foie de morue, huile de tournesol, lait enrichi
E : tocophérol	Huile de maïs, d'arachide, de tournesol, de soya, asperge, amande, chocolat noir

SELS MINÉRAUX	ALIMENTS
Calcium (Ca)	Lait, fromage, poisson, brocoli, noix, amande
Fer (Fe)	Son, lentille, épinard, poulet, viande rouge, foie de veau, de poulet, de bœuf
Magnésium (Mg)	Épinard, haricot, artichaut, noix, avoine, céréales de son
Phosphore (P)	Lentille, yogourt, porc, foie de bœuf
Potassium (K)	Viande rouge, volaille, céréales
Iode (I)	Fruits de mer, huile de foie de morue, sel iodé
Sodium (Na)	Sel de table, carotte, brocoli, épinard, jus de légumes, pomme de terre

---

1. Les données suggérées se rapportent au *Guide alimentaire canadien pour manger sainement*.

LES TYPES DE MOUVEMENTS

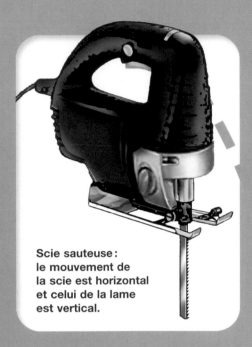

La plupart des mécanismes sont basés
sur deux types de mouvements :

LA TRANSLATION

La translation consiste en un mouvement
en ligne droite, qui peut s'effectuer
dans un seul sens ou dans les deux sens.
Ce mouvement peut être horizontal
ou vertical.

**Scie sauteuse :
le mouvement de
la scie est horizontal
et celui de la lame
est vertical.**

LA ROTATION

La rotation consiste en un mouvement
circulaire, qui peut se faire dans
le sens des aiguilles d'une montre,
dans le sens contraire des aiguilles
d'une montre ou dans les deux sens :

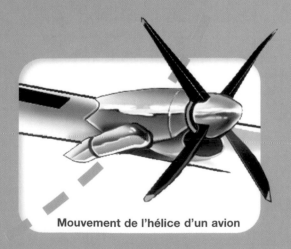

Mouvement de l'hélice d'un avion

Mouvement de la scie circulaire

Des molécules qui nous mènent par le bout du nez

Par Marie Sylvie Legault

La sérotonine, la dopamine et l'adrénaline règlent nos comportements physiques, nos réactions et nos émotions. Ces molécules sont responsables de plusieurs fonctions, comme le sommeil et l'appétit. De plus, elles jouent un rôle important sur le plan des émotions, de la douleur et du plaisir. Sans elles, il serait impossible d'avoir une vie émotive équilibrée, d'éprouver un sentiment de joie et même de réagir devant un danger.

Le taux de chacune de ces molécules est parfaitement réglé et le moindre déséquilibre entraîne instantanément un changement dans notre humeur, nos comportements et nos réactions. En effet, dès que notre cerveau enregistre un surplus ou un manque d'adrénaline, de sérotonine ou de dopamine dans l'organisme, il ne réfléchit pas et réagit spontanément. Nous sommes alors guidés par nos besoins et non par notre volonté.

LA SÉROTONINE ET L'ADOLESCENCE

La sérotonine est la molécule qui régularise notre température corporelle, notre sommeil, notre appétit et notre humeur. Elle est essentielle à notre bien-être physique et notre équilibre émotif. Toutefois, pendant l'adolescence, il arrive qu'elle ne suffise plus à la demande, parce que de nombreux facteurs viennent perturber son action. En effet, pendant la puberté, les poussées de croissance causent de la fatigue et donnent de l'appétit tandis que les change-ments hormonaux favorisent les sautes d'humeur et dérèglent le thermostat interne. Il n'est donc pas surprenant de constater parfois chez les adolescents et adolescentes une colère spontanée, un sentiment de tristesse ou encore un désordre alimentaire.

LA DOPAMINE ET LES DROGUES

La dopamine est la molécule du plaisir ; elle est responsable du sentiment lié à la satisfaction. Dès que notre quantité de dopamine diminue, nous ressentons une tristesse ou un malaise lié à une insatisfaction. Nous éprouvons alors un besoin intense de rechercher un plaisir ou une récompense et nous réagissons inconsciemment de façon à combler ce besoin.

La plupart des drogues, telle la nicotine, augmentent artificiellement la quantité de dopamine dans le corps humain. Par exemple, lorsqu'une personne fume une cigarette, la nicotine fait grimper son taux de dopamine.

Afin d'éviter tout déséquilibre, le cerveau interrompt alors la production naturelle de dopamine. Toutefois, lorsque les effets de la nicotine s'estompent, le cerveau n'enclenche pas immédiatement la production naturelle de dopamine et la personne ressent un manque. Pour chasser ce malaise, la personne allumera machinalement une autre cigarette. Voilà pourquoi il est si difficile de cesser de fumer !

L'ADRÉNALINE ET L'ÉNERGIE

Contrairement à la dopamine et à la sérotonine, l'adrénaline influe sur nos capacités physiques plutôt que sur nos réactions émotives. Par exemple, une montée d'adrénaline entraîne une décharge d'énergie nerveuse qui permet de se surpasser physiquement, pendant un court laps de temps, devant une situation de stress intense ou pendant une compétition sportive.

Injecteur de noradrénaline

En médecine, on utilise parfois une dose d'adrénaline pour contrer les effets causés par une allergie alimentaire ou une crise d'asthme. Dans la plupart des cas, une grave crise d'allergie ou d'asthme entraîne des difficultés respiratoires, une chute de la tension artérielle et de l'œdème[1]. Lorsque l'organisme reçoit une injection d'adrénaline, le calibre des vaisseaux sanguins se réduit, l'apport d'oxygène augmente et les artères du cœur se dilatent. Les battements cardiaques deviennent plus rapides et ils rétablissent la tension artérielle qui, à son tour, réduit l'œdème. Peu de temps après, l'organisme se rétablit et les symptômes s'atténuent, puis disparaissent.

UNE QUESTION D'ÉQUILIBRE

Un simple déséquilibre du taux d'adrénaline, de sérotonine ou de dopamine et nous réagissons sans réfléchir. Nous n'avons aucune influence sur ces molécules, mais nous avons un contrôle sur notre hygiène de vie. Le repos, un environnement paisible, une saine alimentation et un peu d'exercice aident à maintenir l'équilibre du taux de ces molécules et nous permet de rester maîtres de nos émotions et de nos actions.

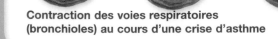

Contraction des voies respiratoires (bronchioles) au cours d'une crise d'asthme

1. œdème : infiltration de liquide dans les tissus corporels entraînant un gonflement.

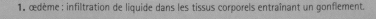

LES DÉPENSES ÉNERGÉTIQUES

ACTIVITÉ	DÉPENSE ÉNERGÉTIQUE PAR HEURE (en kilojoules)		
	Masse corporelle		
	45 kg	68 kg	90 kg
Badminton (simple)	1150	1379	1609
Base-ball (lanceur)	1275	1547	1818
Base-ball (receveur)	1129	1379	1609
Basket-ball	2445	2968	3469
Bicyclette (16 km/h)	1359	1651	1923
Bicyclette (20 km/h)	2153	2592	3031
Billard	502	606	711
Course (sprint)	8005	9656	11 307
Danse	815	1003	1170
Déneigement à la pelle	1986	2404	2822
Escalade	1965	2362	2780
Étude	243	368	490
Football	2759	3323	3887
Hockey (glace)	2947	3553	4180
Jogging (9 km/h)	2153	2592	3031
Karaté	2592	3135	3658
Lecture	339	510	678
Marche (4 km/h)	836	1003	1191
Patinage à roues alignées	1150	1379	1609
Quilles	878	1066	1254
Saut sur place (40 cm)	3637	4389	5141
Ski alpin	1944	2341	2759
Ski de fond (8 km/h)	2299	2759	3240
Soccer	1965	2362	2780
Tapis roulant (6 km/h)	1129	1379	1609
Tennis	1400	1693	1965
Tennis sur table	982	1191	1400
Tonte de gazon (motorisé)	878	1066	1254
Volley-ball	1150	1379	1609
Yoga	752	920	1066

La valeur
énergétique et nutritive des aliments

ALIMENT	ÉNERGIE (en kJ)	GLUCIDES (en g)	LIPIDES (en g)	PROTÉINES (en g)
FRUITS ET LÉGUMES				
Pomme (1)	338	21	0,5	0,3
Poire (1)	410	25	0,7	0,6
Cerises (10)	180	11	0,1	0,7
Raisins (10)	150	9	0,3	0,3
Orange (1)	259	15	0,2	1
Pamplemousse (1/2, moyen)	217	41	0,2	1
Bleuets (250 ml)	347	21	0,5	1
Fraises (250 ml)	180	10	0,5	1
Banane (1)	456	28	0,6	1
Kiwi (1)	205	12	0,3	1
Ananas (250 ml)	318	11	0,7	1
Raisins secs (250 ml)	2184	138	tracc	6
Brocoli (151 g)	177	8	trace	5
Céleri (1 branche)	27	trace	0	0
Haricots verts (125 ml)	92	5	0,2	1
Carottes cuites (250 ml)	230	13	0,2	2
Pommes de terre en purée avec du lait (250 ml)	727	37	1,2	4
Maïs cuit (125 ml)	372	21	1	3
Poivron vert (1)	77	4	0,2	1
Avocat (1/2)	640	6	15	2
Tomate (1)	98	5	0,4	1
Oignon cuit (1)	171	10	0,2	1
Laitue romaine (250 ml)	33	1,4	0,1	0,9
Épinards (250 ml)	29	1	0,9	0,9
Champignons (250 ml)	75	3	0,2	2
FÉCULENTS				
Pain blanc (30 g)	318	14	1	2
Pain de blé entier (30 g)	293	13	1,2	3
Croissant	966	26	12	5
Bagel avec graines de sésame (150 g)	1505	70	2,1	14
Pita blanc (15 cm)	690	33	0,7	5
Muffin aux bleuets (120 g)	1308	54	7,3	6
Pâtes ordinaires (250 ml)	823	40	0,9	7
Macaroni au fromage (250 ml)	1010	27	10	10

La valeur énergétique et nutritive des aliments (suite)

ALIMENT	ÉNERGIE (en kJ)	GLUCIDES (en g)	LIPIDES (en g)	PROTÉINES (en g)
FÉCULENTS				
Nouilles aux œufs (250 ml)	890	40	2,4	8
Chow mein (250 ml)	991	26	13,8	4
Riz blanc à grains longs, cuit (250 ml)	857	45	0,4	4
Gruau à cuisson rapide, cuit (250 ml)	606	31	0,5	3
Flocons de maïs sans lait (250 ml)	422	24	0,2	2
Céréales d'avoine sans lait (250 ml)	464	22	1,8	3
Flocons de blé avec raisins sans lait (250 ml)	786	45	1,5	5
Barre granola aux raisins (45 g)	807	29	7,7	3
Couscous (250 ml)	736	36	0,3	6
Son d'avoine (250 ml)	368	25	1,9	7
NOIX, GRAINES ET LÉGUMINEUSES				
Noix de cajou (30 g)	669	8	13,3	4
Arachides (30 g)	773	4	18,5	4
Beurre d'arachide (30 g)	794	6	16,3	8
Tofu ferme (125 ml)	405	4	5,6	10
Lentilles (250 ml)	961	40	0,7	18
Pois chiches (250 ml)	1124	45	4,2	15
Haricots rouges (250 ml)	978	48	0,9	15
Pois mange-tout (250 ml)	280	11	0,4	5
GRAISSES ET HUILES				
Beurre salé (15 ml)	426	trace	11,5	trace
Margarine sans gras (15 ml)	25	0,6	0,4	trace
Huile de soya (15 ml)	435	0	13,6	0
Huile de maïs (15 ml)	502	0	13,6	0
Huile d'arachide (15 ml)	502	0	13,5	0
Huile d'olive (15 ml)	497	0	13,5	0
PRODUITS LAITIERS ET ŒUFS				
Fromage cheddar (30 g)	476	0,4	9	7
Fromage parmesan (30 g)	190	trace	4	4
Fromage à la crème (30 g)	414	0,8	10	2
Lait entier 3,3 % (250 ml)	623	11	8,2	8
Lait 1 % (250 ml)	426	12	2,6	8
Lait écrémé (250 ml)	380	13	trace	9
Lait au chocolat (250 ml)	660	26	3	8
Crème 18 % M.G. (30 ml)	84	0,6	1,7	0,4

ALIMENT	ÉNERGIE (en kJ)	GLUCIDES (en g)	LIPIDES (en g)	PROTÉINES (en g)
PRODUITS LAITIERS ET ŒUFS				
Crème à fouetter 35 % M.G. (30 ml)	184	0,4	4,6	0,3
Yogourt fruité faible en gras (250 g)	970	43	2,4	10
Yogourt nature faible en gras (125 g)	360	9	3	6
Œuf bouilli (1)	326	0,6	5,3	6
Œuf brouillé (1)	422	1,3	7,4	7
Œuf frit (1)	385	0,6	7	6
Omelette (1 œuf)	389	0,4	7,3	6
POISSONS, FRUITS DE MER ET VOLAILLES				
Saumon d'élevage (90 g)	732	0	10,5	19
Saumon sauvage (90 g)	648	0	7	22
Thon blanc en conserve (90 g)	456	0	2,5	30
Filet de sole (90 g)	414	0	1,3	21
Truite à chair blanche (90 g)	677	0	7	16
Bâtonnet de poisson pané (1)	318	6,6	3,4	4
Crevettes (90 g)	347	0	0,9	17
Homard (90 g)	347	0	0,5	17
Poulet rôti : poitrine sans la peau (1)	594	0	3	27
Poulet rôti : poitrine avec la peau (1)	807	0	7,6	29
Poulet rôti : cuisse sans la peau (1)	456	0	5,6	13
Poulet rôti : cuisse avec la peau (1)	640	0	9,6	16
VIANDES				
Bœuf haché (90 g)	874	0	13,6	20
Bœuf haché maigre (90 g)	723	0	9	21
Escalope de veau (90 g)	652	0	3,9	28
Carré d'agneau (90 g)	823	0	11,3	22
Côte levée de porc (90 g)	1409	0	26	25
Foie de veau rissolé (90 g)	869	0	9,7	25
Bacon (2 tranches)	364	0,6	4	11
Saucisse à hot dog (1)	564	0,6	12,4	6
Cretons (15 ml)	400	trace	9	2
Jambon fumé (90 g)	631	0	7,7	19

La valeur énergétique et nutritive des aliments (suite)

ALIMENT	ÉNERGIE (en kJ)	GLUCIDES (en g)	LIPIDES (en g)	PROTÉINES (en g)
PLATS COMPOSITES				
Hamburger avec fromage (1)	1380	35	10	12
Croquettes de poulet (6)	1296	18	20	15
Pizza au pepperoni, pâte mince (1 pointe)	794	21	9	9
Sous-marin au bœuf rôti (15 cm)	1212	46	5	19
Sous-marin au thon (15 cm)	2441	55	28	30
Frites (portion moyenne)	1881	57	22	6
Sandwich au poisson avec sauce tartare (1)	1802	41	23	17
DESSERTS				
Barre de crème glacée recouverte de chocolat (125 ml)	2040	36	36	6
Pouding au riz (150 g)	966	31	10,7	3
Pouding au chocolat avec lait écrémé (150 g)	732	35	3	8
Barre de chocolat au lait (1 moyenne)	602	18	8,5	1
Biscuit à la farine d'avoine (1)	280	12	2,7	2
Gâteau au fromage (1/12 d'un gâteau de 23 cm de diamètre)	1342	26	22,5	6
Miel (5 ml)	88	5,8	0	trace
Biscuits aux brisures de chocolat (2)	434	15	5	1
SAUCES ET CONDIMENTS				
Ketchup (15 ml)	67	4	trace	0,2
Moutarde (15 ml)	13	0,4	0,2	0,2
Vinaigrette française (15 ml)	269	2	6	0
Sauce brune (15 ml)	170	2	4	0
Mayonnaise (15 ml)	418	0	11	0
Sauce barbecue (15 ml)	50	2	0,3	0,3
JUS ET BOISSONS				
Chocolat chaud (moyen)	1003	4	8	1
Cola (341 ml)	635	38	0	0
Jus d'orange frais (227 ml)	468	26	0,5	2
Cocktail de jus de légumes (250 ml)	192	11	0,2	2

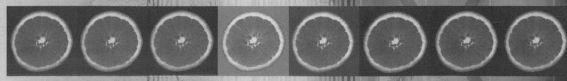

Les alvéoles pulmonaires et la diffusion des gaz

L'oxygène (O$_2$) puisé dans l'air nous est indispensable alors que le dioxyde de carbone (CO$_2$) doit être rejeté.

Les échanges gazeux se font dans les alvéoles pulmonaires, enserrées dans un filet de capillaires sanguins. À cet endroit, la diffusion est possible, car les membranes alvéolaires et capillaires sont très minces et perméables.

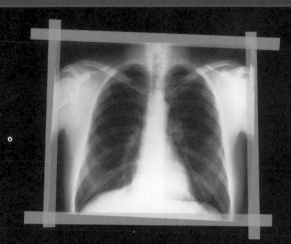

La diffusion de l'oxygène (O$_2$)

L'air inspiré contient 21 % d'oxygène. Pour satisfaire ses besoins, l'être humain consomme 4,5 % de l'oxygène inspiré. Au moment de l'inspiration, la concentration en oxygène est plus forte dans les alvéoles que dans le sang. En raison des variations de concentrations en oxygène, les molécules d'oxygène diffusent des alvéoles vers les capillaires sanguins. L'oxygène est alors plus concentré dans le sang que dans les cellules, et se diffuse vers les cellules de l'organisme. Cet oxygène sert à alimenter toutes les cellules du corps.

La diffusion du dioxyde de carbone (CO$_2$)

Les cellules ont utilisé l'oxygène pour se nourrir, formant ainsi des déchets comme le dioxyde de carbone. Les cellules contiennent alors plus de dioxyde de carbone que le sang. C'est pourquoi le dioxyde de carbone est diffusé dans le sang. Au moment de l'inspiration, l'air qui parvient à tes poumons contient 0,03 % de dioxyde de carbone tandis que les capillaires sanguins en contiennent 4,5 %. À cause d'une concentration plus élevée dans les capillaires sanguins que dans les alvéoles, les molécules de dioxyde de carbone diffusent du sang vers les alvéoles pulmonaires. Le dioxyde de carbone peut alors être évacué du corps par l'expiration.

Il est à noter qu'au cours de ces échanges dans les alvéoles pulmonaires la perméabilité des membranes joue un rôle primordial. Une membrane alvéolaire obstruée, même partiellement par le goudron de la fumée de cigarette ou par des particules très fines, nuira à l'efficacité de la diffusion des gaz.

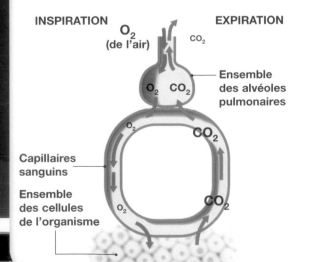

ÉCHANGES GAZEUX PAR DIFFUSION ENTRE L'AIR ET LE SANG, ET ENTRE LE SANG ET LES CELLULES DE L'ORGANISME

INSPIRATION — EXPIRATION

O$_2$ (de l'air) — CO$_2$

O$_2$ CO$_2$ — Ensemble des alvéoles pulmonaires

Capillaires sanguins

CO$_2$

Ensemble des cellules de l'organisme

De l'eau, de l'eau, je meurs de soif...

*A*line revient en sueur de son entraînement. Elle est essoufflée, son pouls est rapide, sa bouche et son pharynx sont secs, ses muscles sont endoloris. Résultat : elle est déshydratée, elle a soif. Qu'en est-il exactement ? Pourquoi son cerveau a-t-il déclenché ce signal ?

L'eau est le principal composant de l'organisme. Le corps d'un être humain adulte est constitué, en moyenne, de 55 % d'eau. La masse corporelle d'Aline est de 60 kg ; cela signifie que son corps est constitué d'environ 33 L d'eau. Par l'expiration et la transpiration, Aline a perdu beaucoup d'eau. Au cours d'un effort physique, le pourcentage du volume d'eau dans le sang et dans le liquide intercellulaire baisse.

Les cellules corporelles baignent alors dans un liquide à forte concentration en sels minéraux. Soumises au phénomène de l'osmose, les cellules réagissent en se vidant de leur eau. Elles sont en danger.

Heureusement, les cellules du centre de la soif, situées à la base du cerveau, veillent. Elles aussi souffrent d'un déséquilibre. Lorsque le volume d'eau dans nos cellules baisse de 1 %, le cerveau transmet un message au centre de contrôle de la soif. Ce dernier, à son tour, lance un signal : la soif. Le volume d'eau dans les liquides corporels doit être rétabli. Si Aline avait bu de l'eau pendant son entraînement, mais surtout avant et après, rien de cela ne serait arrivé. Pour assurer l'équilibre osmotique de nos liquides corporels, il faut boire le plus régulièrement possible même si l'on n'a pas soif. Il est recommandé de boire au moins 2,5 L d'eau par jour.

Il arrive également que notre corps soit malade ! Que ce soit une perte de vapeur d'eau par les poumons (exemple : hyperventilation), une perte d'eau par le tube digestif (exemples : vomissements et diarrhée) ou une perte d'eau par la peau (exemples : fièvre et brûlures graves), le désir de boire se fera sentir, mais dans ces cas, il faut faire preuve de prudence en se réhydratant de façon graduelle.

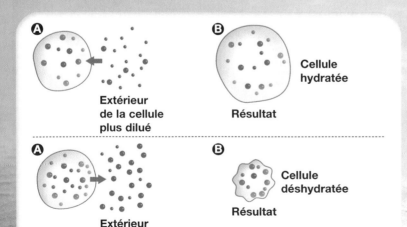

A Extérieur de la cellule plus dilué

B Cellule hydratée — Résultat

A Extérieur de la cellule plus concentré

B Cellule déshydratée — Résultat

- • Molécule d'eau
- • Molécule de soluté
- → Osmose

Une Terre de sphères

Atmosphère (air)

Hydrosphère (eau)

Lithosphère (terre)

Biosphère (vivant)

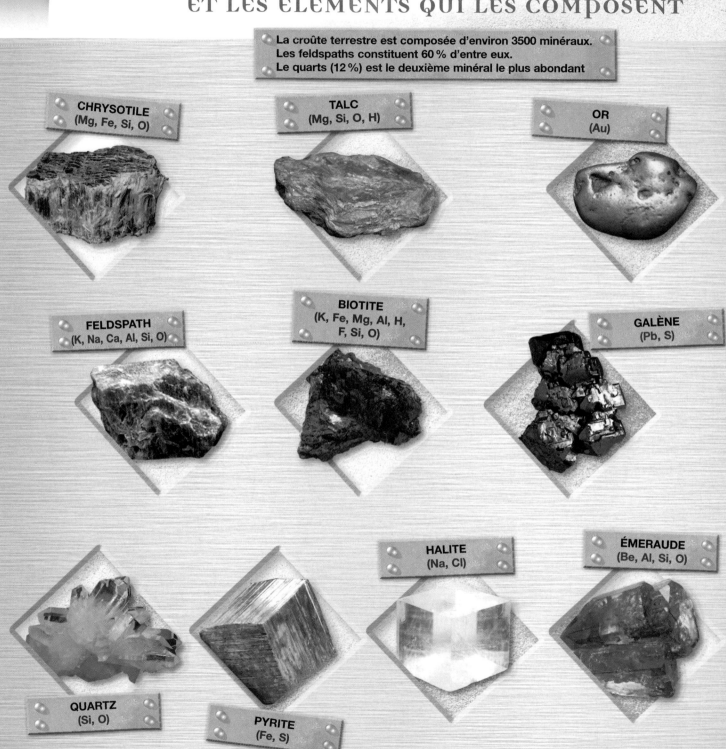

QUELQUES MINÉRAUX
ET LES ÉLÉMENTS QUI LES COMPOSENT

La croûte terrestre est composée d'environ 3500 minéraux.
Les feldspaths constituent 60 % d'entre eux.
Le quarts (12 %) est le deuxième minéral le plus abondant

CHRYSOTILE
(Mg, Fe, Si, O)

TALC
(Mg, Si, O, H)

OR
(Au)

FELDSPATH
(K, Na, Ca, Al, Si, O)

BIOTITE
(K, Fe, Mg, Al, H, F, Si, O)

GALÈNE
(Pb, S)

HALITE
(Na, Cl)

ÉMERAUDE
(Be, Al, Si, O)

QUARTZ
(Si, O)

PYRITE
(Fe, S)

LES TYPES DE ROCHES

SHALE

PÉRIDOTITE

GRÈS

BASALTE

ARDOISE

DIORITE

OBSIDIENNE

GNEISS

QUARTZITE

CONGLOMÉRAT

PIERRE PONCE

MARBRE

CALCAIRE

ARGILE

GRANITE

La carte panoramique

d'une partie du monde sans eau

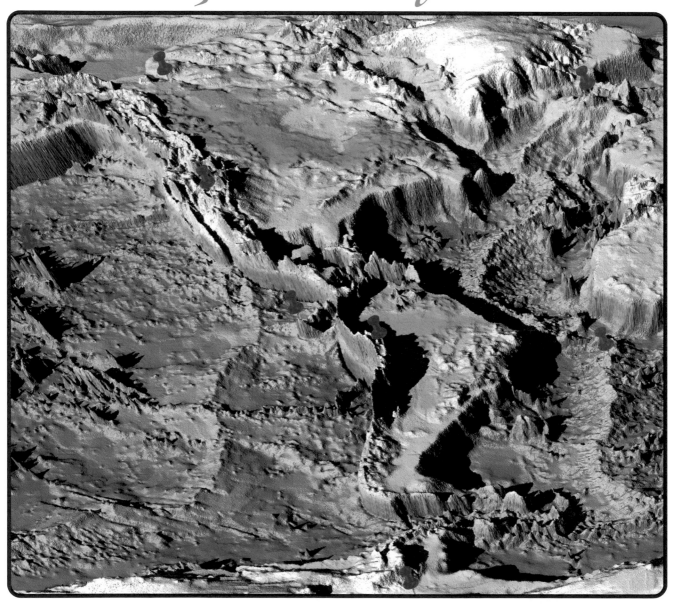

INFO-SCIENCE

La carte géographique
d'une partie du monde

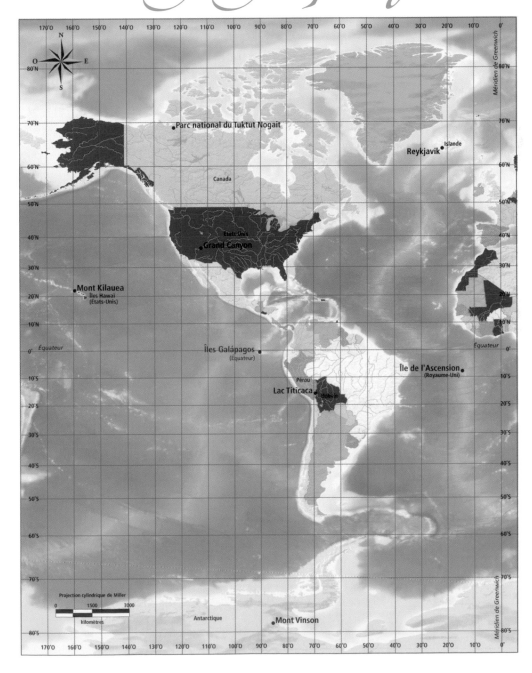

Les latitudes et les longitudes

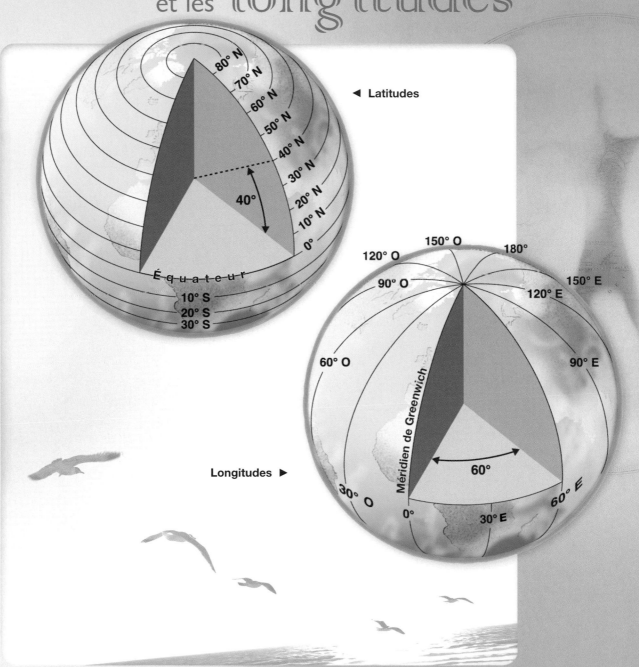

Latitudes ◀

80° N
70° N
60° N
50° N
40° N
30° N
20° N
10° N
0°
40°
Équateur
10° S
20° S
30° S

Longitudes ▶

150° O
120° O
180°
90° O
150° E
120° E
60° O
90° E
Méridien de Greenwich
60°
30° O
60° E
0°
30° E

Bernard Voyer,

témoin des plus hauts sommets du monde

Bernard Voyer est un explorateur québécois né le 7 mars 1953 à Rimouski. À 16 ans, il découvre les montagnes Rocheuses canadiennes et ses horizons à 3000 m d'altitude. Son goût de l'aventure, son désir de relever des défis et sa grande curiosité le poussent à faire des expéditions à travers le monde durant trente ans.

À quatre reprises, il traverse la Terre de Baffin (200 km) à skis. Il parcourt des milliers de kilomètres en canot dans diverses régions québécoises. Il traverse le désert du Sahara et le Groenland. En 1994, il atteint le pôle Nord et en 1996, le pôle Sud. En janvier 1997, il escalade le volcan Maïpo en Équateur avant d'escalader le mont Aconcagua en Argentine 11 jours plus tard. Entre le 15 décembre 1999 et le 9 janvier 2000, il monte au sommet de quatre monts importants de l'Équateur : le Fuya Fuya (4280 m), l'Imbabura (4621 m), le Cotopaxi (5897 m) et le Chimborazo (6310 m). Les années 2000 le conduisent en Europe, en Nouvelle-Zélande, en Australie, au Japon, etc. Entre 1997 et 2001, Bernard Voyer a atteint le plus haut sommet de chacun des sept continents.

La vallée du silence (Everest)

Bernard Voyer

LES PLUS HAUTS SOMMETS DES SEPT CONTINENTS			
SOMMET	CONTINENT	ALTITUDE (en m)	DATE
Aconcagua	Amérique du Sud	6959	20 janvier 1997
Kilimandjaro	Afrique	5895	21 décembre 1998
Everest	Asie	8850	5 mai 1999
Carstensz	Océanie	4884	15 juillet 2000
Elbrous	Europe	5642	14 octobre 2000
McKinley	Amérique du Nord	6194	2 juillet 2001
Vinson	Antarctique	4897	10 décembre 2001

Le mont Vinson

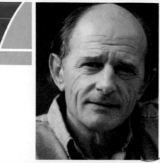

Jean-Louis Étienne,
ce scientifique des conditions extrêmes !

DATE	RÉGION EXPLORÉE	MISSION
1975	Patagonie	• Ascension par la mer du mont Riso Patrón • Traversée du glacier Hielo Continental qui sépare l'océan Pacifique de la cordillère des Andes
Juillet et août 1979	Première expédition polaire : Umanak (Groenland)	Entraînement de 2000 km en vue de l'expédition Transantarctica
Mars et avril 1986	Pôle Nord	Atteinte en solitaire du pôle Nord en traîneau à chiens
De juillet 1989 à mars 1990	La plus grande traversée de l'Antarctique en traîneau à chiens : Transantarctica	• Traversée du continent Antarctique d'est en ouest • Sensibilisation à l'importance du traité de l'Antarctique[1]
D'août 1991 à février 1992	De la Patagonie à la Terre de Feu	• Découverte des richesses de l'écosystème austral • Déroulement de l'expédition raconté en temps réel (radio, télévision) à des élèves
De décembre 1993 à mars 1994	Erebus (Antarctique)	• Descente au fond du cratère Erebus afin d'étudier des phénomènes volcaniques • Étude de l'océan austral et de l'atmosphère • Présentation aux élèves de cette région de la planète
De novembre 1995 à juin 1996	Spitzberg (archipel norvégien)	• Estimation de la consommation de combustibles pendant l'hiver polaire • Étude de la formation des eaux profondes
D'avril à août 2002	Mission Banquise (Arctique)	• Étude des glaces, de la faune, de la flore, de la météorologie, de la salinité de l'océan et de la température • Sensibilisation au rôle de l'Arctique dans l'équilibre de la planète

1. Entente conclue en 1959 par plusieurs pays afin de protéger les ressources naturelles de l'Antarctique jusqu'en 2041.

Conditions climatiques extrêmes auxquelles les scientifiques ont parfois à faire face.

LA MISSION BANQUISE

En avril 2002, l'équipe du médecin et scientifique français Jean-Louis Étienne entreprenait une importante expédition en Arctique, appelée mission Banquise. L'expédition s'est déroulée dans des conditions extrêmes et a donné des résultats très inquiétants. En quelques mois seulement, les scientifiques de la mission ont entrepris des études sur la dérive des banquises, la température et la salinité de l'océan, la pollution atmosphérique, le réchauffement de la planète et enfin, l'état de la faune et de la flore arctiques.

Qu'ont-ils donc observé de si inquiétant ?

La plupart des polluants de l'hémisphère Nord sont apportés en Arctique par les courants atmosphériques où ils demeurent coincés. De plus, comme la température très froide ralentit le processus de régénération de la région, les polluants sont assimilés par la faune et la flore de l'Arctique. Cela entraînera de graves conséquences sur la santé du peuple inuit qui, se nourrit principalement de poissons et de mammifères marins carnivores tels que les phoques, les morses et les otaries dont les graisses retiennent les polluants.

Des observations et des échantillonnages divers ont révélé des traces évidentes de polluants atmosphériques en Arctique. Provenant principalement des rejets industriels, du transport et des activités agricoles, ces polluants endommagent la fine couche protectrice de la Terre : l'atmosphère. Plusieurs de ces polluants tels que les produits à base de chlore et de fluor (CFC) s'attaquent à la couche d'ozone, qui nous protège contre les rayons ultraviolets du Soleil, principale cause du cancer de la peau. Or, au cours de cette mission, des équipements technologiques de pointe ont permis de constater un trou dans la couche d'ozone.

Jean-Louis Étienne
devant le Polar Observer.

La surproduction de dioxyde de carbone a visiblement entraîné le réchauffement de la planète. L'écosystème de l'Arctique n'arrive plus à l'assimiler. Aux pôles, la fonte des glaces est indiscutable. La température sur la Terre augmente de façon inquiétante !

LES MODULES DE LA MISSION
Apollo 13

Module de service

Abrite les moteurs, qui servent à rectifier les trajectoires.

Contient les systèmes de production d'énergie, d'eau et de chauffage.

Contient les réserves d'oxygène, de nourriture et d'eau.

Se sépare du module de commande avant la rentrée dans l'atmosphère.

Module de commande
Odyssey

Accueille les astronautes pendant le décollage et la rentrée dans l'atmosphère.

Amerrit sur l'océan.

Module lunaire
Aquarius

Se pose sur la Lune et en décolle.

Conçu et aménagé pour deux astronautes seulement.

Se sépare du module de commande avant la rentrée dans l'atmosphère.

APOLLO 13

NASA

De gauche à droite, James A. Lovell Jr,
John Swigert et Fred W. Haise Jr

Module de commande *Odyssey*

LE DÉROULEMENT DE LA MISSION *APOLLO 13*

DATE EN 1970	HEURE DE HOUSTON	ÉVÉNEMENT
Samedi 11 avril	13 h 13	La fusée *Saturne 5* décolle, la mission spatiale *Apollo 13* est commencée.
Samedi 11 avril	15 h 48	Les moteurs du module de service démarrent et les astronautes se dirigent vers la Lune.
Lundi 13 avril	21 h 07	Le réservoir d'oxygène numéro 2 dans le module de service explose.
Lundi 13 avril	22 h 50	La NASA décide de sacrifier l'alunissage et organise un retour sur Terre. Les trois astronautes quittent temporairement le module de commande *Odyssey* et s'installent dans le module lunaire *Aquarius*, aménagé pour seulement deux astronautes.
Mardi 14 avril	2 h 43	Le moteur du module lunaire *Aquarius* démarre une première fois pour se diriger vers la Terre.
Mardi 14 avril	20 h 40	Le moteur d'*Aquarius* démarre une seconde fois pour changer la direction du module : la NASA décide de faire amerrir le module de commande *Odyssey* sur l'océan Pacifique plutôt que sur l'océan Indien afin de diminuer le temps de retour.
Mercredi 15 avril	3 h 38	Dans le module lunaire, les astronautes élaborent des scénarios avec le personnel de la NASA en vue de maintenir les proportions des composants de l'air à leur pourcentage normal.
Vendredi 17 avril	7 h 14	Le module de service est largué.
Vendredi 17 avril	10 h 43	Le module lunaire *Aquarius* est largué.
Vendredi 17 avril	11 h 53	Le module de commande *Odyssey* fait son entrée dans l'atmosphère terrestre.
Vendredi 17 avril	12 h 07	Le module de commande amerrit sur l'océan Pacifique.

Fusée *Saturne 5*

LES PLANÈTES DU SYSTÈME SOLAIRE

PLANÈTE	CARACTÉRISTIQUE			TEMPÉRATURE
	Lithosphère	Hydrosphère	Atmosphère	
Mercure[1]	• Sol désertique (poussières et roches) • Surface criblée de cratères	Aucune	• Quasi inexistante • Traces d'oxygène, de sodium, d'hydrogène et d'hélium	De −173 °C à 427 °C
Vénus	• Sol sec et poussiéreux • Nombreuses plaines, canyons profonds, montagnes, dômes volcaniques • Cratères météoritiques	Aucune	• Dense couche de dioxyde de carbone (96 %) et d'azote (3 %) • Traces de dioxyde de soufre • Nuages d'acide sulfurique • Effet de serre important	453 °C en moyenne
Terre	• Sol riche en minéraux et en roches variées • Relief accentué • Présence de déserts, de dunes et de volcans • Plusieurs cratères	• Grandes masses d'eau liquide principalement salée • Glace aux deux pôles • Glaciers et banquises	• Mince couche de gaz composée d'oxygène (21 %), d'azote (78 %) et d'argon (1 %) • Nuages de vapeur d'eau • Effet de serre croissant	De −60 °C à 45 °C
Mars	• Sol aride et poussiéreux, riche en hématite • Vents violents • Relief accentué • Présence de déserts, de dunes et de volcans • Plusieurs cratères	Glace aux deux pôles	• Fine couche de gaz composée de dioxyde de carbone (95,3 %), d'azote (2,7 %), d'argon (1,6 %) et d'oxygène (0,13 %) • Traces de vapeur d'eau • Peu d'effet de serre	De −123 °C à 37 °C

1. Les planètes Mercure, Vénus, Terre et Mars sont des planètes terrestres (aussi appelées telluriques), car leur surface est composée de roches solides.

PLANÈTE	CARACTÉRISTIQUE			TEMPÉRATURE
	Lithosphère	Hydrosphère	Atmosphère	
Jupiter[2]	• Absence de lithosphère • Noyau composé de silicates et de métaux • Vaste étendue d'hydrogène liquide • Vents violents de plus de 500 km/h	Absence d'hydrosphère	• Épaisse couche de nuages composés d'hydrogène (90 %) et d'hélium (10 %) • Traces d'ammoniac, de méthane et d'éthane	−153 °C dans la partie supérieure des nuages
Saturne	• Absence de lithosphère • Petit noyau solide entouré d'hydrogène et d'hélium liquides • Milliers d'anneaux colorés constitués de débris de glace et de roches	Absence d'hydrosphère	• Épaisse couche de nuages composés d'hydrogène (96,3 %) et d'hélium (3,25 %) • Traces de méthane et d'ammoniac	−185 °C en moyenne
Uranus	• Absence de lithosphère • Noyau de roches fondues entouré de glace, d'ammoniac, de méthane solide et d'une couche d'hydrogène liquide	Absence d'hydrosphère	• Dense couche de nuages verdâtres composés d'hydrogène (82,5 %), d'hélium (15,2 %) et de méthane (2,3 %)	−214 °C en moyenne
Neptune	• Absence de lithosphère • Noyau rocheux entouré d'un manteau glacé de méthane, d'ammoniac et d'eau • Vents violents jusqu'à 2000 km/h.	Absence d'hydrosphère	• Dense couche de nuages bleutés composés d'hydrogène (80 %), d'hélium (19 %) et de méthane (1 %)	−225 °C en moyenne
Pluton[3]	• Absence de lithosphère • Noyau rocheux entouré de méthane et d'azote gelés	Absence d'hydrosphère	• Atmosphère raréfiée et composée de méthane et d'azote gazeux	−236 °C en moyenne

Selon : NASA et NSSDC.

2. Les planètes Jupiter, Saturne, Uranus et Neptune sont des planètes gazeuses (joviennes), car elles ne possèdent pas de surface rocheuse.
3. Pluton est une planète qui n'est ni terrestre ni gazeuse.

Depuis que le Québec exploite l'une de ses plus importantes richesses naturelles, c'est-à-dire l'eau, il s'efforce de produire de l'énergie non dommageable pour l'environnement. Après l'hydroélectricité, le gouvernement québécois s'est lancé dans la conquête du vent par l'exploitation de l'énergie éolienne. Même si ces deux façons de produire de l'énergie sont dépendantes de l'environnement (le relief, l'eau et le vent), elles offrent plusieurs avantages. Sans émettre de chaleur, de gaz à effet de serre ou de déchets radioactifs, elles sont des exemples d'énergie propre et renouvelable.

L'énergie propre au Québec

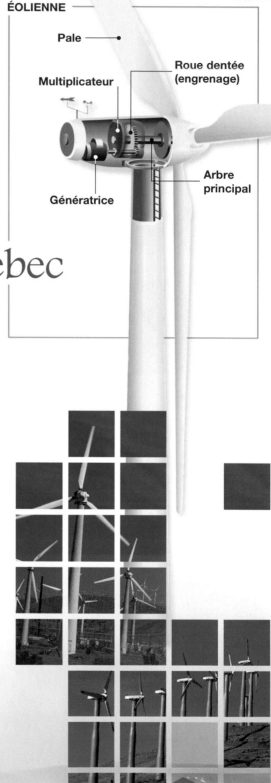

ÉOLIENNE

Pale

Multiplicateur

Roue dentée (engrenage)

Génératrice

Arbre principal

Les éoliennes sont habituellement installées dans des endroits où la vitesse du vent est particulièrement importante afin d'éviter que la production d'énergie cesse pendant trop longtemps.

L'énergie captée par une éolienne augmente très rapidement en fonction de la vitesse du vent. Si la vitesse du vent double, l'énergie captée est huit fois plus grande. Le vent fait tourner les pales de l'éolienne, créant ainsi un mouvement de rotation dont le maximum de tours est de 30 par minute. C'est alors que le mécanisme interne de l'éolienne se met lui aussi en marche, en commençant par la rotation de l'arbre principal. Celui-ci transmet un mouvement de rotation au multiplicateur, qui est constitué de grandes et petites roues dentées (engrenages). À son tour, le multiplicateur transfère le mouvement de rotation à la génératrice, qui enfin, transforme l'énergie mécanique en énergie électrique. Cette génératrice est constituée d'un bobinage de fils électriques. En faisant tourner le bobinage entre deux aimants fixes, un courant électrique se produit dans les fils. C'est ce qui explique la production d'énergie éolienne.

Le système solaire

Le système solaire, tel qu'on le connaît aujourd'hui, est un système héliocentrique régi par la gravitation universelle.
Notre système solaire est constitué :

» d'une étoile, le Soleil, la principale source de lumière et de chaleur ;

» de quatre planètes terrestres ou telluriques (Mercure, Vénus, Terre, Mars) ;

» de quatre planètes gazeuses ou joviennes (Jupiter, Saturne, Uranus, Neptune) ;

» d'une planète ni terrestre ni gazeuse : Pluton ;

» de neuf planètes qui sont des astres relativement froids, qui brillent par réflexion de la lumière du Soleil et qui tournent autour de ce dernier selon des orbites elliptiques propres à chacune ;

» d'une soixantaine de satellites naturels en orbite autour de certaines planètes ;

» de milliers de corps célestes tels que des météoroïdes et des comètes ;

» d'un milieu interplanétaire constitué de gaz et de fines poussières.

COMPOSANTES DU SYSTÈME SOLAIRE	POURCENTAGE DE LA MASSE TOTALE DU SYSTÈME SOLAIRE
Soleil	99,86
Planètes	0,14
Satellites	4×10^{-5}
Météoroïdes et comètes	3×10^{-4}
Milieu interplanétaire	1×10^{-7}

La pyramide de Kheops

Marie Sylvie Legault

**Pyramide à degrés de Djoser située à Saqqarah
(Hypothèse de sa construction)**

Il existe de nombreuses pyramides dans le monde. La plus célèbre est la pyramide de Kheops dans la ville de Gizeh, près du Caire en Égypte. Les pyramides d'Égypte font partie des Sept Merveilles du monde.

Des caractéristiques quasi incroyables

À l'origine, la pyramide de Kheops mesurait 147 m de hauteur, alors qu'aujourd'hui elle n'en compte que 137. Son revêtement extérieur était constitué de blocs de calcaire fin, couverts de hiéroglyphes[1]. Avec le temps, le calcaire a presque entièrement disparu.

---

1. hiéroglyphe : chacun des signes des plus anciennes écritures égyptiennes.

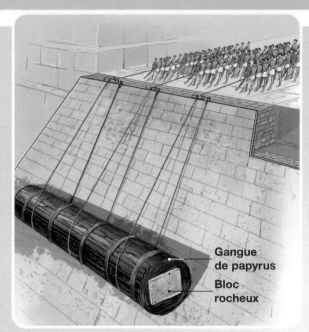

Hypothèse de construction avec des blocs rocheux emballés dans une gangue de papyrus, hissés en roulant le long d'un plan incliné

Hypothèse de construction avec des blocs rocheux chargés sur un traîneau en bois, hissés en glissant sur des rails en bois

Le grand mystère de sa construction

Comment est-il possible d'expliquer la construction de cette structure ? Malgré les progrès de la technologie et les nombreuses recherches effectuées, la superposition des blocs de la pyramide de Kheops reste un mystère. Certains égyptologues croient que les ouvriers ont utilisé une rampe d'accès faite de briques et de sable, et enduite de boue humide afin de faciliter l'ascension des blocs. Selon cette hypothèse, la rampe d'accès aurait été allongée et surélevée au rythme de la construction pour atteindre une longueur de trois kilomètres. Est-ce vraisemblable ?

D'autres égyptologues croient plutôt que la rampe d'accès a contourné la pyramide au fur et à mesure de sa construction. Dans ce cas, la rampe aurait atteint une largeur d'une douzaine de mètres afin de permettre aux ouvriers de manœuvrer librement.

Certains géologues considèrent que la rampe se serait effondrée sous la charge. Toutefois, une hypothèse ressort parmi toutes celles émises. Dans ses écrits, l'historien grec Hérodote rapporte que les Égyptiens utilisaient des leviers. Quoique vraisemblable, cette façon de faire n'explique pas comment les Égyptiens ont réussi à mettre les blocs en place de manière aussi précise ni comment la pyramide a pu être alignée exactement sur les points cardinaux.

UN PHÉNOMÈNE INÉVITABLE

Les étoiles filantes sont des phénomènes observables tout à fait normaux et inévitables. Quand on pense qu'en moyenne plus de 100 000 tonnes de débris provenant d'objets errant dans l'espace bombardent notre planète chaque année, on comprend aisément que les étoiles filantes ne sont nullement des phénomènes extraordinaires. Elles surviennent lorsqu'un météoroïde entre dans notre atmosphère à une vitesse pouvant atteindre plusieurs dizaines de kilomètres à la seconde. Pendant son parcours à travers les couches supérieures de la mésosphère, ce météoroïde dégage une très grande énergie. La friction exercée par ce débris rocheux ou métallique au contact des molécules d'air de notre atmosphère entraîne inévitablement une très forte hausse de la température. Sous l'effet de cette chaleur intense, la surface du météoroïde fond, laissant échapper de petites particules qui, à leur tour, se consument en marquant le ciel d'un trait lumineux.

Les pluies d'étoiles filantes

Une pluie d'étoiles filantes survient lorsqu'une comète laisse à sa suite un nuage de météoroïdes dans l'orbite de la Terre. Une fois par année, en traversant ce nuage chargé de débris, notre planète est bombardée de milliers de particules qui, pendant leur combustion, tapissent le ciel de traits lumineux. Ce phénomène porte un nom distinct selon la période de l'année au cours de laquelle il survient. En août, il s'agit des **Perséides.** En novembre, ce sont les **Léonides** et en décembre, les **Géminides** et les **Ursides.**

Marie Sylvie Legault

Être à l'affût des étoiles filantes

Les nuits sombres, sans nuages ni lune, sont idéales pour l'observation des étoiles filantes. Afin de mieux les apercevoir, il est préférable de choisir un endroit éloigné des grandes villes, sans pollution lumineuse, et de scruter le ciel la nuit. Il faut également laisser aux yeux le temps de s'adapter à l'obscurité.

Marie Sylvie Legault

La disparition des dinosaures

Il y a 65 millions d'années, la Terre était peuplée de reptiles, d'oiseaux, d'insectes, de mammifères et de dinosaures. À une certaine époque, tous les dinosaures ont disparu. Que s'est-il donc passé ?

Les causes terrestres

Selon l'une des hypothèses émises, les œufs de dinosaures auraient été empoisonnés par de l'iridium, une matière toxique provenant entre autres des éruptions volcaniques. Ce scénario n'explique cependant pas pourquoi seuls les œufs de dinosaures auraient été empoisonnés. On raconte aussi que la Terre aurait subi un important bouleversement climatique. On prétend que le ciel aurait été couvert d'un vaste nuage de cendres qui se serait formé à la suite de nombreuses éruptions volcaniques. Notre planète aurait alors subi une importante baisse de température ainsi qu'une crise biologique catastrophique. Toutefois, nul ne peut expliquer pourquoi les autres reptiles ont survécu. Des biologistes supposent que les mammifères auraient interrompu la reproduction naturelle des dinosaures en se nourrissant de leurs œufs. D'autres biologistes croient que les dinosaures auraient été victimes d'une épidémie, mais ils n'ont jamais réussi à identifier la maladie. Quoi qu'il en soit, ces hypothèses n'expliquent pas pourquoi les autres reptiles auraient été épargnés.

La cause extraterrestre

Plusieurs raisons portent à croire que la chute d'une météorite dans le golfe du Mexique serait responsable de l'extinction des dinosaures. D'abord, on a trouvé dans ce cratère d'impact une grande quantité d'iridium, cette matière toxique qui, selon les paléontologues[1], aurait empoisonné les œufs de dinosaures. Puis, on suppose qu'au moment de l'impact, la météorite aurait entraîné la formation d'un immense nuage de poussière qui aurait enveloppé notre planète. Privée de lumière et de chaleur, la végétation aurait été dévastée, créant une rupture de la chaîne alimentaire.

À chacun sa conclusion

Parmi toutes les hypothèses avancées, certaines semblent plus probables que d'autres. En attendant que des preuves incontestables viennent valider ces suppositions, libre à nous d'imaginer ce qui a pu se passer il y a 65 millions d'années.

---

1. paléontologue : spécialiste de la paléontologie, science des êtres vivants fondée sur l'étude des fossiles.

Les MACHINES simples

La roue et l'essieu

La roue est constituée d'un disque qui tourne autour d'un axe (essieu) passant en son centre. La roue et l'essieu sont des dérivés du levier. Ils constituent un levier circulaire où le point d'appui est remplacé par un axe et où les bras sont multipliés autour de l'axe pour constituer les rayons ou le disque de la roue. Cela permet au levier de faire une rotation de 360° au lieu de la rotation limitée de la balançoire à bascule, par exemple.

Autres exemples d'application : le moulin à vent, les engrenages, les poignées de porte, les poignées de robinet et les volants des véhicules.

Fig. 1

Parties d'une roue de bicyclette

Jante
Pneu
Rayon
Moyeu

Le coin

Le coin est constitué de deux plans inclinés placés l'un contre l'autre. Il est utilisé pour trancher une matière ou pour la pénétrer (bois, ciment, pierre, glace, etc.).

Autres exemples d'application : la lame d'un outil, le ciseau à bois, le ciselet[1].

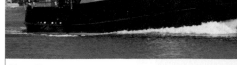

Fig. 2

Proue d'un bateau

Coin

1. ciselet : petit ciseau émoussé servant aux bronziers, aux graveurs et aux orfèvres.

La vis

La vis est une application du plan incliné : l'enroulement d'un plan incliné autour d'un cylindre ou d'un cône forme une vis. Le plan incliné forme une arête spiralée le long du cylindre (voir la figure 3). Cette arête constitue ce que l'on appelle le filet de la vis. La distance entre les crêtes du filet porte le nom de « pas de vis » (voir la figure 4). Une vis peut avoir deux fonctions : elle peut servir à soulever des masses (*exemple :* un vérin[1] ou la vis d'Archimède, illustrée à la figure 5) ou à resserrer ou fixer des objets (*exemple :* une vis à bois).

La vis pénètre un matériau et en ressort facilement, car son mouvement de rotation se transforme en un mouvement de translation.

Autres exemples d'application : le tire-bouchon, l'hélice d'un navire, le hachoir à viande, le siège d'un tabouret de piano, l'étau, le couvercle d'un bocal.

Fig. 3

Vis : plan incliné enroulé

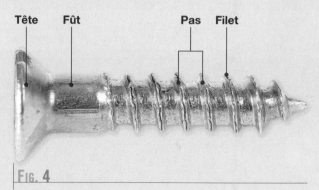

Tête   Fût   Pas   Filet

Fig. 4

Parties d'une vis

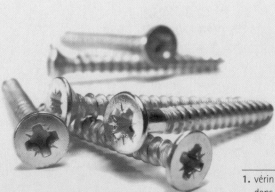

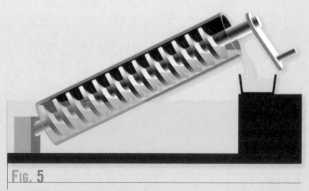

Fig. 5

Vis sans fin ou vis d'Archimède

---

1. vérin : appareil de levage formé de deux vis ou d'une vis double mue par un écrou (un tube cylindrique dans lequel une pièce circulaire [le piston] coulisse).

Les éclipses solaires

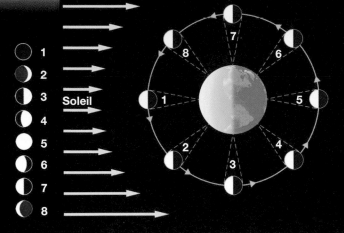

La Terre tourne autour du Soleil et la Lune tourne autour de la Terre. La position et l'apparence de la Lune dans le ciel, vue de la Terre, changent régulièrement selon les mois de l'année. La figure 1[1] montre les huit principales phases de la Lune, vues de la Terre.

Soleil

1
2
3
4
5
6
7
8

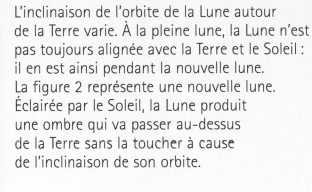

FIG. 1

L'inclinaison de l'orbite de la Lune autour de la Terre varie. À la pleine lune, la Lune n'est pas toujours alignée avec la Terre et le Soleil : il en est ainsi pendant la nouvelle lune. La figure 2 représente une nouvelle lune. Éclairée par le Soleil, la Lune produit une ombre qui va passer au-dessus de la Terre sans la toucher à cause de l'inclinaison de son orbite.

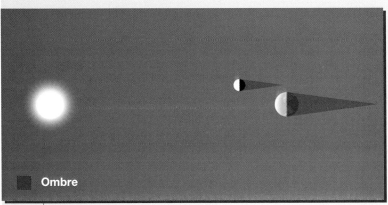

 Ombre

FIG. 2

La figure 3 représente différentes positions de la Terre et de son satellite gravitant autour du Soleil. Aux positions **A** et **C**, le Soleil, la Terre et la Lune ne sont pas alignés ; il n'y a pas de possibilité d'éclipse. Aux positions **B** et **D**, le Soleil, la Terre et la Lune peuvent être alignés ; il y a possibilité d'éclipse. En passant entre le Soleil et la Terre, la Lune cache le Soleil à une partie de la Terre. Cette partie de la Terre passe dans l'ombre de la Lune ; on assiste alors à une éclipse solaire.

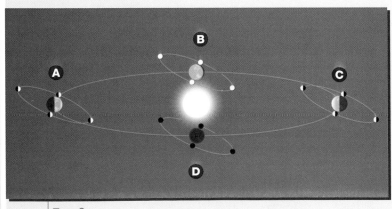

FIG. 3

---

1. Les figures 1 à 6 ne sont pas dessinées à l'échelle.

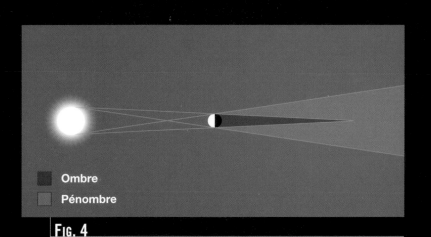

Fig. 4

La figure 4 représente la Lune éclairée par le Soleil. La Lune projette une ombre ainsi qu'une pénombre, région partiellement éclairée par le Soleil.

- ■ Ombre
- □ Pénombre

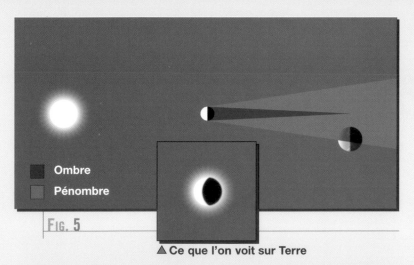

Fig. 5

▲ Ce que l'on voit sur Terre

- ■ Ombre
- □ Pénombre

La figure 5 représente une situation où le Soleil n'est que partiellement caché par la Lune. Une partie de la Terre se trouve dans la pénombre. Dans cette situation, on assiste à une éclipse partielle du Soleil.

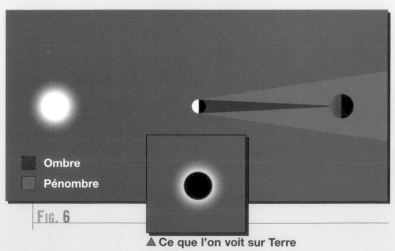

Fig. 6

▲ Ce que l'on voit sur Terre

- ■ Ombre
- □ Pénombre

L'éclipse solaire est totale lorsque le Soleil est complètement caché par la Lune et n'est plus visible à un endroit donné sur la Terre. Étant donné que l'ombre de la Lune ne réussit à toucher qu'une petite partie de la Terre, l'éclipse totale n'est observable qu'à un endroit précis de notre planète et sur une distance d'une centaine de kilomètres. L'éclipse solaire dure environ sept minutes.

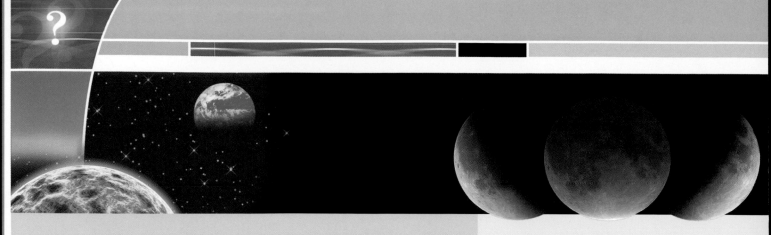

CALENDRIER DES ÉCLIPSES SOLAIRES — DE 2006 À 2015

Date	Endroit où l'éclipse sera visible
22 septembre 2006	L'Amérique du Sud, l'Antarctique et l'ouest de l'Afrique
19 mars 2007	L'Asie et l'Alaska
11 septembre 2007	L'Amérique du Sud et l'Antarctique
7 février 2008	L'Antarctique, l'Australie et la Nouvelle-Zélande
1er août 2008	Le nord-est de l'Amérique du Nord, l'Europe et l'Asie **L'éclipse sera totale au Canada.**
26 janvier 2009	Le sud de l'Afrique, l'Antarctique, le sud-est de l'Asie et l'Australie
22 juillet 2009	L'est de l'Asie, l'océan Pacifique et Hawaï
15 janvier 2010	L'Afrique et l'Asie
11 juillet 2010	Le sud de l'Amérique du Sud
4 janvier 2011	L'Europe, l'Afrique et le centre de l'Asie
1er juin 2011	L'est de l'Asie, le nord de l'Amérique du Nord et l'Islande
1er juillet 2011	Le sud de l'océan Indien
25 novembre 2011	Le sud de l'Afrique, l'Antarctique, la Tasmanie et la Nouvelle-Zélande
20 mai 2012	L'Asie, l'océan Pacifique et l'ouest de l'Amérique du Nord
13 novembre 2012	L'Australie, la Nouvelle-Zélande, et le sud de l'océan Pacifique et de l'Amérique du Sud
10 mai 2013	L'Australie, la Nouvelle-Zélande et l'océan Pacifique
3 novembre 2013	L'est de l'Amérique, le sud de l'Europe et l'Afrique
29 avril 2014	Le sud de l'océan Indien, l'Australie et l'Antarctique
23 octobre 2014	Le nord de l'océan Pacifique et l'Amérique du Nord
23 mars 2015	L'Islande, l'Europe, et le nord de l'Afrique et de l'Asie
13 septembre 2015	Le sud de l'Afrique et de l'océan Indien, et l'Antarctique

CALENDRIER DES ÉCLIPSES LUNAIRES — DE 2006 À 2015

Date	Heure (Temps universel)
7 septembre 2006	18 h 51
3 mars 2007	23 h 21
28 août 2007	10 h 37
21 février 2008	3 h 26
16 août 2008	21 h 10
9 février 2009	14 h 38
7 juillet 2009	9 h 39
6 août 2009	0 h 39
31 décembre 2009	19 h 23
26 juin 2010	11 h 38
21 décembre 2010	8 h 17
15 juin 2011	20 h 13
10 décembre 2011	14 h 32
4 juin 2012	11 h 03
28 novembre 2012	14 h 33
25 avril 2013	20 h 07
25 mai 2013	4 h 10
18 octobre 2013	23 h 50
15 avril 2014	7 h 46
8 octobre 2014	10 h 55
4 avril 2015	12 h 00
28 septembre 2015	2 h 47

Marie Sylvie Legault

De la Terre aux étoiles

La première lunette d'approche inventée en 1608 par l'opticien hollandais Hans Lippershey ressemblait à certaines lunettes que l'on utilise aujourd'hui pour observer les oiseaux, sauf que les lentilles étaient montées sur une structure en bois. Ces lunettes ne permettaient pas de voir très loin, mais elles étaient fort utiles aux personnes souffrant de myopie. Inspiré par cette invention, Galilée a fabriqué, un an plus tard, des lentilles grossissant neuf fois l'image. La lunette d'approche devint alors une lunette astronomique.

De réfracteur à réflecteur

La lumière qui traversait les parties optiques de la lunette astronomique était déviée. On dit aussi qu'elle était réfractée (voir la figure 1). Les images formées étaient floues et présentaient des contours colorés. Avec l'ajout de deux miroirs qui réfléchissaient la lumière au lieu de la réfracter, le télescope de Newton (1671) a permis d'améliorer grandement les techniques d'observation du ciel (voir la figure 2). Le miroir primaire de ce télescope était de forme concave et permettait de capter la lumière provenant de la région du ciel visée. Quant au miroir secondaire, il était de forme aplatie (miroir plan) et permettait de dévier la lumière hors de l'axe optique perpendiculairement jusqu'à l'oculaire.

Les télescopes du 20e siècle

Au début des années 1900, l'astronome amateur américain Henry Draper développa un télescope doté d'un prisme à réflexion totale au lieu d'un miroir plan. Grâce à cet instrument, l'astronome américain Edwin Hubble a pu étudier une quarantaine de galaxies et prouver, en 1929, que l'Univers était en expansion.

Le télescope de Draper a été utilisé jusqu'en 1992. Aujourd'hui, le dernier-né des télescopes est le remarquable *Very Large Telescope* installé à 2600 m d'altitude au sommet du mont Cerro Paranal au Chili. Il est composé d'un ensemble de quatre télescopes principaux et de trois télescopes auxiliaires. De plus, il est doté de miroirs souples. En 2002, il a permis à une équipe de recherche franco-allemande de prouver la présence d'un trou noir au centre de notre galaxie.

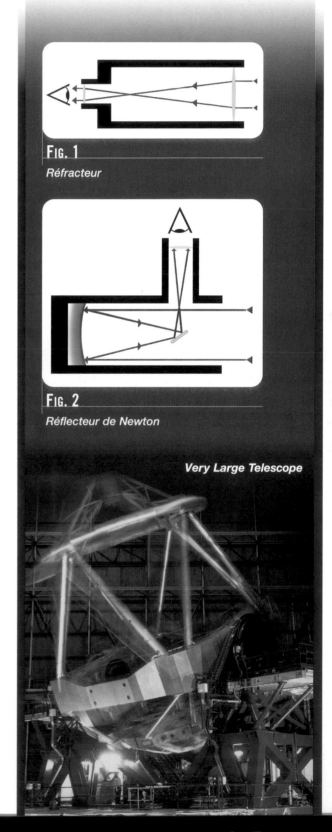

FIG. 1
Réfracteur

FIG. 2
Réflecteur de Newton

Very Large Telescope

Des milieux fragiles!

Les milieux humides sont des terrains inondés ou saturés d'eau pendant une période de temps suffisamment longue pour produire un effet sur la nature du sol et la végétation. Ils occupent de 8 à 9 % de la superficie de la province de Québec. Ils se trouvent aussi bien près des grandes villes que dans les régions éloignées. Les milieux humides constituent une zone de transition entre le milieu terrestre et le milieu aquatique, et contribuent au développement de la flore et de la faune.

L'importance des milieux humides

Les plantes, les champignons, les animaux et les micro-organismes vivent en interdépendance dans les milieux humides, en profitant de la biodiversité environnante. Les animaux utilisent la flore pour se nourrir et nidifier, tandis que la flore peut utiliser la faune pour se nourrir (à partir des éléments nutritifs libérés par la dégradation des tissus des animaux morts) et se reproduire (par le pollen transporté par les abeilles, par exemple). Les matières organiques qui s'accumulent dans les milieux humides permettent aux plantes aquatiques de s'enraciner et croître tout en ayant une réserve d'eau suffisante.

Les milieux humides favorisent la croissance de nombreuses espèces de plantes : certaines vivent sous l'eau ou flottent à la surface, d'autres émergent. Les arbres et arbustes produisent de l'ombre et abritent les oiseaux. Un grand nombre d'espèces d'herbivores et de carnivores profitent de la végétation des milieux humides. Ces milieux sont aussi d'une grande importance pour les oiseaux migrateurs.

On constate que les milieux humides contribuent à améliorer la qualité de l'environnement. Ils sont en quelque sorte les reins des cours d'eau : ils absorbent les polluants et filtrent l'eau. Ils agissent comme des éponges : ils absorbent l'eau qui déborde des cours d'eau et la relâchent progressivement. Les milieux humides fonctionnent comme des usines d'épuration et de filtration : ils peuvent traiter des millions de litres d'eaux usées. Les milieux humides jouent un rôle écologique et économique de premier plan. Pourtant, la majorité des milieux humides nord-américains ont été détruits par l'activité humaine : construction de routes, développement des villes, expansion des terres cultivables, aménagement de dépotoirs, etc. Depuis le début du 17e siècle, près de 80 % de la superficie des terres humides du Saint-Laurent est disparue.

L'abondance et la diversité de la faune et de la flore permettent aux gens d'observer plusieurs espèces d'oiseaux, de plantes, de champignons, d'insectes et de mammifères réunies en un seul endroit. En contrôlant, développant et favorisant ces activités d'observation, on produit un impact positif sur l'économie régionale.

Les milieux humides sont des écosystèmes fragiles. Plusieurs espèces sont si bien adaptées à ces milieux qu'elles sont incapables de vivre dans un autre écosystème ; la destruction de leur milieu de vie entraîne souvent leur disparition. L'eau et la terre leur procurent un habitat sécuritaire, mais elles leur imposent parfois des conditions de vie difficiles : assèchement du milieu, crue des eaux, pollution, etc. C'est pourquoi plusieurs espèces animales et végétales qui vivent dans les milieux humides sont vulnérables et même menacées d'extinction. Les personnes qui visitent les milieux humides doivent donc veiller à rendre leur présence le moins dommageable possible pour l'environnement en observant certaines règles : observer les plantes et les fleurs sans les cueillir, respecter la tranquillité de la faune sauvage, ramasser les déchets, circuler dans les sentiers, etc.

La lentille d'eau

LA LENTILLE D'EAU est un petit organisme végétal verdâtre (de 0,5 à 15 mm de diamètre) qui reste à la surface de l'eau. Elle peut ainsi capter la lumière solaire, assurer les échanges gazeux et entretenir la photosynthèse. La couleur verte que l'on observe à la surface des eaux dormantes s'explique notamment par la présence d'une couche de lentilles d'eau.

Il existe plusieurs espèces de lentilles d'eau. Certaines espèces sont dépourvues de racines. Les plantes peuvent flotter à la surface de l'eau ou être submergées.

La reproduction des lentilles d'eau peut être sexuée ou asexuée. Dans la majorité des cas, elle est asexuée : les plantes se reproduisent alors par bourgeonnement. Elles se multiplient en se séparant en deux pour former deux nouvelles plantes.

Ce mode de reproduction leur permet d'envahir rapidement leur environnement. Parfois, les lentilles d'eau couvrent toute la surface des étangs ou des mares ; elles bloquent alors la lumière et empêchent la photosynthèse et les échanges gazeux, mettant ainsi en danger la faune et la flore aquatiques. Les lentilles d'eau fleurissent rarement, mais parfois, de mauvaises conditions climatiques provoquent la floraison : les plantes utilisent alors le mode de reproduction sexuée. Pendant la saison froide, elles survivent en demeurant au fond de l'eau ; au printemps, elles se multiplient à partir de petits bourgeons qui ont résisté au froid de l'hiver.

Les lentilles d'eau constituent une source de nourriture pour les canards herbivores, les cygnes trompettes, les rats musqués et les castors.

Pour lutter contre les lentilles envahissantes, on peut utiliser les méthodes de contrôle suivantes :

Contrôle biologique :

introduire des animaux consommateurs de lentilles d'eau, par exemple la carpe.

Contrôle mécanique :

retirer les lentilles de la surface de l'eau à l'aide d'un filet flottant.

Contrôle chimique :

les herbicides sont toxiques et inefficaces ; les lentilles réapparaissent rapidement. Il vaut mieux recourir aux deux autres moyens de contrôle.

L'hermaphrodisme

Un animal est considéré comme hermaphrodite lorsqu'il possède à la fois les organes sexuels (gonades) mâles et femelles. Il produit alors les deux types de gamètes.

L'hydre d'eau douce

L'hydre d'eau douce vit au fond de l'eau. Cet animal microscopique se reproduit souvent de façon asexuée par bourgeonnement (voir la figure 1), mais il peut aussi se reproduire (généralement à l'automne) de façon sexuée. Des cellules de sa paroi se développent alors pour former un testicule (renflement proche des tentacules) tandis que d'autres cellules se développent pour former un ovaire près de sa base. Le testicule produit des spermatozoïdes qui nageront dans l'eau pour atteindre l'ovaire et féconder l'ovule mature qui s'y trouve. Un zygote est alors formé. C'est l'autofécondation. L'embryon qui en résulte se développera en une jeune hydre.

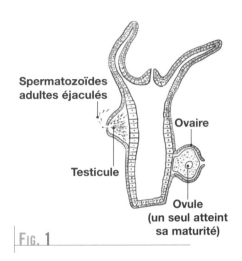

Spermatozoïdes adultes éjaculés

Ovaire

Testicule

Ovule (un seul atteint sa maturité)

FIG. 1

Le lombric

Le lombric (ver de terre) est aussi un hermaphrodite. Comme il vit en milieu terrestre, il doit protéger les gamètes contre la sécheresse. Contrairement à l'hydre d'eau douce, deux individus sont nécessaires pour la fécondation même si chacun a les deux sexes. L'autofécondation est impossible. Les gonades du lombric sont situées dans sa partie antérieure (vers l'avant). Les ovules sont formés dans deux petits ovaires localisés dans le segment 13 (voir la figure 2). Les ovules sont acheminés vers l'extérieur par des conduits appelés oviductes, dont les orifices sont visibles dans le segment 14. Les testicules qui se trouvent dans les segments 10 et 11 produisent les spermatozoïdes, qui sont acheminés vers les orifices externes représentés dans le segment 15. Au moment de l'accouplement, les deux lombrics se placent ventre contre ventre en direction opposée (voir la figure 3) pour échanger des spermatozoïdes. Ensuite, le clitellum sécrète un anneau de mucus, le cocon, qui glisse vers l'avant du lombric. Au passage, il recueille les ovules et les spermatozoïdes. La fécondation se fait dans le cocon qui, est déposé dans le sol. Le cocon protégera et nourrira les embryons en développement.

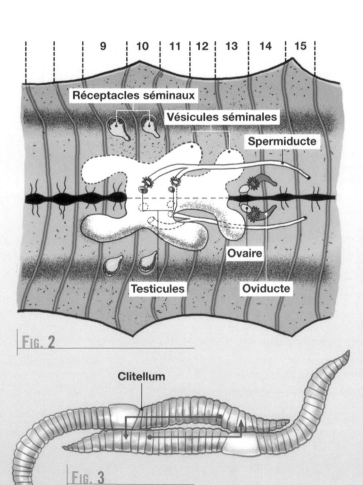

9 | 10 | 11 | 12 | 13 | 14 | 15

Réceptacles séminaux

Vésicules séminales

Spermiducte

Ovaire

Testicules

Oviducte

FIG. 2

Clitellum

FIG. 3

La fécondation des plantes à *fleurs*

La fécondation a lieu au moment de la fusion des noyaux des gamètes mâle et femelle. Certaines plantes ont des fleurs unisexuées : elles ne portent que des fleurs mâles ou femelles sur des plants différents ou sur le même plant. Toutefois, la majorité des plantes à fleurs sont bisexuées : elles portent des fleurs qui ont des organes mâles et femelles. Les organes de reproduction mâles des plantes à fleurs (voir la figure 1), appelés étamines, forment un cercle au centre de la fleur. Les étamines sont de longs filets surmontés d'un petit sac (anthère). L'anthère est la partie dans laquelle est produit le pollen, une substance contenant les cellules fécondantes. Les organes de reproduction femelles (voir la figure 1) occupent le centre du cercle formé. Ils se composent de carpelles dont l'ensemble forme le pistil. À sa base, le carpelle est gonflé : c'est l'ovaire qui contient les ovules. À son extrémité supérieure, on trouve le stigmate, partie gluante où se fixe le pollen, qui provient de l'organe mâle de la fleur. La partie intermédiaire du carpelle se nomme le style. La pollinisation se produit au sommet du carpelle lorsque le stigmate reçoit les grains de pollen qui viennent s'y fixer. Les grains de pollen absorbent de l'eau, gonflent et commencent à germer en développant un tube pollinique ; le tube pollinique s'allonge et descend dans le style pour féconder l'ovule dans l'ovaire.

Les plantes à fécondation croisée

Les fleurs du pommier sont hermaphrodites : chaque fleur possède des organes mâles (étamines) et femelles (pistil). Le vent et surtout les abeilles transportent le pollen sur le stigmate des fleurs pour assurer une fécondation croisée : une fleur de pommier doit être fécondée par le pollen d'une autre variété de pommier. Une fleur de McIntosh, par exemple, ne peut être fécondée par du pollen McIntosh. Il faut le pollen d'une autre variété de pommier. C'est ce qu'on appelle la fécondation croisée.

Les plantes à autofécondation

Les fleurs des pêches, des aubergines et des tomates sont des exemples d'organismes hermaphrodites ; elles portent les organes de reproduction mâles et femelles. Le pollen de l'organe mâle est déposé sur le stigmate de la même fleur (autopollinisation) et la fécondation se produit entre le pollen et l'ovule : c'est l'autofécondation.

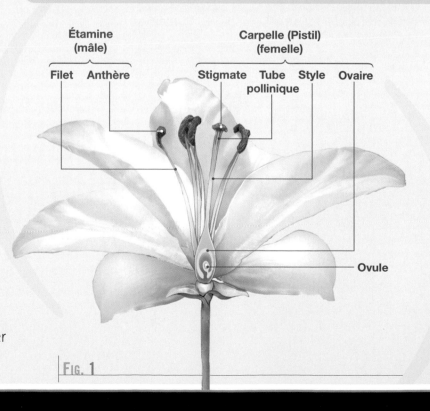

Étamine (mâle) — Filet — Anthère

Carpelle (Pistil) (femelle) — Stigmate — Tube pollinique — Style — Ovaire

Ovule

Fig. 1

La reproduction chez les
CHAMPIGNONS

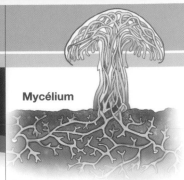

Mycélium

FIG. 1 *Reproduction asexuée*

Lorsque les conditions de l'environnement sont stables, les champignons se reproduisent de façon asexuée (voir la figure 1). La structure de base d'un champignon est une masse enchevêtrée d'hyphes (cellules attachées en forme de filaments) formant le mycélium, l'appareil végétatif (de nutrition) du champignon. Le mycélium libère des enzymes qui décomposent la matière organique dans le milieu (par exemple des végétaux morts). Dans la nature, les champignons sont des décomposeurs qui contribuent à recycler la matière. Le mycélium libère des spores (voir la figure 3) que le vent disperse afin de reproduire d'autres mycéliums identiques au mycélium parental.

Lorsque les conditions de l'environnement changent, les champignons se reproduisent de façon sexuée afin de produire des individus différents, favorisant ainsi leur adaptation (voir la figure 2). Une partie du mycélium forme alors un bouton qui se développe pour devenir le basidiocarpe (le chapeau visible à la surface du sol). Sous le chapeau, on trouve des lamelles qui supportent des petites structures en forme de massues appelées basides. Chaque baside produit quatre spores qui seront transportées ailleurs par le vent. Ces spores germeront pour devenir des hyphes primaires de deux types sexuels ; le type sexuel femelle et le type sexuel mâle. Les deux hyphes de sexe différent pourront fusionner pour produire une masse d'hyphes secondaires qui deviendra le basidiocarpe, et le cycle recommence. Il est à noter que les champignons à chapeau se reproduisent plus souvent de façon sexuée.

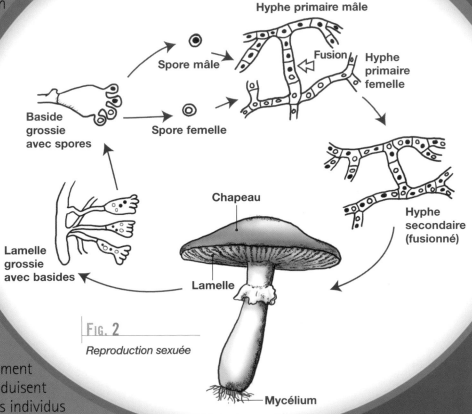

Hyphe primaire mâle

Spore mâle

Fusion

Hyphe primaire femelle

Baside grossie avec spores

Spore femelle

Hyphe secondaire (fusionné)

Chapeau

Lamelle grossie avec basides

Lamelle

FIG. 2

Reproduction sexuée

Mycélium

FIG. 3
Spores grossies

La période de reproduction du **rat musqué,** un mammifère, se situe entre le mois d'avril et le mois d'août. Au cours de cette période, la femelle produit habituellement 2 portées de 5 à 10 petits. Pendant la période de rut, le mâle introduit son pénis dans le vagin de la femelle. Après la fécondation interne, la femelle entre en gestation (développement vivipare) pour une période de 25 à 30 jours. Après la naissance, les petits sont nourris au lait par la femelle et sont sevrés entre le 21e et le 28e jour. Ils quittent le nid lorsqu'ils ont entre 30 et 35 jours. Ils atteindront la maturité sexuelle vers l'âge de un an.

La **grenouille léopard,** un amphibien, s'accouple au printemps. À ce moment, la femelle est remplie d'œufs. Au cours de l'accouplement, le mâle grimpe sur le dos de la femelle en l'agrippant avec ses pattes de devant. La pression qu'il exerce sur la femelle fait sortir ses œufs par un orifice appelé cloaque. Les œufs sont alors éjectés dans l'eau (la grenouille est ovipare) et le mâle les couvre du sperme qui sort de son cloaque. C'est une fécondation externe. La masse d'œufs fécondés flotte dans l'eau ou s'attache à des plantes aquatiques. En deux ou trois semaines, les embryons deviennent des têtards qui possèdent une queue et des branchies, comme les poissons. La métamorphose complète dure trois mois.

L'**Anax de juin** est une libellule commune. Avant la copulation, le mâle replie son abdomen afin d'acheminer son sperme (produit dans les testicules situés au bout de son abdomen) dans son pénis qui est près de son thorax. Après avoir repéré une femelle, il la saisit par l'arrière de la tête grâce à des petites pinces qui se trouvent sur son abdomen. La femelle courbe son abdomen pour que l'extrémité se place sur l'organe copulateur du mâle. Le couple peut demeurer dans cette position caractéristique tout en volant. Pendant ce temps, le sperme passe de l'organe copulateur à l'orifice de la femelle. La fécondation est interne. Des milliers d'œufs sont pondus (la libellule est ovipare) dans la végétation aquatique, sous la surface de l'eau, grâce à un organe de ponte (ovipositeur), qui perce les feuilles des plantes. La larve primaire qui sort de l'œuf traverse alors les tissus de la plante afin de se libérer dans l'eau et se développer. Après une première mue, la larve carnivore se nourrit de petits crustacés et de larves d'insectes. La larve aquatique mue une dizaine de fois avant d'atteindre sa taille définitive. Elle possède trois paires de longues pattes et de gros yeux. La métamorphose se poursuit. Des ébauches d'ailes apparaissent et grandissent à chaque mue (de 2 à 5 cm). Avant sa dernière mue, la larve grimpe sur une tige et se place verticalement, la tête vers le haut. Son squelette externe se brise et la libellule adulte sort de son enveloppe : d'abord le thorax, puis la tête, les ailes, les pattes et l'abdomen. À la fin de sa maturité, elle retournera à l'eau pour se reproduire.

Têtards

Mâle

Femelle

Les signes physiques de la maturité sexuelle

CHEZ LE GARÇON ET LA FILLE

Chez le garçon

À la puberté, une glande du cerveau, l'hypophyse, sécrète deux types d'hormones qui agissent sur les testicules. Les testicules commencent alors à sécréter la testostérone, l'hormone qui entraîne les effets suivants :

1. Stimulation des petits tubes (tubules) dans les testicules pour produire des spermatozoïdes.

2. Stimulation du développement des organes génitaux (pénis, scrotum, glandes internes).

3. Apparition de la libido (pulsion sexuelle).

4. Apparition des caractères sexuels secondaires suivants :

   » mue de la voix, causée par l'augmentation du volume du larynx ;

   » apparition croissante de la pilosité sur tout le corps, plus particulièrement sur le visage (barbe) et dans la région des organes génitaux ;

   » croissance de la masse musculaire ;

   » élargissement du thorax et des épaules.

Chez la fille

À la puberté, l'hypophyse sécrète deux types d'hormones qui agissent sur les ovaires. Les ovaires commencent alors à sécréter des hormones féminines, les œstrogènes et la progestérone, et libèrent un ovule à chaque cycle menstruel.

Les œstrogènes entraînent les effets suivants :

1. Reconstruction de la muqueuse utérine après chaque menstruation.

2. Stimulation du développement des organes génitaux internes (trompes de Fallope, utérus, vagin) et de la vulve.

3. Apparition de la libido (pulsion sexuelle).

4. Apparition des caractères sexuels secondaires suivants :

   » développement des seins ;

   » apparition des poils dans la région génitale et sous les bras ;

   » développement des dépôts de tissus graisseux sous la peau, particulièrement au niveau des hanches et des seins ;

   » élargissement du bassin ;

   » début de la menstruation et du cycle menstruel.

La progestérone, quant à elle, agit sur le développement de la membrane utérine qu'on appelle endomètre.

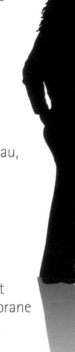

LES MÉTHODES

MÉTHODE CONTRACEPTIVE		MODE D'ACTION	EFFICACITÉ CONTRE UNE GROSSESSE
CONTRACEPTION NATURELLE		Le couple n'a pas de rapports sexuels pendant la période de fertilité (environ une semaine par mois).	
Méthode sympto-thermique	Méthode du calendrier	Le début de chaque menstruation est indiqué sur le calendrier pendant plusieurs mois (de 6 à 12). La durée moyenne du cycle est établie afin d'évaluer la date probable de l'ovulation (14 jours avant les menstruations).	De 65 à 85 %
	Méthode du thermomètre	La prise de la température vaginale le matin (avant le lever). Une hausse de température indique que l'ovulation a eu lieu. Cette hausse de température persistera jusqu'à la fin du cycle. Une douleur abdominale (aux ovaires) peut être perçue chez certaines femmes.	
	Méthode de Billings	Le changement de texture des sécrétions du col de l'utérus (glaire cervicale) est observé chaque jour. • Une glaire blanche et épaisse indique que le jour de l'ovulation est éloigné. • Une glaire translucide et élastique indique le jour de l'ovulation.	
Abstinence totale		Il n'y a pas de pénétration.	100 %
MOYEN MÉCANIQUE		Ils empêchent la fécondation ou la fixation du zygote dans l'utérus.	
Diaphragme		Une membrane de latex est placée sur le col utérin avant un rapport sexuel. Elle est retirée huit heures après.	De 80 à 90 %
Stérilet		Le ou la médecin introduit un dispositif dans la cavité utérine pour empêcher le zygote de se fixer sur la paroi utérine.	98 %
Condom masculin		Un capuchon (fait d'une membrane naturelle ou de latex) qui s'adapte au pénis en érection. Il empêche le sperme de se rendre dans le vagin. Le condom en latex est plus résistant et plus étanche que le condom naturel qui lui, ne protège pas des ITS.	Condom de latex seul: de 85 à 90 % Condom de latex plus spermicide : 95 %
SPERMICIDE		Une substance chimique qui tue les spermatozoïdes.	
Mousse, gelée, crème		Le spermicide est introduit dans le vagin à l'aide d'un applicateur, avant un rapport sexuel. Pour être efficace, il doit rester dans le vagin pendant huit heures après le rapport sexuel.	De 70 à 80 %
Éponge		L'éponge humectée est placée dans le vagin avant un rapport sexuel et y demeure pendant 24 heures.	De 65 à 80 %

CONTRACEPTIVES

MÉTHODE CONTRACEPTIVE	MODE D'ACTION	EFFICACITÉ CONTRE UNE GROSSESSE[1]
STÉRILISATION	Des méthodes chirurgicales dont la réversibilité est incertaine. Elles doivent être considérées comme définitives.	
Vasectomie	Sous anesthésie locale, les canaux déférents sont sectionnés et ligaturés.	99,5 %
Ligature des trompes	Sous anesthésie générale, les trompes de Fallope sont sectionnées et ligaturées.	99,5 %
CONTRACEPTIF HORMONAL	Une administration d'hormones féminines qui agissent sur la glande hypophyse (attachée à la base du cerveau) afin d'empêcher la libération de l'ovule (anovulant).	
Pilule contraceptive	Les pilules contenant des œstrogènes et de la progestérone sont prises à 24 h d'intervalle pour conserver un niveau élevé d'hormones dans le sang, ce qui inhibe l'hypophyse. Pendant 7 jours, les pilules prises ne contiennent pas d'hormones afin de permettre les menstruations.	98 %
Timbre transdermique	Le timbre est placé sur la peau pour libérer des hormones dans le sang. Il doit être remplacé chaque semaine.	99 %
Implants sous-cutanés	Les petits bâtonnets de silicone sont placés sous la peau du bras. Ils libèrent de la progestérone qui agit sur la glaire cervicale et la muqueuse utérine (comme s'il y avait grossesse). Il n'y a donc pas d'ovulation.	99 %
Injection contraceptive	La progestérone est administrée tous les trois mois sous forme d'injection intramusculaire (dans le bras ou la fesse). Elle empêche la production d'ovule.	99 %
CONTRACEPTION D'URGENCE	Une concentration élevée d'un mélange d'œstrogènes et de progestérone de synthèse ou de progestérone de synthèse seulement pour empêcher la fécondation ou empêcher l'ovule fécondé (zygote) de s'implanter.	
Pilule du lendemain	Deux doses (pilules) en une seule prise, le plus tôt possible après un rapport sexuel non protégé ou une dose le plus tôt possible, plus une dose 12 heures plus tard.	95 % si les pilules sont prises dans les 12 premières heures suivant le rapport sexuel.

1. L'efficacité de ces moyens est liée au respect des règles d'utilisation. Ces pourcentages font référence à la contraception et non à la protection contre les ITS.

Les ITS

VIRUS			
HERPÈS	**CONDYLOMES**	**SIDA**	**HÉPATITE B**
Transmission : Contact direct	**Transmission :** Contact sexuel	**Transmission :** - Contact sexuel - Sperme, sécrétion vaginale - Sang, objet contaminé, lait maternel	**Transmission :** - Liquides biologiques[1] - Contact physique - Objet contaminé
Symptômes : - Ampoules et cloques douloureuses - Gonflement des ganglions - Démangeaisons	**Symptômes :** - Verrues en forme de chou-fleur - Irritation - Démangeaisons	**Symptômes :** - Gonflement des ganglions - Toux - Diarrhée persistante - Perte de poids et fatigue - Destruction du système immunitaire entraînant la mort	**Symptômes :** - Inflammation du foie - Fatigue et fièvre - Douleur abdominale - Perte d'appétit
Dépistage : - Examen médical - Analyse des prélèvements	**Dépistage :** Examen médical	**Dépistage :** - Tests sanguins - Recherche d'anticorps du VIH	**Dépistage :** Tests sanguins (recherche d'anticorps)
Traitement : - Aucun - Crème pour soulager les symptômes	**Traitement :** - Azote liquide - Laser - Chirurgie	**Traitement :** Contrôle des infections opportunistes	**Traitement :** - Aucun - Repos - Vaccin

---

1. sang, salive, sperme, sécrétions vaginales, larmes, urine, lait maternel.

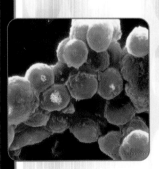
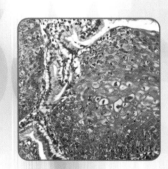

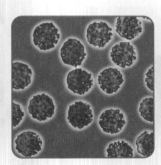

 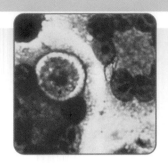 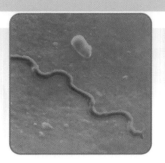 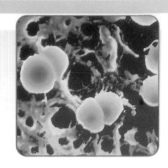

PARASITE	BACTÉRIE		
POUX DU PUBIS	CHLAMYDIA	SYPHILIS	GONORRHÉE
Transmission : - Contact direct ou sexuel - Lingerie, vêtements, siège de toilettes **Symptôme :** Vives démangeaisons **Dépistage:** Examen médical **Traitement :** - Lotions - Nettoyage de la literie et des vêtements	**Transmission :** Contact sexuel **Symptômes :** Asymptomatique Femmes : pertes vaginales, douleur en urinant Hommes : Écoulement urétral, douleur en urinant **Dépistage :** Prélèvement et analyse des sécrétions **Traitement :** Antibiotiques	**Transmission :** Contact sexuel **Symptômes :** 1re phase: Chancre (ulcère non douloureux) 2e phase : Éruption cutanée 3e phase : Atteinte au cœur et au cerveau, cécité, démence et mort (exceptionnellement) **Dépistage :** Analyses sanguines **Traitement :** Antibiotiques	**Transmission :** Contact sexuel **Symptômes :** - Asymptomatique chez 80 % des femmes ; 20 % auront des pertes vaginales anormales et une irritation de la vulve - Chez les hommes, douleur en urinant et écoulement de pus par l'urètre **Dépistage :** Prélèvement et analyse des sécrétions **Traitement :** Antibiotiques

LES AGENTS D'ÉROSION

La croûte terrestre est en perpétuel changement. Les roches se fragmentent et se désagrègent sous l'effet de mécanismes physiques, chimiques et biologiques des agents d'érosion.

MÉCANISME	AGENT	ACTION	EFFET
PHYSIQUE	Eau	Les vagues des cours d'eau frappent les falaises.	Les rochers des falaises se désagrègent.
		Les marées envahissent le littoral des cours d'eau.	Le littoral des cours d'eau et les espaces cultivables rétrécissent ; les roches calcaires et les sels minéraux entrent en solution.
		L'eau de ruissellement coule sur les sols en pente.	Les grosses roches s'usent. Les petites roches, le sable et les sels minéraux sont transportés vers les rivières.
	Glace	L'eau pénètre dans les fissures des roches et gèle (gel et dégel).	La formation de la glace fait éclater la roche.
	Vent	L'air se déplace constamment et effleure les montagnes.	Les sommets s'usent et les pentes s'adoucissent.
		L'air se déplace dans les endroits déserts.	Les particules de matière sont transportées et forment des dunes.
	Glacier	Les glaciers fondent et se déplacent.	Les masses de glace et de débris rabotent, usent et polissent le lit des glaciers en formant des vallées.
	Gravité	La gravité fait tomber les roches des falaises.	Les roches se brisent et se morcellent ; le dévalement de la matière sur les pentes use les rochers (abrasion).
		La gravité entraîne les matières solides vers le bas des pentes.	Les particules solides entraînées par l'eau de ruissellement sont transportées vers les rivières.
	Végétation	Les racines des arbres s'infiltrent dans les fissures des rochers.	Les fissures s'agrandissent ; les rochers se brisent et se désagrègent sous l'action du gel et du dégel.
CHIMIQUE	Eau	L'eau dissout les sels minéraux.	Les sols en pente perdent leurs sels minéraux.
		L'eau s'infiltre dans les roches et change leur composition chimique.	Les roches sont fragmentées à cause de l'augmentation de volume.
	Eau et CO_2	L'eau acide attaque les calcaires et les roches cristallines.	Les roches sont décomposées, fragmentées.
	Eau et air	L'air humide cause une oxydation, une dissociation des cristaux à l'intérieur de la roche.	Les roches sont modifiées.
BIOLOGIQUE	Plantes et animaux	Les bactéries, les plantes, les lichens et les algues produisent des sécrétions chimiques qui attaquent la roche.	Les roches sont désagrégées.

INFO-SCIENCE

LES TYPES DE SOLS ET LEURS PROPRIÉTÉS

PROPRIÉTÉ	DESCRIPTION	TYPE DE SOL	
Propriétés physiques			
Texture	• Texture liée au diamètre des grains • Utilisation d'un tamis pour séparer les grains de différentes grosseurs	argileux	moins de 0,002 mm
		limoneux	de 0,002 à 0,075 mm
		sableux	de 0,075 à 4,75 mm
		graveleux	de 4,75 à 75 mm
	Réaction au toucher	- lisse (grains fins) - rugueux (gros grains)	
Structure	Structure liée au mode d'assemblage des grains	- grumeleux (grains liés en agrégats) - particulaire (grains indépendants, non liés) - compact (grains liés par l'argile)	
Porosité	Capacité à laisser circuler l'air et l'eau[1]	- aéré (perméable) - filtrant - compact (imperméable)	
Couleur	• Couleur liée à la présence de certaines substances minérales • Température du sol[2] influencée par la couleur de celui-ci	- foncé - pâle - brun - noir - gris	
Propriétés chimiques			
Acidité ou basicité	Mesure du pH	- acide (pH moins de 7) - neutre (pH égal à 7) - basique (pH plus de 7)	
Composition chimique	Présence d'éléments ou de composés chimiques particuliers (N, P, K, Mg, Ca, Fe, nitrate, carbonate, sulfate, etc.)	- ferreux - sulfureux - riche en nitrate - pauvre en potassium - etc.	

1. Pourcentage d'espace vide entre les grains.
2. Un sol foncé se réchauffe plus rapidement qu'un sol clair.

Cyclone,
OURAGAN, TYPHON OU TORNADE ?

CARACTÉRISTIQUE OBSERVABLE	NOM DE LA TEMPÊTE	ORIGINE DU NOM ET AUTRES APPELLATIONS	LOCALISATION
Vents de 150 à 350 km/h organisés en bandes spiralées qui ont une forme quasi circulaire ; ils sont accompagnés de pluies torrentielles. La masse nuageuse peut s'étendre jusqu'à 1000 km du centre du cyclone.	**Cyclone** Nom générique désignant une tempête de vent et de pluie	Du mot grec *kuklos*, qui signifie « cercle ». On l'appelle : - kamikaze au Japon - willy-willy en Australie - baguio aux Philippines	Se développe dans le sud-ouest de l'océan Pacifique et dans tout le bassin de l'océan Indien.
	Ouragan Nom désignant un type de cyclone américain	Le mot anglais *hurricane* vient de *hunraken*, mot emprunté à la langue maya.	Se développe à l'ouest de l'Afrique ou dans la mer des Caraïbes ou dans le golfe du Mexique. Il monte dans l'Atlantique Nord ou déferle sur les régions du sud des États-Unis. Se developpe aussi dans le nord-est de l'océan Pacifique.
	Typhon Nom désignant un type de cyclone asiatique	Du mot chinois *t'ai-fung*, qui signifie « grand vent ». On l'appelle : - typhoon en anglais - toofan en indien - tufân en arabe - tufaõ en portugais	Se développe dans le nord-ouest de l'océan Pacifique et dans la région du sud-est asiatique.
Vents tournoyant à une vitesse pouvant atteindre 400 km/h ; ils prennent la forme d'un immense entonnoir gris ou noir qui se déplace dans un corridor de 100 m de large et de 10 km de long en moyenne. Phénomène de courte durée, précédé de fortes pluies ou de grêle.	**Tornade**	Mot formé de deux mots espagnols : *tornar*, qui signifie « tourner » et *tronada*, qui signifie « orage ». Quand elle se produit sur la mer, on l'appelle aussi trombe marine.	Elle se produit à l'intérieur des terres dans plusieurs pays, souvent au centre de l'Amérique du Nord, aux États-Unis (Kansas, Missouri, Oklahoma, Nebraska, etc.).

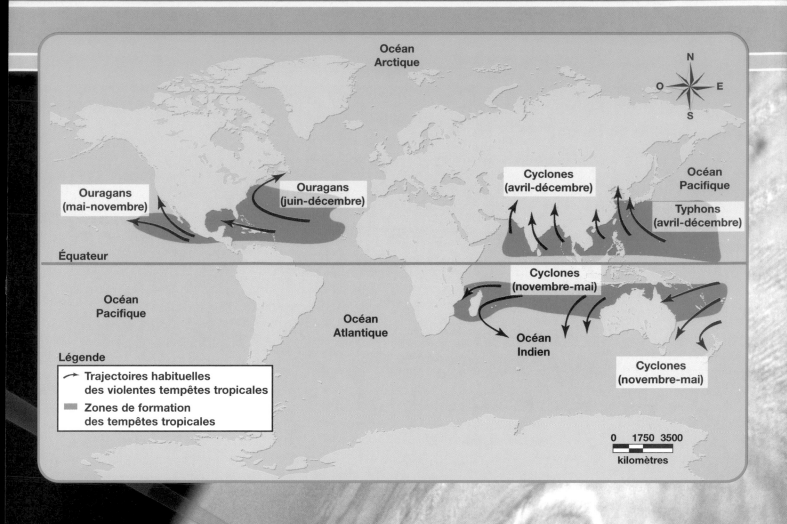

Océan Arctique

Ouragans (mai-novembre)

Ouragans (juin-décembre)

Cyclones (avril-décembre)

Océan Pacifique

Typhons (avril-décembre)

Équateur

Cyclones (novembre-mai)

Océan Pacifique

Océan Atlantique

Océan Indien

Cyclones (novembre-mai)

Légende

Trajectoires habituelles des violentes tempêtes tropicales

Zones de formation des tempêtes tropicales

0   1750   3500
kilomètres

LES ÉCHELLES *de mesure*

L'ÉCHELLE DE SAFFIR-SIMPSON

L'échelle de Saffir-Simpson sert à évaluer la force des ouragans qui se développent dans l'océan Atlantique et dans le nord de l'océan Pacifique. Elle classe les vitesses du vent en cinq catégories et décrit les dommages causés à l'environnement.

CATÉGORIE	VITESSE DU VENT (km/h)	ONDE DE TEMPÊTE[1] (m)	EFFET SUR L'ENVIRONNEMENT
1	de 118 à 153	de 1,2 à 1,8	- habitations permanentes peu endommagées - habitations mobiles endommagées - petites branches d'arbres cassées - lignes électriques brisées - panneaux de signalisation endommagés
2	de 154 à 177	de 1,8 à 2,7	- habitations permanentes endommagées (toitures, portes et fenêtres) - habitations mobiles lourdement endommagées - grosses branches d'arbres cassées - panneaux de signalisation et petits arbres arrachés
3	de 178 à 210	de 2,7 à 4,0	- habitations permanentes lourdement endommagées (toitures, charpentes, fenêtres et portes) - habitations mobiles lourdement endommagées et déplacées - gros arbres déracinés
4	de 211 à 249	de 4,0 à 5,5	- habitations permanentes lourdement endommagées (toitures, charpentes, fenêtres et portes) - habitations mobiles lourdement endommagées, déplacées ou détruites - gros arbres déracinés
5	250 et plus	5,5 et plus	- habitations permanentes lourdement endommagées ou détruites - habitations mobiles déplacées et détruites - gros arbres déracinés et emportés

1. onde de tempête : différence du niveau de la mer entre la hauteur prévue de la marée astronomique (table des marées), et la hauteur réellement atteinte sous l'influence de conditions comme le vent et la pression.

de l'intensité du vent

L'ÉCHELLE DE BEAUFORT

L'échelle de Beaufort a d'abord été utilisée par les marins pour évaluer la vitesse du vent sur les cours d'eau. Aujourd'hui, cette échelle sert aussi à évaluer la vitesse du vent sur terre.

FORCE	VITESSE DU VENT (km/h)	DESCRIPTION	EFFET DU VENT
0	Moins de 2	Calme	La fumée s'élève verticalement.
1	De 2 à 5	Très légère brise	La fumée indique la direction du vent, mais pas la girouette.
2	De 6 à 11	Légère brise	Le visage perçoit le vent. Les feuilles frémissent. La girouette tourne.
3	De 12 à 19	Petite brise	Les feuilles et les petites branches sont constamment agitées. Les drapeaux se déploient.
4	De 20 à 29	Jolie brise	Le vent soulève la poussière et les feuilles de papier. Les petites branches sont agitées.
5	De 30 à 39	Bonne brise	Les arbustes en feuilles se balancent. De petites vagues se forment sur les eaux intérieures.
6	De 40 à 50	Vent frais	Les grandes branches sont agitées. Les fils téléphoniques sifflent. L'usage des parapluies est difficile.
7	De 51 à 61	Grand frais	Les arbres sont agités en entier. La marche contre le vent est pénible.
8	De 62 à 74	Coup de vent	Le vent casse les rameaux. La marche contre le vent est très difficile.
9	De 75 à 87	Fort coup de vent	Le vent cause des dommages légers aux habitations : bardeaux et antennes de télévisions arrachés.
10	De 88 à 101	Tempête	Les arbres sont déracinés. Importants dommages aux habitations
11	De 102 à 116	Violente tempête	Ravages étendus
12 (rare)	Plus de 116	Ouragan	Dévastation

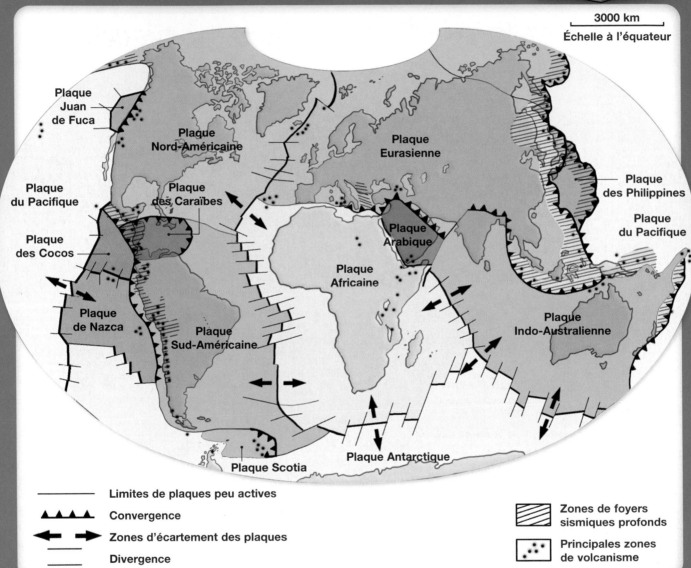

3000 km
Échelle à l'équateur

Plaque
Juan
de Fuca

Plaque
Nord-Américaine

Plaque
Eurasienne

Plaque
des Philippines

Plaque
du Pacifique

Plaque
des Caraïbes

Plaque
Arabique

Plaque
du Pacifique

Plaque
des Cocos

Plaque
Africaine

Plaque
de Nazca

Plaque
Indo-Australienne

Plaque
Sud-Américaine

Plaque Antarctique

Plaque Scotia

——— Limites de plaques peu actives	
▲▲▲▲ Convergence	
◄— —► Zones d'écartement des plaques	
—— Divergence	

Zones de foyers
sismiques profonds

Principales zones
de volcanisme

Le mouvement de convection dans le manteau déplace les plaques tectoniques les unes par rapport aux autres. Il existe trois types de mouvements :

» les plaques peuvent s'écarter (mouvement divergent) ;

» elles peuvent se rapprocher (mouvement convergent) ;

» elles peuvent coulisser (mouvement transformant).

La carte mondiale des risques sismiques

Légende
- Risque très élevé (brun et rouge foncés)
- Risque élevé (rouge et rose)
- Risque moyen (orangé et jaune)
- Risque faible (vert et blanc)

Les échelles

Il existe deux mesures pour évaluer l'importance des tremblements de terre : l'intensité et la magnitude. L'intensité est une mesure qualitative des effets causés par un séisme. La magnitude est une mesure quantitative de l'énergie dégagée par un séisme.

L'échelle de Mercalli

En 1902, le physicien et géologue italien Giuseppe Mercalli (1850-1914) propose une échelle descriptive basée sur la perception des êtres humains qui ressentent l'intensité d'un séisme et sur les dégâts qu'il cause. Cette échelle de mesure qualitative a été améliorée en 1931, mais elle comporte encore plusieurs faiblesses[1].

DEGRÉ	INDICE
1	Aucune perception de tremblement
2	À l'intérieur des habitations, quelques personnes ressentent un mouvement ; on peut percevoir des tremblements au sommet des grands immeubles.
3	À l'intérieur des habitations, plusieurs personnes ressentent un certain mouvement et constatent que les objets suspendus oscillent. Aucune perception à l'extérieur.
4	À l'intérieur des habitations, la majorité des personnes ressentent un mouvement : les objets suspendus oscillent et les vitres des fenêtres vibrent. Tremblement faiblement ressenti à l'extérieur.
5	À l'intérieur des habitations, la majorité des personnes qui dorment sont réveillées par un mouvement ; les portes et les tableaux bougent ; les objets tombent des étagères. À l'extérieur, les arbres et les poteaux oscillent.
6	Toutes les personnes ressentent le tremblement et titubent dans leurs déplacements ; les objets et les tableaux tombent, des fissures peuvent apparaître sur les murs. À l'extérieur, les arbres et les buissons tremblent ; certaines habitations peuvent subir des dommages minimes. Les structures des habitations ne sont pas endommagées.
7	Les véhicules sont secoués. Les personnes éprouvent de la difficulté à rester debout. Certains meubles instables peuvent se briser. Des fissures peuvent lézarder les murs extérieurs des habitations, des pierres ou des briques peuvent se détacher ; la structure de certains immeubles mal construits peut être endommagée.
8	La conduite d'un véhicule est difficile. Les habitations sans fondation solide bougent. Certaines tours, cheminées ou structures mal ancrées dans le sol peuvent subir des torsions, se briser ou tomber. Les habitations mal construites subissent des dommages importants. Certaines branches d'arbres sont brisées. Des fissures apparaissent dans les sols humides. On peut constater un changement dans le niveau d'eau des puits.
9	La majorité des habitations et des immeubles élevés subissent des dommages importants. On constate un déplacement des habitations sans fondation. Le sol se fissure et certaines infrastructures (conduites d'eau et de gaz) souterraines se brisent.
10	La majorité des habitations sont détruites. Quelques ponts et barrages subissent des dommages importants. Les rails de chemin de fer sont tordus ou courbés. Des flancs de montagnes ou de falaises s'effondrent et de larges fissures apparaissent à certains endroits.
11	La plupart des infrastructures souterraines (conduites d'eau et de gaz), les autoroutes, les ponts, les barrages et les immeubles sont détruits.
12	Le sol se déforme et ondule. Des fissures provoquent la chute des rochers des falaises. Presque toutes les constructions sont détruites.

1. Exemples de faiblesses : subjectivité des personnes, distance de l'épicentre et application des normes de construction dans une région donnée par rapport à une autre.

L'échelle de Richter

En 1935, Charles Francis Richter (1900-1985), un sismologue américain, propose une échelle de mesure quantitative de l'énergie dégagée par un séisme à son épicentre (foyer).

MAGNITUDE SUR L'ÉCHELLE	EFFET DU TREMBLEMENT DE TERRE
Moins de 1,9	Faible tremblement, aucune perception par les personnes
De 2,0 à 2,9	Tremblement détecté, enregistré et souvent non ressenti
De 3,0 à 3,9	Tremblement détecté, enregistré et souvent ressenti, peu de dommages
De 4,0 à 4,9	À l'intérieur des habitations, certains objets bougent et s'entrechoquent, peu de dommages
De 5,0 à 5,9	Dommages importants aux édifices mal construits et dommages légers aux édifices bien construits
De 6,0 à 6,9	Dommages jusqu'à 180 km de l'épicentre (foyer) du tremblement surtout dans les régions où la population est dense
De 7,0 à 7,9	Dommages importants dans les régions plus éloignées de l'épicentre
De 8,0 à 8,9	Dommages très importants dans les régions situées à des centaines de kilomètres de l'épicentre du tremblement
9,0 et plus	Dommages catastrophiques

Contrairement aux échelles de Rossi (1880) et de Mercalli (1902 et 1931) qui décrivent de manière subjective l'intensité des séismes, l'échelle de Richter est fondée sur un modèle mathématique objectif permettant de quantifier la puissance des tremblements de terre. Le calcul présenté par Richter a été modifié en tenant compte de la longueur et la profondeur de la faille où a lieu le séisme. La magnitude est déduite à partir de l'enregistrement des ondes sismiques par un sismographe placé à 100 km de l'épicentre. L'échelle de Richter s'étend entre des valeurs de 1 à 9 ; une augmentation de magnitude de 1 représente une multiplication par 10 de l'amplitude des ondes sismiques. Un séisme de magnitude 7 est donc 1000 fois plus important qu'un séisme de magnitude 4. À ce jour, le séisme le plus puissant atteignait 9,5 sur l'échelle de Richter ; il s'est produit au Chili, le 22 mai 1960.

La préhension et la précision
du mouvement

Il faut seulement deux doigts (le pouce et un autre doigt) pour tenir un objet, mais certains mouvements que l'on peut lui transmettre ne sont pas très précis.

L'utilisation d'un troisième doigt rend la manipulation de l'objet plus facile. Par exemple, on peut produire un mouvement de rotation assez précis selon la position du troisième doigt.

Le mouvement produit suit le principe du levier. En effet, deux doigts servent de point d'appui tandis que le troisième exerce une force motrice sur une partie de l'objet, agissant comme bras de levier. Le mouvement de rotation devient alors plus directionnel.

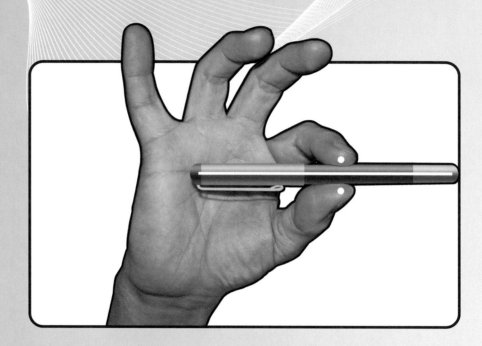

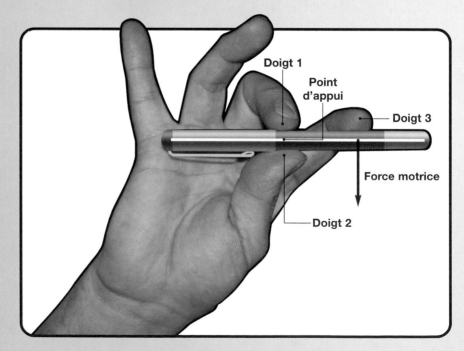

Doigt 1

Point d'appui

Doigt 3

Force motrice

Doigt 2

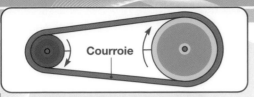

FIG. 1

Poulies et courroie

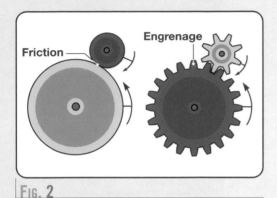

FIG. 2

Roue de friction ou roue d'engrenage

LES MÉCANISMES DE TRANSMISSION DU MOUVEMENT

Le mécanisme de transmission du mouvement permet de transmettre le même type de mouvement (rotation ou translation) d'une composante d'une machine, à une autre composante de cette machine. Les fluides, comme l'eau ou l'huile, sont souvent utilisés pour transmettre un mouvement. Des mécanismes tels que la roue, la poulie, la courroie, la chaîne, l'engrenage ou la vis sont des organes de transmission d'un mouvement.

Le mécanisme de la poulie et de la courroie (voir la figure 1) ou celui de roues de friction et d'engrenage (voir la figure 2) sont des exemples de mécanismes de transmission du mouvement.

LES MÉCANISMES DE TRANSFORMATION DU MOUVEMENT

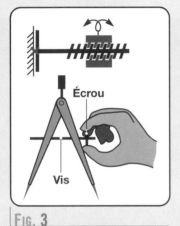

FIG. 3

Vis et écrou (compas)

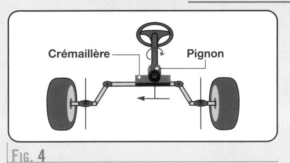

FIG. 4

Pignon et crémaillère (direction d'une automobile)

Le mécanisme de transformation d'un mouvement permet de modifier le type de mouvement d'une composante d'une machine à l'aide d'une autre composante de cette machine.

Les mécanismes de vis et d'écrou (voir la figure 3), de pignon et de crémaillère (voir la figure 4) ou de bielle et de manivelle (voir la figure 5) sont des exemples de mécanismes de transformation d'un mouvement.

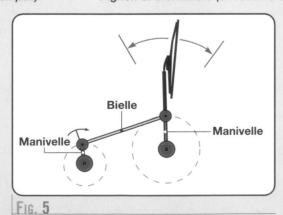

FIG. 5

Bielle et manivelle (essuie-glace)

La boîte à OUTILS

TABLE DES MATIÈRES

Nom de la grandeur	Nom de l'unité de mesure	Symbole de l'unité de mesure
L'aire	Le centimètre carré Le mètre carré L'hectare	cm^2 m^2 ha
L'énergie	Le joule Le kilojoule	J kJ
La force	Le newton	N
La longueur	Le millimètre Le centimètre Le décimètre Le mètre Le kilomètre	mm cm dm m km
La masse	Le gramme Le kilogramme La tonne	g kg t
La pression	Le pascal Le kilopascal	Pa kPa
La température	Le degré Celsius	°C
Le temps	La seconde La minute L'heure	s min h
Le volume	Le centimètre cube Le mètre cube Le millilitre Le litre	cm^3 m^3 ml L

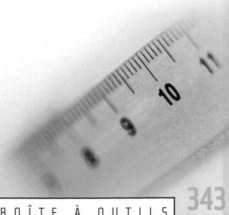

À faire

» Porter des lunettes de protection.

» Porter un sarrau.

» Suivre le protocole et utiliser seulement le matériel de laboratoire.

» Rester calme et se concentrer sur son travail.

» Repérer le matériel d'urgence : douche oculaire, trousse de premiers soins, etc.

» Attacher les cheveux longs.

» Porter des souliers fermés (pas de sandales).

» Se laver les mains après chaque expérience.

» Avertir l'enseignant ou l'enseignante de tout bris ou accident dans le laboratoire.

» Bien lire les étiquettes de tous les produits utilisés.

» Travailler debout.

» Jeter tout verre brisé dans un contenant prévu à cette fin.

À ne pas faire

» Manger, goûter ou boire dans le laboratoire.

» Toucher du matériel qui ne nous est pas destiné.

» Respirer des produits directement.

» Regarder directement dans un contenant de produits chimiques.

» Porter des manches trop longues ou trop larges, qui pourraient renverser du matériel ou prendre feu.

On a recours au dessin technique, allant du croquis à la projection orthogonale, pour analyser ou concevoir un objet technique.

Les symboles

Un symbole est une représentation simplifiée de certains organes, qui permet de produire rapidement des schémas de principe faciles à comprendre.

Poulie	Engrenage (roue dentée)	Roue et vis sans fin	Sollicitation d'une force (F)
Vis	Pièce libre en rotation et en translation	Pignon et crémaillère	Translation vers la droite
Écrou	Liaison en translation libre et en rotation	Ressort de tension	Translation dans les deux sens
Vis et écrou	Liaison complète	Vis à tête fraisée	Rotation dans le sens des aiguilles d'une montre
Vis dans un trou lisse	Articulation cylindrique	Ressort angulaire (torsion)	Rotation dans les deux sens
Ressort de compression	Articulation sphérique	Poulies et courroie	Mouvement hélicoïdal

Les lignes conventionnelles

Ligne de contour	Traits forts représentant le contour et les détails de l'objet	
Ligne de construction	Traits fins servant à délimiter la forme de l'objet	
Ligne de cote	Indique la longueur d'une pièce et porte la cote	
Ligne d'attache	Indique le début et la fin d'une pièce	
Ligne d'axe	Indique le centre d'un cercle ou d'une sphère	
Ligne tiretée	Montre les détails non visibles de l'objet	
Cote	Donne la dimension de la pièce en millimètres	140

Le croquis

Le croquis est un dessin à main levée. Il n'est pas nécessaire de le faire à l'échelle, mais il faut respecter les proportions. On utilise le croquis pour représenter des réflexions ou des idées qui ont été exprimées au cours des discussions sur la conception d'un objet ou pour recueillir de l'information sur un chantier de construction. Souvent, il permet d'échanger des idées.

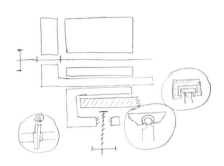

Le schéma de principe

Ce type de schéma illustre les principes de fonctionnement d'un objet (la façon dont il fonctionne). Il représente l'objet sans donner les détails de sa fabrication tels que ses dimensions, les matériaux utilisés, le type de liaison à effectuer, etc. Le schéma de principe est constitué de symboles et de traits. De plus, il comporte les symboles des forces et des mouvements et le nom des pièces.

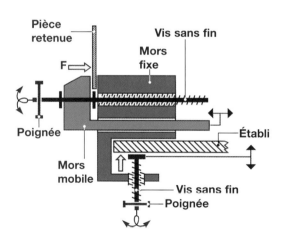

Le schéma de construction

Le schéma de construction montre les solutions de construction retenues pour assurer le bon fonctionnement de l'objet selon les principes élaborés. Il fournit aussi de l'information sur les organes de liaison. La fabrication de l'objet nécessite des dessins détaillés de chacune des pièces qui le composent.

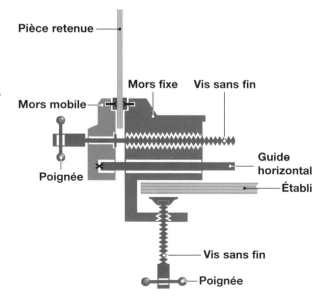

La projection orthogonale

Ce type de dessin fournit toute l'information nécessaire à la fabrication d'une pièce. La projection orthogonale présente une vue de face à laquelle s'ajoutent, selon les besoins, une vue de dessus et une vue de côté. La vue de dessus est placée au-dessus de la vue de face alors que la vue de côté est placée à droite de la vue de face. L'information relative à la pièce (matériau, échelle, nom, quantité, etc.) est présentée dans un cartouche au bas du dessin. Ce type de dessin précède la gamme de fabrication.

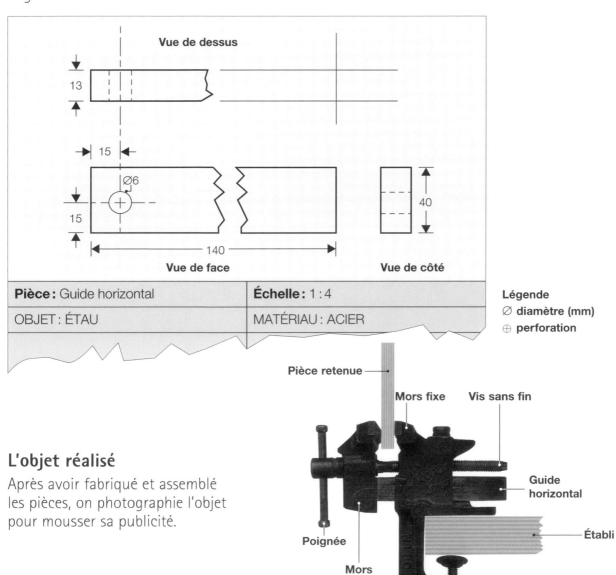

Pièce : Guide horizontal	**Échelle :** 1 : 4
OBJET : ÉTAU	MATÉRIAU : ACIER

Légende
∅ **diamètre (mm)**
⊕ **perforation**

L'objet réalisé

Après avoir fabriqué et assemblé les pièces, on photographie l'objet pour mousser sa publicité.

Le recours aux sens ne suffit pas à lui seul à mener
une investigation scientifique complète, objective, rigoureuse
et valable. Il faut utiliser d'autres moyens pour obtenir des données
et des éléments de preuve. Voici quelques moyens qui peuvent être utilisés :

Moyen d'investigation	Description
Le dossier	Ensemble des documents liés à la recherche, à l'enquête ou à la résolution d'un problème
La liste de vérification	Liste des principales choses à faire
Les techniques de mesure	Utilisation de la règle à mesurer, de la balance, du thermomètre, du chronomètre et d'autres outils afin d'obtenir des mesures précises
Les techniques de laboratoire	Séparation des constituants des mélanges (décantation, centrifugation, distillation, filtration, évaporation), détermination du volume des solides par déplacement d'eau, tests de dureté des roches, etc.
Les simulations	Reproduction d'un phénomène, d'une structure moléculaire, d'un milieu ou d'une scène à l'aide d'un matériel simple
Les visites sur le terrain	Élaboration d'un plan du terrain, examen des lieux, prise des photographies, prélèvement des échantillons
La quête d'information	Entrevues avec des témoins crédibles, consultation d'experts et de documents divers, utilisation d'un questionnaire ou d'un sondage
La prise de notes	Tenue d'un journal de bord mettant en évidence les mots clés et indiquant la date de la prise de notes
Le raisonnement	Induction, déduction, inférences, hypothèses, prédictions, comparaisons, classification
L'analyse des données	Confrontation des résultats avec les hypothèses émises, interprétation de données, élaboration de conclusions
La représentation graphique	Utilisation de diagrammes (bandes, cercles, lignes) pour représenter des données et les comparer
Le rapport	Production d'un document appuyé sur des preuves pour présenter les résultats d'une recherche ou d'une enquête, une solution à un problème, des rapports d'experts, des témoignages, etc., pour convaincre les destinataires

1 Je cerne le problème

Je réfléchis et j'observe attentivement.

Je me pose des questions.

J'identifie les caractéristiques pertinentes.

J'identifie les variables en jeu.

Je confronte le problème avec
les connaissances que j'ai sur le sujet.

Je définis clairement le problème.

J'imagine des explications raisonnables.

Je formule une hypothèse provisoire, plausible
et vérifiable à la lumière de mes observations.

2 Je choisis un scénario d'investigation

J'envisage des pistes de solution et des scénarios
de recherche.

Je retiens le scénario approprié en tenant compte
des contraintes et je le justifie.

Je planifie ma démarche :
- Je me fais une vision de l'ensemble.
- J'anticipe les problèmes.
- Je prévois les observations à faire et les mesures
  à prendre.
- Je choisis le matériel approprié
  (appareil, équipement).

3 Je concrétise ma démarche

J'applique la démarche que j'ai planifiée.

Je réalise les expériences prévues en tenant compte
des règles de sécurité.

Je recueille des données qualitatives ou quantitatives.

J'ajuste mes actions en fonction du déroulement
de la prise de données.

Je note toutes les observations pertinentes.

4 J'analyse mes résultats

J'organise les données recueillies sous forme
de tableau ou de graphique.

Je les examine et je les interprète.

Je cherche les causes d'erreur possibles
et j'en tiens compte.

Je tire une conclusion liée à l'hypothèse provisoire
énoncée au départ.

J'analyse les étapes que j'ai suivies pour proposer
des améliorations à ma démarche.

S'il y a lieu, je propose une nouvelle hypothèse
et je reprends l'investigation.

5 Je présente ma démarche d'investigation et je communique mes résultats

Pour communiquer mes résultats :
- Je prépare un rapport écrit de la démarche
  suivie, incluant les résultats et les conclusions
  (mon rapport devra être clair pour qu'une autre
  personne puisse comprendre ce qui a été fait).
- Je communique mes résultats verbalement
  en utilisant un support visuel approprié.

Tout le long de tes études en science et technologie, tu devras relever des défis de nature scientifique et technologique. Ces défis peuvent prendre plusieurs formes. Qu'il s'agisse de formuler des questions ou des réponses, de résoudre un problème, d'analyser, de concevoir ou de fabriquer un objet technique, ou de réaliser une expérience, tu dois toujours procéder méthodiquement. Tu dois déterminer la démarche que tu suivras et les étapes qui la composeront. Il existe deux types de démarches : la **démarche d'investigation scientifique** et la **démarche de conception technologique.**

Tu trouveras ci-dessous, les étapes à suivre pour t'aider à résoudre une situation-problème.

Avant de suivre ces étapes, pose-toi les questions suivantes :

Dois-je trouver une explication à un phénomène observé ? Dois-je fabriquer un appareil pour répondre à un besoin ? Dois-je trouver un principe scientifique ? Dois-je améliorer un instrument existant ? Dois-je comprendre le fonctionnement d'un appareil ?

1re étape : Cerner la situation-problème

La situation-problème est-elle de nature scientifique ou technologique ?

Situation-problème de nature scientifique	Situation-problème de nature technologique
Exemples : Le temps de chute d'un objet dépend-il de sa masse ? Y a-t-il une éclipse lunaire tous les mois ?	*Exemples :* Je veux enregistrer les amplitudes d'un tremblement de terre. Pourquoi cette balance ne fonctionne-t-elle pas ? Je veux déplacer un objet lourd plus facilement.

2e étape : Déterminer le but visé

But d'une situation-problème de nature scientifique	But d'une situation-problème de nature technologique
– Trouver une réponse à une question. – Formuler un principe. – Comprendre un phénomène.	– Concevoir ou fabriquer un objet technique. – Analyser le fonctionnement d'un appareil.

3e étape : Choisir la démarche appropriée

Suivre une démarche d'investigation scientifique ou une démarche de conception technologique selon la nature de la situation-problème.

Note importante : Pour résoudre certaines situations-problèmes, il faut utiliser les deux démarches. Par exemple, une démarche de conception technologique peut nécessiter, en cours de route, de trouver une réponse à une question de nature scientifique. Il faudra alors suivre une démarche d'investigation scientifique.

1. Faire une collecte d'idées pour se rappeler les concepts abordés.

2. Rechercher des mots clés en nombre suffisant.

3. Valider les mots afin d'éviter les répétitions.

4. Organiser les mots en groupes.

5. Établir le lien entre les mots d'un même groupe.

6. Lier les groupes de mots selon un principe organisateur.

7. Trouver une façon de présenter clairement l'organisation des mots (réseau, logiciel de dessin, tableau, etc.).

L'utilisation des réseaux de concepts[1]

Un réseau de concepts est un ensemble de mots (principalement des noms) liés graphiquement par des lignes identifiées surtout par des verbes et des prépositions, qui illustre la façon dont une personne organise ses idées sur un sujet donné. Le réseau représente notamment l'organisation d'une description, d'une procédure, d'une explication, d'une définition, etc.

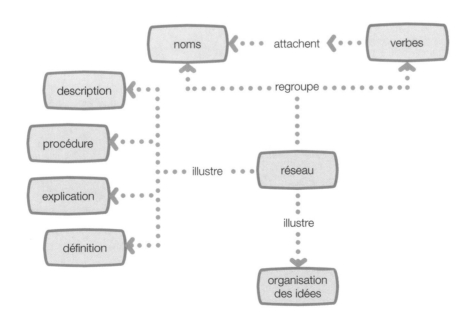

---

1. Le réseau de concepts est une idée originale du professeur Joseph D. Novak de l'université de Cornell (Ithaca), New York, É.-U. Depuis 1984, cette idée s'est répandue dans le monde entier.

Certains organes qui entrent dans la composition des objets ont des fonctions mécaniques dites simples. Il existe quatre types de fonctions simples : la fonction de liaison, la fonction de guidage, la fonction de lubrification et la fonction d'étanchéité.

1. La fonction de liaison

Peu d'objets sont composés d'une seule pièce. La plupart des objets comprennent deux pièces ou plus. L'assemblage des pièces entre elles s'appelle la fonction de liaison. Chaque liaison possède quatre caractéristiques qui définissent l'ensemble mécanique.

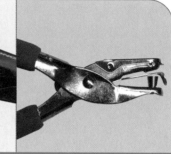

Directe	Indirecte	Démontable	Indémontable
Le capuchon se fixe directement au crayon.	La poignée est retenue à la porte par des éléments d'assemblage (vis).	Le siège du vélo peut se fixer ou s'enlever à l'aide d'un boulon.	Les deux parties du poinçon ne peuvent être démontées sans briser le rivet.

Élastique	Rigide	Partielle	Complète
Les deux parties de l'épingle sont liées par un ressort qui permet de garder toujours la même position.	La bague de métal est fixée au crayon et ne peut subir aucun mouvement par rapport au crayon.	La pédale est fixée au bras du pédalier du vélo, mais elle peut accomplir un mouvement de rotation.	Les pièces du cadre du vélo sont fixées entre elles et ne peuvent subir aucun mouvement.

2. La fonction de guidage

Les pièces d'un objet
ne se déplacent pas de façon
aléatoire. Elles suivent
un mouvement déterminé.
C'est ce qu'on appelle
la fonction de guidage.

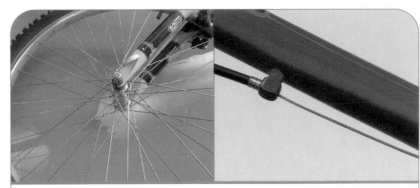

En rotation

La roue du vélo est guidée
en rotation par le boulon
central ou essieu.

En translation

Le câble du dérailleur du vélo
est guidé en translation
par une gaine.

La chaîne et les roues dentées
du vélo doivent être lubrifiées
pour éviter une usure
prématurée.

3. La fonction de lubrification

Souvent, il faut lubrifier certaines
pièces en mouvement afin d'éviter
une usure prématurée. C'est
ce qu'on appelle la fonction
de lubrification.

4. La fonction d'étanchéité

Dans certains cas, le contenu
doit rester dans le contenant,
par exemple l'air dans un ballon.
Il s'agit de la fonction d'étanchéité.

La valve et le pneu du vélo
remplissent la fonction
d'étanchéité.

GLOSSAIRE

A

Adrénaline : hormone libérée dans l'organisme en réponse à un stress ou un exercice musculaire. Parfois appelée la molécule du stress, l'adrénaline est produite par une glande située au-dessus des reins (glande surrénale).

Amidon : sucre complexe qui s'accumule dans certaines parties des végétaux.

Atmosphère : enveloppe de gaz entourant la Terre ou certains astres.

Atome : la plus petite partie d'un élément chimique.

B

Bionique : science qui s'inspire des modèles fournis par les organismes vivants pour concevoir des applications technologiques industrielles et électroniques.

C

Cahier des charges : document groupant l'ensemble des exigences d'un client ou une cliente et la définition de ses besoins en vue de la réalisation d'un projet ou de la fabrication d'un objet.

Cellule de convection : mouvement cyclique d'un fluide (un liquide ou un gaz) qui résulte d'un transfert de chaleur à l'intérieur de la substance.

Cellule reproductrice : cellule destinée à la reproduction d'un organisme. Les gamètes et les spores sont des cellules reproductrices.

Chablis : arbre renversé ou déraciné sous l'effet du vent, ou cassé sous le poids de la neige, du verglas ou des ans. Partie de la forêt où des arbres ont été renversés ou cassés.

Chute d'un corps : mouvement d'un corps qui, laissé à lui-même, tombe à la surface de la Terre ou d'un autre corps céleste.

Cloaque : orifice commun des cavités intestinale, urinaire et génitale de certains animaux (oiseaux, reptiles, amphibiens).

Comète : corps céleste en orbite solaire composé de glace très dure et de cailloux, présentant une longue queue gazeuse lorsqu'il est proche du Soleil.

Composantes d'un système : ensemble des éléments qui composent un système.

Composition de l'air : répartition des constituants du mélange gazeux qui compose l'atmosphère et que respirent les êtres vivants.

Concentration : proportion d'un composant dans une solution ou un mélange.

Constellation : groupe apparent d'étoiles présentant une figure conventionnelle déterminée, vue de la Terre.

Contraception : ensemble des moyens employés pour empêcher la fécondation d'un ovule par un spermatozoïde ou la fixation de l'ovule fécondé dans l'utérus.

Couches de l'atmosphère : régions de l'atmosphère présentant des propriétés caractéristiques différentes.

Cratère : dépression de forme circulaire creusée à la surface d'un astre.

Croûte terrestre : couche externe de la Terre. On l'appelle aussi écorce terrestre. Il existe deux types de croûtes terrestres : la croûte continentale (sous les continents) et la croûte océanique (sous les océans).

Cycle menstruel : ensemble des transformations qui se produisent, de façon cyclique, dans l'appareil reproducteur féminin et qui se manifestent par les menstruations.

D

Dépression : en géographie, zone de relief inférieure à la surface voisine et de dimension variable.

Diffusion : phénomène par lequel les molécules d'une substance se déplacent dans un milieu de la région où leur concentration est la plus forte vers la région où leur concentration est la plus faible, jusqu'à ce que la concentration finale du milieu soit uniforme.

Disamare : samare double qui est le fruit de l'érable. Une samare est une graine dotée d'une aile membraneuse qui favorise sa dispersion par le vent.

Dissolution : dispersion uniforme des particules d'un soluté dans un solvant formant un mélange homogène appelé solution.

Dopamine : hormone servant à assurer la transmission des messages du cerveau au corps. Parfois appelée la molécule du plaisir, la dopamine est produite dans le cerveau à partir des aliments riches en protéines.

Dorsale : chaîne de montagnes sous-marines s'élevant au-dessus des plaines abyssales sur de très longues distances (plus de 60 000 km) au milieu des océans : on les nomme dorsales ou crêtes médio-océaniques.

E

Échelle de Beaufort : échelle graduée de 0 à 12 qui permet d'estimer la vitesse du vent d'après ses effets sur terre ou sur mer.

Échelle de Saffir-Simpson : échelle graduée de 1 à 5 qui permet d'évaluer la force des ouragans. Elle est utilisée pour estimer les dommages causés aux zones côtières par le vent et les inondations.

Éclipse : disparition passagère (complète ou partielle) d'un astre qui passe dans la zone ombragée d'un autre astre.

Éclipse annulaire : phénomène qui se produit au cours d'une éclipse solaire partielle alors que la Lune est trop éloignée de la Terre et ne couvre pas complètement le Soleil. La partie visible du Soleil prend alors la forme d'un anneau lumineux entourant la Lune.

Éclipse lunaire : phénomène qui se produit quand la Lune passe dans l'ombre de la Terre et n'est plus éclairée par le Soleil.

Éclipse solaire : phénomène qui se produit lorsque la Lune passe exactement entre le Soleil et la Terre. L'éclipse solaire est dite totale lorsque la Lune couvre complètement le Soleil. L'ombre de la Lune produit alors, pendant quelques instants, un ciel tout noir sur une petite surface terrestre.

Écosystème : ensemble des êtres vivants et des éléments non vivants d'un milieu qui interagissent entre eux.

Effet de serre : phénomène naturel par lequel certains gaz présents dans l'atmosphère (gaz à effet de serre) retiennent une partie de la chaleur émise par la surface de la Terre sous l'action du rayonnement solaire.

Effet d'une force : tout comportement de la matière attribuable à une force (mouvement, pression, déformation, attraction, etc.).

Éjaculation : expulsion du sperme par jets.

Élément : en chimie, substance pure qui ne peut pas être décomposée en d'autres substances plus simples. Un élément est composé d'une seule sorte d'atome.

Embryon : un des stades du développement animal et végétal. Chez l'être humain, l'embryon se situe entre le stade initial du zygote (première cellule) et celui du fœtus, qui commence à la 9e semaine de grossesse.

Érosion : processus d'usure et de transformation du relief terrestre par le vent, l'eau, la glace et la gravité.

Espèce : ensemble d'organismes qui ont des traits communs, qui peuvent se reproduire entre eux et dont les descendants peuvent se reproduire.

Extrant : en science, énergie ou matière produite par une réaction ou un système.

F

Faille : cassure de l'écorce terrestre accompagnée d'un déplacement des blocs séparés.

Fécondation : étape de la reproduction sexuée dans laquelle il y a union du gamète mâle avec le gamète femelle.

Fécondation externe : fécondation dans laquelle l'union du gamète mâle et du gamète femelle se produit à l'extérieur de l'organisme femelle.

Fécondation interne : fécondation dans laquelle l'union du gamète mâle et du gamète femelle se produit à l'intérieur de l'organisme femelle.

Fertilité : capacité biologique pour un individu sexuellement mature de se reproduire.

Fleur parfaite : fleur qui possède à la fois les structures de reproduction mâles (étamines) et la structure de reproduction femelle (pistil).

Fœtus : dernier stade du développement d'un être humain ou d'un animal, au moment où l'embryon possède les caractéristiques de son espèce. Chez l'être humain, ce stade commence à la 9e semaine de grossesse et se termine à la naissance.

Fosse abyssale : importante et très longue dépression dans les profondeurs de l'océan. La fosse abyssale se trouve le long des zones de subduction de la croûte océanique. Certaines peuvent atteindre des profondeurs de plus de 10 000 m et des longueurs de plusieurs milliers de kilomètres.

G

Gamète : cellule reproductrice mâle ou femelle.

Géocentrique : qui est repéré par rapport à la Terre prise comme centre. Relatif à la conception de l'Univers selon laquelle la Terre est la planète autour de laquelle tournent le Soleil et les autres planètes.

Glande : organe qui produit et sécrète une substance.

Glucide : élément nutritif qui représente la principale source d'énergie du corps.

Glucose : forme de sucre très répandue dans la nature. C'est la source énergétique essentielle des plantes et des autres êtres vivants. Le glucose est un sucre simple produit par la photosynthèse chez les plantes vertes.

Gonade : organe où se forment les gamètes mâles et femelles, par exemple l'ovaire et les testicules.

Graine : partie d'une plante à fleurs qui est le résultat de l'ovule fécondé. La graine contient un embryon et une réserve nutritive à l'intérieur d'une enveloppe protectrice.

Gravitation universelle : en sciences, phénomène physique par lequel deux corps s'attirent mutuellement.

Gravité : phénomène d'attraction gravitationnelle entre la Terre et des corps situés dans son voisinage.

Grossesse : état d'une femme enceinte depuis la fécondation jusqu'à l'accouchement.

H

Héliocentrique : qui est considéré par rapport au Soleil pris comme centre. Relatif à la conception de l'Univers selon laquelle le Soleil est l'astre autour duquel tournent la Terre et les autres planètes.

Hormone : substance produite principalement par une glande et exerçant une action sur le fonctionnement d'un organe ou de l'organisme.

Hydroélectricité : électricité produite par la transformation de l'énergie hydraulique provenant d'un cours d'eau ou d'une chute.

Hydrosphère : partie de la Terre constituée principalement d'eau, sous ses trois états (liquide, glace, vapeur).

I

Impact météoritique : déformation de la surface d'une planète causée par la collision d'un météorite.

Intrant : en science, énergie ou matière fournie à une réaction ou à un système.

L

Latitude : distance angulaire, mesurée en degrés, qui sépare un point de la surface terrestre de l'équateur. La latitude forme avec la longitude les coordonnées géographiques qui permettent de situer un lieu sur la surface terrestre.

Levier : tige rigide qui peut pivoter autour d'un point d'appui et qui permet de multiplier la grandeur de la force appliquée sur un objet à déplacer.

Lipide : corps gras d'origine végétale ou animale.

Lithosphère : ensemble des roches solides constituant l'enveloppe externe solide d'une planète.

Longitude : distance angulaire, mesurée en degrés, entre le méridien d'origine (méridien de Greenwich) et celui d'un point de la surface terrestre. La longitude forme avec la latitude les coordonnées géographiques qui permettent de situer un lieu sur la surface terrestre.

M

Machine complexe : combinaison de plusieurs machines simples différentes.

Machine simple : dispositif mécanique qui peut modifier la grandeur ou la direction d'une force.

Magnitude : mesure de la quantité d'énergie libérée par un tremblement de terre et déduite de l'enregistrement d'un sismographe.

Maladies transmises sexuellement : ensemble des infections pouvant se contracter au cours de contacts sexuels. Certaines maladies peuvent aussi se transmettre par le sang ou au cours de l'accouchement.

Mangrove : groupement de végétaux principalement ligneux et à racines aériennes qui se développent dans la zone de balancement des marées des côtes basses des régions tropicales. Ensemble de l'écosystème colonisé par ces végétaux.

Manteau supérieur : enveloppe interne de la Terre située sous la croûte terrestre, au-dessus du manteau inférieur.

Matière première : matière naturelle qui n'a pas été transformée (matière brute et non ouvrée).

Mécanisme de transformation du mouvement : mécanisme qui permet de transformer le type de mouvement d'un élément d'une machine en un autre. Par exemple, transformer un mouvement de rotation en mouvement de translation.

Membrane semi-perméable : membrane organique très mince composée principalement de protéines et de lipides, qui entoure une cellule. La membrane semi-perméable sélectionne les substances qui peuvent entrer ou sortir de la cellule. D'une manière générale, on dit qu'elle contrôle les échanges entre la cellule et le milieu extérieur.

Menstruation : stade du cycle menstruel de la femme pendant lequel se produit, par le vagin, un écoulement composé de sang et de cellules de la paroi de l'utérus.

Métabolisme : processus chimique par lequel les cellules de l'organisme transforment et utilisent l'énergie.

Métabolisme basal : énergie dépensée par l'organisme pour assurer seulement les fonctions essentielles telles que le maintien de la température corporelle et le bon fonctionnement des organes vitaux.

Métabolisme total : énergie dépensée par l'organisme pour assurer l'ensemble des activités volontaires et involontaires.

Météorite : fragment de corps céleste qui tombe à la surface de la Terre ou d'un astre sans être complètement désintégré.

Minéral : en géologie, substance naturelle inorganique qui possède sa propre composition chimique et qui constitue chacune des parties d'une roche.

Minéraux : en biologie, éléments inorganiques nécessaires au métabolisme.

Mode de reproduction : moyen utilisé par les animaux ou les végétaux pour reproduire un individu de la même espèce.

Molécule : la plus petite partie d'une substance chimique qui peut exister à l'état libre et conserver sa composition chimique et ses propriétés. Une molécule est composée de deux ou plusieurs atomes semblables ou différents.

Montagne : importante élévation de terrain qui peut prendre la forme d'une succession de sommets longue de quelques centaines de kilomètres, appelée chaîne de montagnes.

Moyen empêchant la fixation du zygote dans l'utérus : moyen de contraception dont la fonction est d'empêcher l'ovule fécondé de se fixer dans l'utérus de la femme.

Nutriment : substance alimentaire absorbée directement par l'organisme.

Organe reproducteur : partie de l'anatomie d'un organisme vivant contenant les cellules reproductrices mâles ou femelles.

Orogenèse : ensemble des processus géologiques qui aboutissent à la formation d'une chaîne de montagnes.

Orthèse : dispositif servant à suppléer, corriger ou améliorer une fonction déficiente d'un organe ou d'un membre qui a perdu sa fonction originale ou qui ne s'est jamais complètement développé.

Osmose : phénomène par lequel les molécules d'un solvant (en général l'eau) traversent une membrane semi-perméable et se déplacent du milieu le moins concentré en soluté vers le milieu le plus concentré afin d'atteindre l'équilibre des concentrations.

Ovaire : chez les êtres humains et certains animaux, glande du système reproducteur femelle qui produit les ovules et les hormones sexuelles. Chez la plante à fleurs, l'ovaire est la partie du pistil qui contient les ovules.

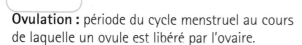

Ovulation : période du cycle menstruel au cours de laquelle un ovule est libéré par l'ovaire.

Ovule : cellule reproductrice femelle (gamète femelle).

P

Phase de la Lune : chacun des aspects de la Lune vue de la Terre, selon son éclairement par le Soleil.

Plaine : vaste étendue de terrain plat généralement de basse altitude et moins élevé que les régions environnantes.

Plaine abyssale : vaste étendue plane représentant la majorité de la surface sous-marine et se situant à une profondeur variant de 3000 à 6000 m.

Plan incliné : machine simple, constituée d'une rampe disposée à un certain angle par rapport à l'horizontale et qui permet de réduire la force nécessaire au déplacement vertical d'un objet.

Plaques tectoniques : grandes plaques rigides qui forment la lithosphère et qui se déplacent les unes par rapport aux autres sur la couche plus fluide du manteau supérieur de la Terre.

Plateau continental : bordure des continents qui se prolonge dans la mer par une très faible pente. C'est la partie immergée des continents.

Pollen : poudre fine, constituée de grains microscopiques, produite par les étamines des fleurs et constituant l'élément mâle de la reproduction sexuée des plantes.

Pollinisation : processus par lequel le pollen produit par l'étamine d'une fleur est transporté au stigmate du pistil de la même fleur ou d'une autre fleur de la même espèce pour la féconder.

Protéine : molécule organique complexe qui entre dans la composition des êtres vivants. Elle est essentielle à la croissance, l'entretien et la réparation des tissus de l'organisme.

Prothèse : appareil ou dispositif servant à remplacer, en tout ou en partie, un membre ou un organe amputé ou non fonctionnel, pour lui redonner son aspect original ou sa fonction.

Puberté : période de l'adolescence caractérisée par des changements physiques et psychologiques tels l'apparition des caractères sexuels secondaires et le développement des organes génitaux.

R

Réfraction : changement de direction d'un rayon lumineux lorsqu'il passe d'un milieu transparent à un autre.

Relief : forme que présente la surface d'une planète.

Reproduction asexuée : mode de reproduction sans fécondation, qui produit des descendants identiques à l'organisme dont ils sont issus.

Reproduction sexuée : mode de reproduction impliquant deux individus de sexe différent, qui produit des descendants différents de leurs parents.

Ressources énergétiques non renouvelables : ressources énergétiques contenues dans la Terre en quantités déterminées et qui sont épuisables sur de courts intervalles de temps.

Ressources énergétiques renouvelables : ressources énergétiques qui peuvent se renouveler sur de courts intervalles de temps.

Roche : assemblage de minéraux constituant la lithosphère.

Roche ignée : roche résultant du refroidissement et de la solidification lente ou rapide du magma.

Roche métamorphique : roche qui a subi des transformations dans sa composition minéralogique et sa texture sous l'action de la chaleur et de pressions élevées.

Roche sédimentaire : roche formée par l'accumulation et la consolidation de sédiments.

S

Schéma de construction : dessin simplifié qui illustre l'organisation et la liaison des différentes pièces d'un objet en vue de sa construction.

Schéma de principe : dessin simplifié qui représente la fonction d'un objet technique et ses principes de fonctionnement.

Sérotonine : hormone essentielle pour l'équilibre du système nerveux, produite par certaines cellules du système digestif et du cerveau.

Soluté : substance dissoute par un solvant.

Solution : en chimie, mélange transparent formé d'un solvant et de substances qui y sont dissoutes.

Spermatozoïde : cellule reproductrice mâle (gamète mâle).

Spore : cellule reproductrice produite par certains végétaux (fougères) et certains champignons, qui permet de donner naissance à un nouvel individu.

Sporulation : processus de reproduction par des spores.

Stade du développement humain : chacune des étapes de l'enfant à naître pendant la grossesse, de la première cellule (zygote) à la naissance.

Structure interne de la Terre : agencement des différentes couches concentriques formant l'intérieur de la Terre.

Système : ensemble coordonné d'éléments, considéré comme un tout, qui interagissent entre eux afin de remplir une fonction donnée. Ses caractéristiques comprennent sa fonction globale, son procédé, son contrôle, ses intrants et extrants.

Système solaire : ensemble constitué par le Soleil, les planètes et tous les corps célestes qui sont en orbite autour de lui.

Talus (continental) : zone en pente abrupte située entre le plateau continental et la plaine abyssale.

Testicule : chacune des deux glandes sexuelles qui, chez le mâle, sécrètent des hormones sexuelles et produisent les spermatozoïdes.

Transformation de l'énergie : processus de conversion de l'énergie d'une forme à une autre.

Tremblement de terre : séisme (secousses du sol) résultant de la libération soudaine d'énergie accumulée par les déplacements et les frictions des plaques de la croûte terrestre. La plupart des secousses ne sont pas ressenties par les êtres humains.

Trompe de Fallope : conduit par lequel l'ovule est acheminé de l'ovaire à l'utérus.

Tube pollinique : excroissance produite par un grain de pollen en germination, qui traverse le style d'une fleur et apporte le gamète mâle à l'ovule pour sa fécondation.

Types de roches : classification des roches basée sur certains critères comme l'origine de leur formation ou leur constitution minérale.

Types de sols : classification des sols basée sur la nature de leurs constituants ou sur leurs propriétés physiques ou chimiques.

Urée : substance produite par le foie, qui est le résultat de la dégradation des protéines alimentaires par l'organisme. L'urée est éliminée dans les urines.

Utérus : chez la femme et chez les animaux vivipares, organe de l'appareil reproducteur femelle destiné à contenir l'ovule fécondé jusqu'au développement complet de l'organisme, c'est-à-dire jusqu'à la naissance.

Vent : mouvement naturel de l'atmosphère sous l'effet des différences de température et de pression à la surface terrestre. Le vent est caractérisé par sa vitesse et sa direction.

Vitamine : substance chimique apportée en très petite quantité par l'alimentation et indispensable à la croissance et au bon fonctionnement de l'organisme.

Volcan : ouverture dans la croûte terrestre par laquelle s'échappe de la lave (roche en fusion), des cendres et des gaz, donnant souvent naissance à une montagne de forme conique.

Zone de subduction : zone d'enfoncement d'une plaque tectonique sous une autre plaque, en général une plaque océanique sous une plaque continentale ou sous une plaque océanique plus récente (moins dense).

Zygote : dans la reproduction sexuée, première cellule résultant de l'union des gamètes femelle et mâle ; ovule fécondé.

Index

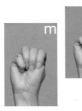

Références photographiques et bibliographiques

Références photographiques

Légende :

b : bas, c : centre d : droite, g : gauche, h : haut

Biophoto Associates/Photo Researchers Inc./Publiphoto (VI, 140 cd, 160 hg) • John Durham/Science Photo Library/Publiphoto (2 heg, 23 hc) • Richard Cummins/Corbis (2 hg) • Akg-images/Erich Lessing (4 hd, 37 hd, 37 cg) • Royalty-Free/Corbis (9 cg, 20-fig. 1, 24 cg, 46-sport, 46-fièvre, 157 cg, 161 hc, 161 hd, 178 cg, 257 bd) • Steve Horrell/Science Photo Library/Publiphoto (9 bg) • Michael Busselle/Corbis (12 cg) • Reuters/Corbis (24 bd, 51 hl) • LWA-JDC/Corbis (36 hd) • Bettmann/Corbis (36 cg, 50-air, 60 bd, 69 cg, 78 cd, 82 hg, 204 hg, 206 cg, 244 hg, 267 hd, 270 hg, 304-vénus) • Randy Faris/Corbis (46 bd) • Louie Psihoyos/Corbis (48 hd) • Tom Van Sant/Corbis (48 hg) • NASA (48 fhg, 53 bd, 69 hd, 70 hd) • Martin Harvey/Gallo Images/Corbis (48 cd, 65 hd) • Philippe Psaila/Science Photo Library/Publiphoto (48 cg) • Larry Dale Gordon/Corbis (48 bc) • Paul Edmondson/Corbis (50-Terre) • David Cooper/Toronto Star/Zuma/Corbis (51 bc) • William Whitehurst/Corbis (52 bg) • British Antarctic Survey/Science Photo Library/Publiphoto (53 cd) • Joseph Sohm/ChromoSohm Inc./Corbis (56 hc) • Darrell Gulin/Corbis (56 c, 57-granite, 295-granite) • Mark A. Schneider/Photo Researchers Inc./Publiphoto (56 bd) • Carmen Redondo/Corbis (57-monument) • Carmen Redondo/Corbis (57-bâtiment c) • John and Lisa Merrill/Corbis (57-bâtiment b) • Gil Jacques (57-marbre) • MMMTM (57-grès) • Bill Ross/Corbis (59 hd) • John Carnemolla/Australian Picture Library/Corbis (59 hc) • Bernard Voyer Explorateur Inc. (60 bg) • Ralph White/Corbis (61 bd) • David Samuel Robbins/Corbis (62 hg) • G. Brad Lewis/Science Photo Library/Publiphoto (63 hd) • Reuters/Corbis (63 bg) • NOAA/Science Photo Library/Publiphoto (64 fhg) • Shoot/Corbis (65 cg) • Simon Fraser/Science Photo Library/Publiphoto (65 bd) • Chris Butler/Science Photo Library/Publiphoto (70 bg) • Eric Robert/VIP Production/Corbis (73 c) • Tim Davis/Corbis (76 cg) • Peter Adams/Corbis (77 hd) • Karen Tweedy-Holmes/Corbis (79 h) • Jonathan Blair/Corbis (83 cd) • Wolfgang Kaehler/Corbis (83 bd) • NASA/Roger Ressmeyer/Corbis (86 bd) • Alan Schein Photography/Corbis (89 bd) • Martin Bond/Photo Researchers Inc./Publiphoto (89 bc) • © Glenat (96 h) • O. Alamany & E. Vicens/Corbis (99 hg) • Reza ; Webistan/Corbis (99 bd) • MNHN, Paris (107 bg) • D. Nanuk/SPL/Publiphoto (108 bg) • Ressources naturelles Canada (109 cd) • Les machineries Pronovost Inc. (113 hd) • D.V. Ravenewaay / SPL/Publiphoto (119 b) • Dr. F. Espenak/SPL/Publiphoto (120 c) • Philippe Moussette (120 b, 131) • Digital image © 1996 Corbis ; Original image courtesy of NASA/Corbis (128 hd) • W. Wisniewski/zefa/Corbis (140 hd) • Claude Fortin (140 hg, 142 hg, 143 hd, 146-grand héron, 152 bg, 153 hd, 174 b, 175 hg, 179 cd) • Centre Saint-Laurent / Environnement Canada (142 cg) • James H. Robinson/Photo Researchers Inc./Publiphoto (145 bg) • Jeff Lepore/Photo Researchers Inc./Publiphoto (145 bc) • Michael P. Gadomski/Photo Researchers Inc./Publiphoto (146-grenouille des marais) • G. Jankus/Photo Researchers Inc./Publiphoto (147 hd) • S. Meyers/zefa/Corbis (147 cd) • Gail Jankus/Photo Researchers Inc./Publiphoto (149 hd) • MRNQ/Jardin Botanique de Montréal (151 hd, 151 cd) • Pat Jerrold ; Papilio/Corbis (152 hg) • Joe McDonald/Corbis (152 cg) • Hannah Gal/SPL/Publiphoto (153 cd) • David M. Phillips/Photo Researchers Inc./Publiphoto (153 hd) • Jardin Botanique de Montréal (155 hg) • Joseph T. Collins/Photo Researchers Inc./Publiphoto (157 hg) • Darwin Dale/Photo Researchers Inc./Publiphoto (157 bg) • William Manning/Corbis (158 hg) • Robert Pickett/Corbis (158 bg) • Joe McDonald/Corbis (159 bc) • Science Pictures Ltd/SPL/Publiphoto (159 bd) • Oxford Scientific Films/Firstlight (159 bed) • Norbert Schaefer/Corbis (166 bg) • Publiphoto (171 hd, 171 cd, 171 bd, 328 bg, 328 bed, p. 329) • Centre d'interprétation Kabir Kouba (175 hd) • Jason Lee/Reuters/Corbis (186 cg, 196 bg)

• Pixtal/SuperStock (186 bg) • Presse canadienne (188 cg) • ACDI (189 cd, 189 bd, 197 bd) • Matthieu Paley/Corbis (190 cg, 190 bg, 191 cg, 191 bd, 192 bg, 199 bd) • Howard Yanes/Reuters/Corbis (194 hg) • Bryn Colton/Assignments Photographers/Corbis (195 bd) • Les Stone/Corbis (196 bd) • James Robert Fuller/Corbis (196 bd) • Wolfgang Kaehler/Corbis (202 cg) • Pallava Bagla/Corbis (202 bg) • James Robert Fuller/Corbis (203 bd) • Publiphoto (209 bd, 220 bg, 221 b) • Jim Sugar/Corbis (212 bg) • © MK Krafft/CRI-Nancy-Lorraine (215 hd) • Corbis (215 cd) • Stewart Lowther/SPL/Publiphoto (215 bd) • David Parker/SPL/Publiphoto (216 hg) • Christine Osborne/Corbis (219 hd) • Site Internet Planète Terre, Université Laval, Québec (220 hg) • Colin Cuthbert/Science Photo Library/Publiphoto (223 hd) • Alex Bartel/Science Photo Library/Publiphoto (223 bd) • Galen Rowell/Corbis (227 bd) • Presse canadienne (232 heg, 249 cd) • Akg-images (232 hg) • James King-Holmes/Science Photo Library/Publiphoto (232 bg) • Stephen Dalton/Photo Researchers Inc./Publiphoto (235 bc) • Rod Planck/Science Photo Library/Publiphoto (236 hd, 236 bd) • Jonathan Watts/Photo Researchers Inc./Publiphoto (236 hc, 244 bd) • Tim Davis/Corbis (236 hg, 248 hg, 273 c) • Barbara Stmadova/Photo Researchers Inc./Publiphoto (238 bg) • Robert J. Erwin/Science Photo Library/Publiphoto (240 cd) • Andrew Syred/Science Photo Library/Publiphoto (241 c) • Michael P. Gadomski/Photo Researchers Inc./Publiphoto (242 cg) • Science Photo Library/Photo Researchers Inc./Publiphoto (243 hd) • Sheila Terry/Science Photo Library/Publiphoto (243 bg, 259 bg, 331 cd) • James King Holmes/Science Photo Library/Publiphoto (VIII, 248 hed, 261 bg) • Jens Nieth/zefa/Corbis (248 bd) • Ton Kinsbergen/Science Photo Library/Publiphoto (256 hg) • Science Photo Library/Publiphoto (256 bg) • Daniel Sambraus/Science Photo Library/Publiphoto (257 cg) • Issei Kato/Reuters/Corbis (260 bd) • Sam Ogden/Science Photo Library/Publiphoto (260 bg) • Bo Veisland, MI & I/Science Photo Library/Publiphoto (260 cg) • Peter Menzel/Science Photo Library/Publiphoto (261 bd) • Alinari Archives/Corbis (266 hg) • Stefano Bianchetti/Corbis (266 bg) • Science Photo Library/Publiphoto (266 beg) • Franz-Marc Frei/Corbis (267 cd) • Michaela Rehle/Reuters/Corbis (267 cg) • CCDMD (267 b) • Schenectady Museum ; Hall of Electrical History Foundation/Corbis (270 bd) • Agence spatiale canadienne (271 bd) • Bombardier Learjet 40 business jet (271 bd) • Hulton-Deutsch Collection/Corbis (272 cd) • Underwood & Underwood/Corbis (272 bd) • Mark Clarke/Science Photo Library/Publiphoto (279 cg) • SETBOUN/Corbis (280-1, 2 et 3) • Jack Fields/Photo Researchers Inc./Publiphoto (280 bg) • MMMTM (294-chrysotile, talc, or, biotite, galène, pyrite, émeraude, 295-shale, péridotite, grès, basalte, ardoise, diorite, obsidienne, gneiss, pierre ponce, calcaire, argile) • MRNF (294 quartz) • MRNQ (294-pyrite, halite, 295-quartzite) • A. Schneider/Photo Researchers Inc./Publiphoto (294-feldspath) • Jacques Gil (295-marbre) • Bernard Voyer Explorateur Inc. (299 hd, 299 cd, 299 bd) • Francis Latreille/7e Continent (300 hg, 300 bd, 301 bd) • NASA (303 hd, 303 hg, 303 cd) • US Geological Survey/Science Photo/Publiphoto (304-mercure) • Mark Garlick/Science Photo Library/Publiphoto (305-neptune) • D. Van Ravanswaay/Photo Researchers Inc./Publiphoto (307) • Roger Harris/SPL/Publiphoto (310 bd) • Louie Pslhoyos/Corbis (311 hg) • Jonathan Blair/Corbis (311 bd) • David Parker/SPL/Publiphoto (317 bd) • John Clegg/Science Photo Library/Publiphoto (320 bd) • Eye of Science/Science Photo Library/Publiphoto (323 bd) • Andy Harmer/Science Photo Library/Publiphoto (324 hg) • Science Photo Library/Publiphoto (324 bd) • Robert Estall/Corbis (326-stérilets) • Chris Collins/zefa/Corbis (326-thermomètre) • Michael A. Keller/Corbis (326-pilules contraceptives) • Gary Parker/Science Photo Library/Publiphoto (326-mousse spermicide) • Photo Researchers Inc./Publiphoto (327 bd) • CNRI/Science Photo Library/Publiphoto (328 bg) • Alfred Pasieka/Science Photo Library/Publiphoto (328 bed) • Mauro Fermariello/Science Photo Library/Publiphoto (331 bd) • GSHAP/Photo Researchers Inc./Publiphoto (337).

LE TABLEAU PÉRIODIQUE

Légende (exemple : Béryllium)

- 4 — Numéro atomique
- Be — Symbole chimique de l'élément
- Béryllium — Nom de l'élément
- 2471 — Point d'ébullition en °C
- 1287 — Point de fusion en °C
- 1,85 — Masse volumique en g/cm³ à 20°C (gaz en g/L à pression atmosphérique normale)

Z	Symbole	Nom	Pt. ébullition (°C)	Pt. fusion (°C)	Masse volumique
1	H	Hydrogène	−253	−259	0,09
2	He	Hélium	−269	−272	0,17
3	Li	Lithium	1342	180	0,53
4	Be	Béryllium	2471	1287	1,85
5	B	Bore	4000	2075	2,34
6	C	Carbone	4827	3550	2,26
7	N	Azote	−196	−210	1,25
8	O	Oxygène	−183	−218	1,33
9	F	Fluor	−188	−220	1,67
10	Ne	Néon	−246	−249	0,9
11	Na	Sodium	883	98	0,97
12	Mg	Magnésium	1090	650	1,74
13	Al	Aluminium	2519	660	2,70
14	Si	Silicium	3265	1414	2,33
15	P	Phosphore	280	44	1,82
16	S	Soufre	444	115	2,07
17	Cl	Chlore	−34	−101	3,21
18	Ar	Argon	−186	−189	1,78
19	K	Potassium	759	63	0,89
20	Ca	Calcium	1484	842	1,54
21	Sc	Scandium	2836	1541	3,0
22	Ti	Titane	3287	1670	4,51
23	V	Vanadium	3407	1910	5,96
24	Cr	Chrome	2671	1907	7,15
25	Mn	Manganèse	2061	1246	7,3
26	Fe	Fer	2861	1538	7,87
27	Co	Cobalt	2927	1495	8,9
28	Ni	Nickel	2913	1455	8,90
29	Cu	Cuivre	2562	1084	8,96
30	Zn	Zinc	907	419	7,14
31	Ga	Gallium	2204	30	5,91
32	Ge	Germanium	2833	938	5,32
33	As	Arsenic	603	817	5,72
34	Se	Sélénium	685	220	4,81
35	Br	Brome	59	−7	3,12
36	Kr	Krypton	−153	−157	3,75
37	Rb	Rubidium	688	39	1,53
38	Sr	Strontium	1382	777	2,6
39	Y	Yttrium	3345	1522	4,47
40	Zr	Zirconium	4409	1854	6,52
41	Nb	Niobium	4744	2477	8,57
42	Mo	Molybdène	4639	2622	10,2
43	Tc	Technétium	4265	2157	11
44	Ru	Ruthénium	4150	2333	12,1
45	Rh	Rhodium	3965	1963	12,41
46	Pd	Palladium	2963	1555	12,0
47	Ag	Argent	2162	962	10,5
48	Cd	Cadmium	767	321	8,65
49	In	Indium	2072	156	7,31
50	Sn	Étain	2602	232	7,3
51	Sb	Antimoine	1587	630	6,68
52	Te	Tellure	988	449	6,24
53	I	Iode	184	114	4,93
54	Xe	Xénon	−108	−112	5,9
55	Cs	Césium	671	28	1,88
56	Ba	Baryum	1897	727	3,62
57-71	La-Lu				
72	Hf	Hafnium	4603	2233	13,3
73	Ta	Tantale	5458	3007	16,4
74	W	Tungstène	5555	3414	19,3
75	Re	Rhénium	5596	3186	20,8
76	Os	Osmium	5012	3033	22,5
77	Ir	Iridium	4428	2446	22,5
78	Pt	Platine	3825	1768	21,5
79	Au	Or	2856	1064	19,3
80	Hg	Mercure	356	−39	13,6
81	Tl	Thallium	1473	304	11,8
82	Pb	Plomb	1749	327	11,3
83	Bi	Bismuth	1564	271	9,8
84	Po	Polonium	962	254	9,4
85	At	Astate	337	302	−
86	Rn	Radon	−62	−71	9,7
87	Fr	Francium	677	27	−
88	Ra	Radium	1737	700	5,0
89-103	Ac-Lr				
104	Rf	Rutherfordium			
105	Db	Dubnium			
106	Sg	Seaborgium			
107	Bh	Bohrium			
108	Hs	Hassium			
109	Mt	Meitnerium			
110	Ds	Darmstadtium			
111	Rg	Roentgenium			

Lanthanides (période 6)

Z	Symbole	Nom	Pt. ébullition (°C)	Pt. fusion (°C)	Masse volumique
57	La	Lanthane	3464	918	6,15
58	Ce	Cérium	3443	798	6,77
59	Pr	Praséodyme	3520	931	6,77
60	Nd	Néodyme	3074	1021	7,0
61	Pm	Prométhium	3000	1042	7,26
62	Sm	Samarium	1794	1074	7,52
63	Eu	Europium	1529	822	5,24
64	Gd	Gadolinium	3273	1313	7,90
65	Tb	Terbium	3230	1356	8,23
66	Dy	Dysprosium	2567	1412	8,55
67	Ho	Holmium	2700	1474	8,80
68	Er	Erbium	2868	1529	9,07
69	Tm	Thulium	1950	1543	9,32
70	Yb	Ytterbium	1196	819	6,0
71	Lu	Lutécium	3402	1663	9,84

Actinides (période 7)

Z	Symbole	Nom	Pt. ébullition (°C)	Pt. fusion (°C)	Masse volumique
89	Ac	Actinium	3198	1051	10,0
90	Th	Thorium	4788	1750	11,7
91	Pa	Protactinium	−	1572	15,4
92	U	Uranium	4131	1135	19,1
93	Np	Neptunium	3902	644	20,4
94	Pu	Plutonium	3228	640	19,7
95	Am	Américium	2011	1176	13,6
96	Cm	Curium	3100	1345	13,5
97	Bk	Berkélium	−	986	14,78
98	Cf	Californium	−	900	15,1
99	Es	Einsteinium	−	860	−
100	Fm	Fermium	−	1527	−
101	Md	Mendelevium	−	827	−
102	No	Nobelium	−	827	−
103	Lr	Lawrencium	−	1627	−